AF792887

Julia Bramhoff & Team Bloom's

Dekotraum Weihnachtsbaum

80 Ideen zum Inspirieren & Nachmachen

BLOOM's

VORWORT

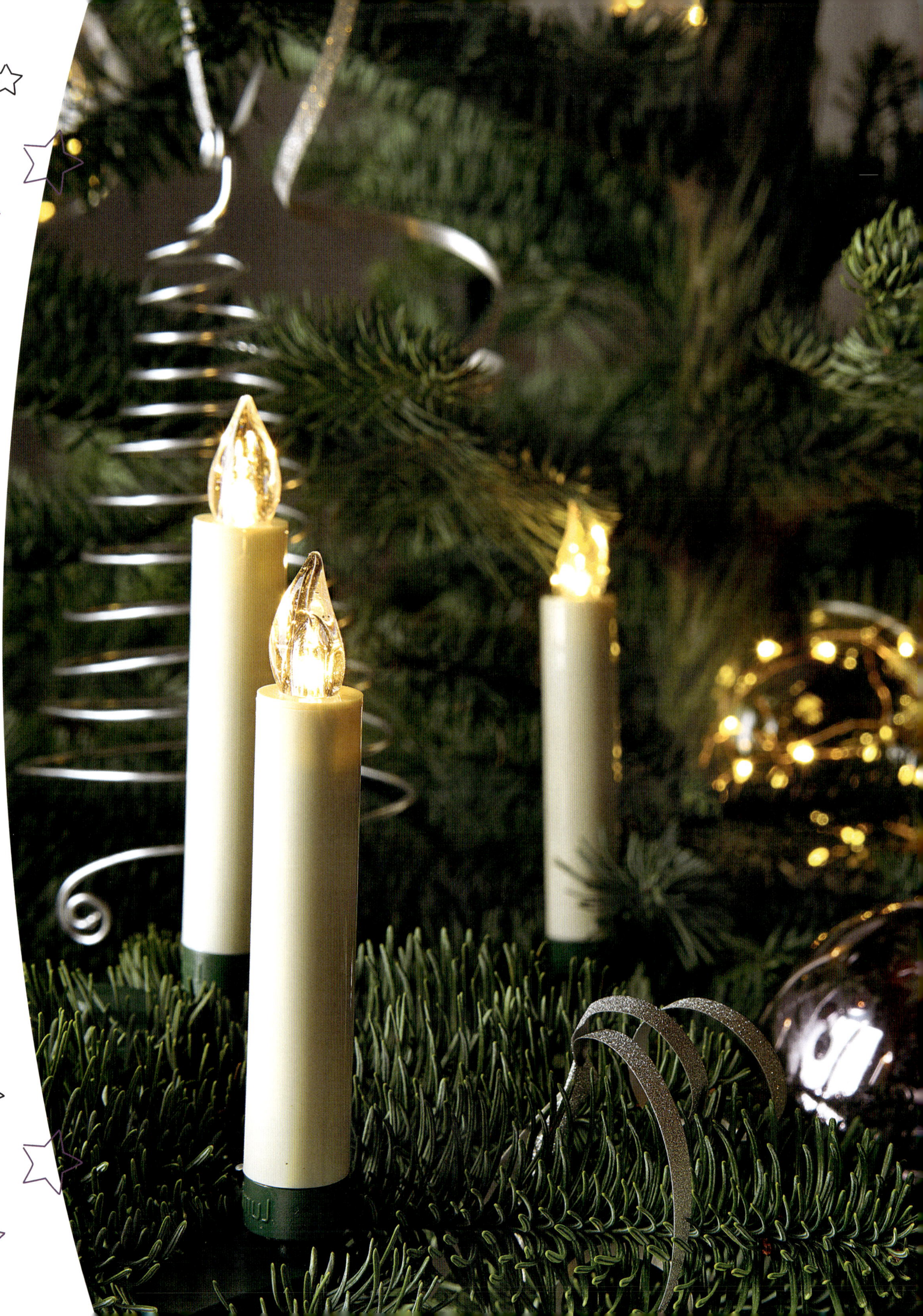

Willkommen, lieber Weihnachtsbaum!

Auf Weihnachten freue ich mich schon das ganze Jahr! Bei uns steht der Weihnachtsbaum immer im Mittelpunkt. Dann holen wir Omas alte Christbaumkugeln aus dem Keller, kombinieren sie mit selbst gemachten Accessoires, modernen Lieblingsstücken und vielen Lichtern – herrlich! Als ich noch klein war, war es bei uns – wie in vielen anderen Familien auch – Tradition, den Baum erst am Tag vor Heiligabend zu schmücken. Das hat sich mittlerweile verändert. Vielen ist die Zeit an den Feiertagen zu kurz, um den Anblick des Christbaums so richtig zu genießen. Daraus hat sich ein Trend entwickelt, der immer mehr Menschen dazu bringt, den Baum schon während der Adventszeit aufzustellen. Doch nicht nur der Anblick des festlich dekorierten Baums lässt Herzen höherschlagen. Auch selbst kreierte Genossen, die teils wie abstrakte Kunstwerke wirken, in unterschiedlichen Größen, für Fensterbänke und Tische sowie hängende Varianten, sind ebenso gefragt, wie Dekorationen für Balkon und Terrasse sowie den Eingangsbereich.

In diesem Buch haben wir über 80 verschiedene Weihnachtsbaumvarianten, vom Klassiker über Mini-Versionen bis zu extravaganten Exemplaren zusammengestellt, die Euch bei der Gestaltung Eures persönlichen Baumes, der Baumdekoration oder dem Weihnachtsschmuck inspirieren sollen.

Wir wünschen Euch viel Spaß beim Durchblättern, Inspirationen sammeln und Nachmachen sowie eine wundervolle, kreative Adventszeit.

Julia Bramhoff und das BLOOM's Team

INHALTSVERZEICHNIS

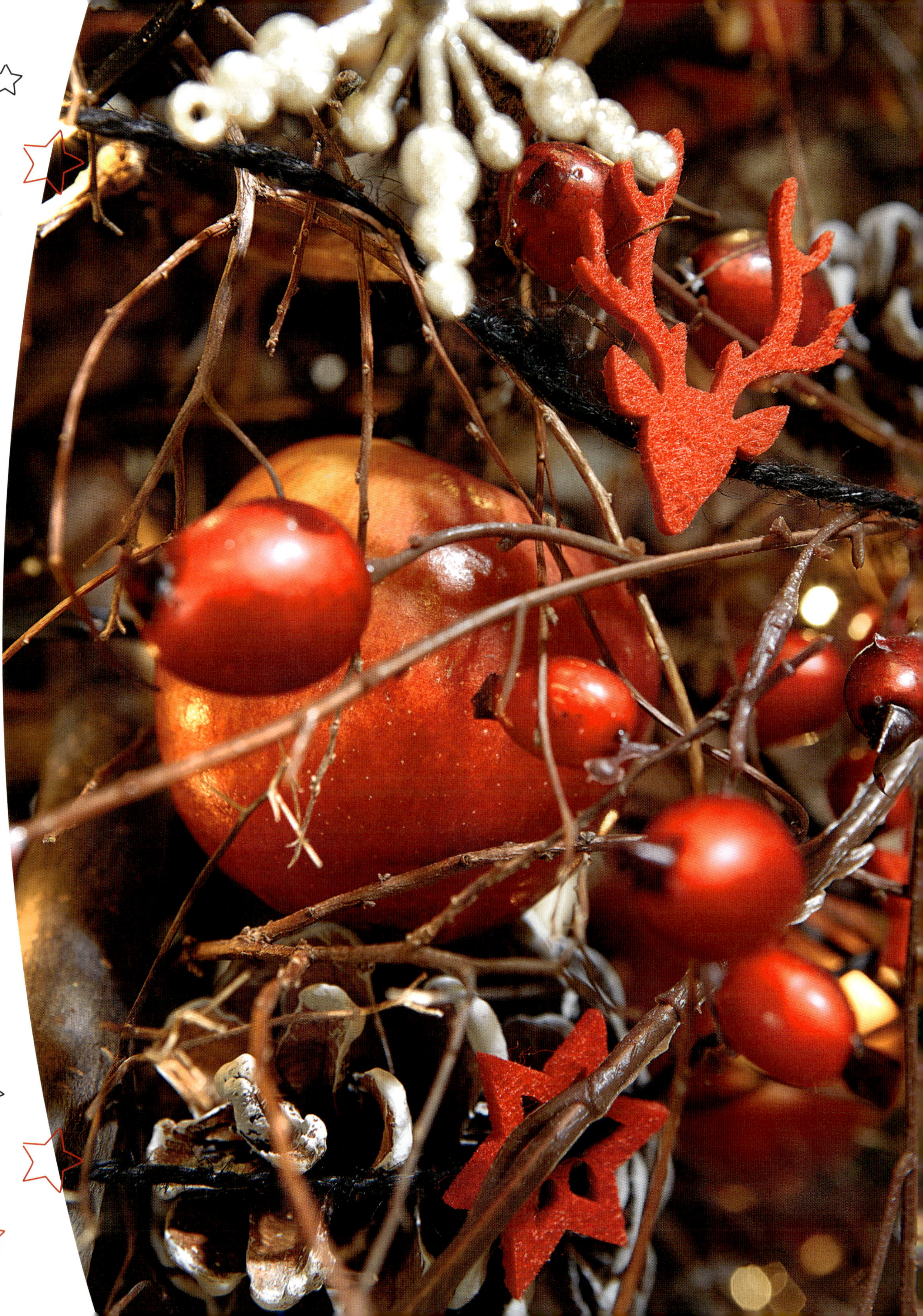

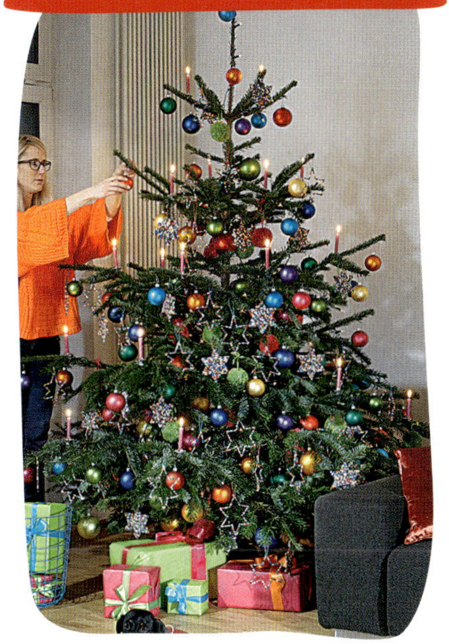

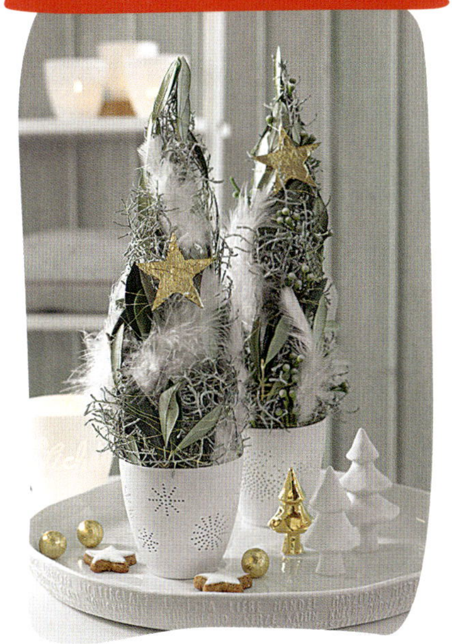

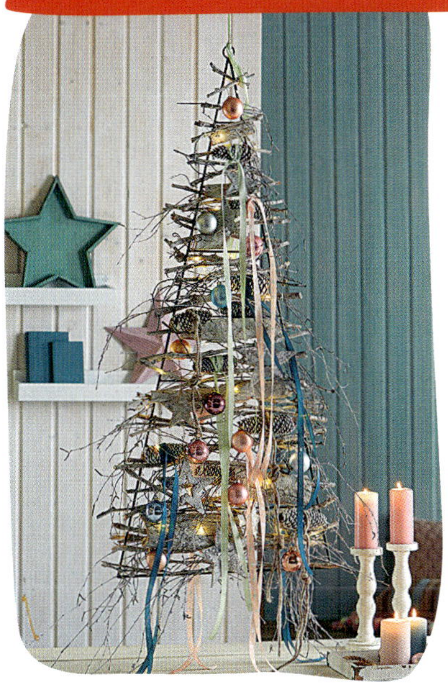

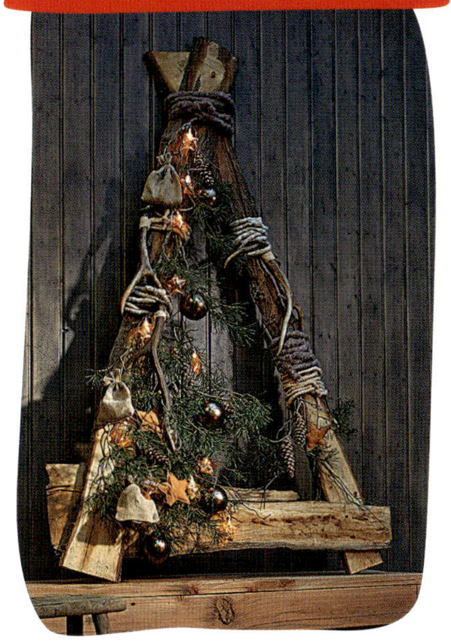

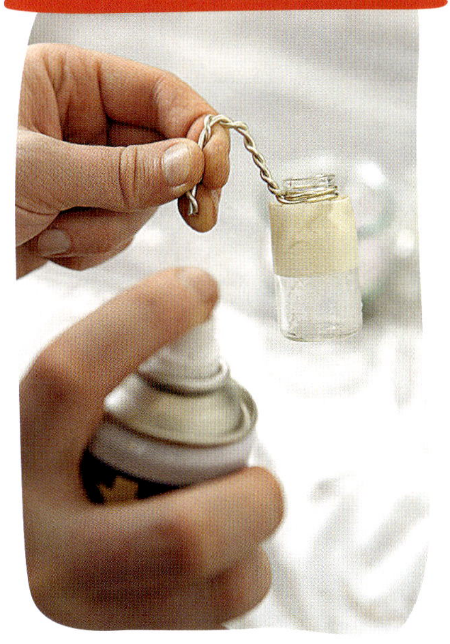

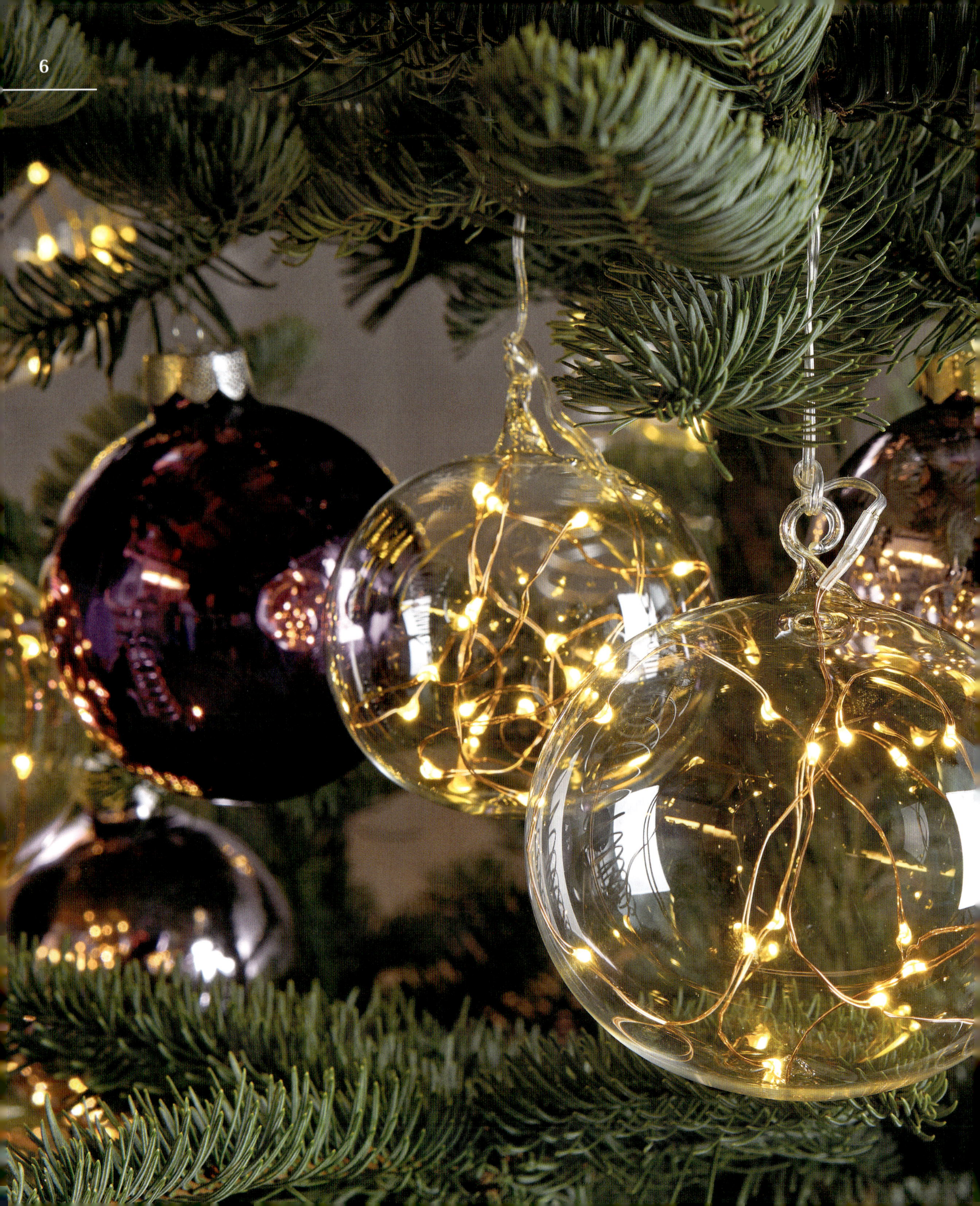

KLASSISCHE BÄUME

Christbäume in ihrer schönsten Form

Was früher meist heimlich, still und leise hinter verschlossenen Türen vom Christkind liebevoll vorbereitet wurde, wird heute oft zu einem richtigen Familienevent. Groß und Klein schmücken dann gemeinsam den Weihnachtsbaum, knabbern Plätzchen und genießen die Adventszeit. Dabei holen wir nicht nur die unterschiedlichsten Christbaumkugeln, Strohsterne und Lichterketten aus dem Keller, sondern kreieren mit viel Fantasie, Herzblut und jeder Menge Spaß unsere ganz eigenen Schmuckelemente. Diese ergänzen die vorhandene Dekoration und machen den Baum zu etwas ganz Besonderem.

ROT-WEISSER SCANDI-STYLE

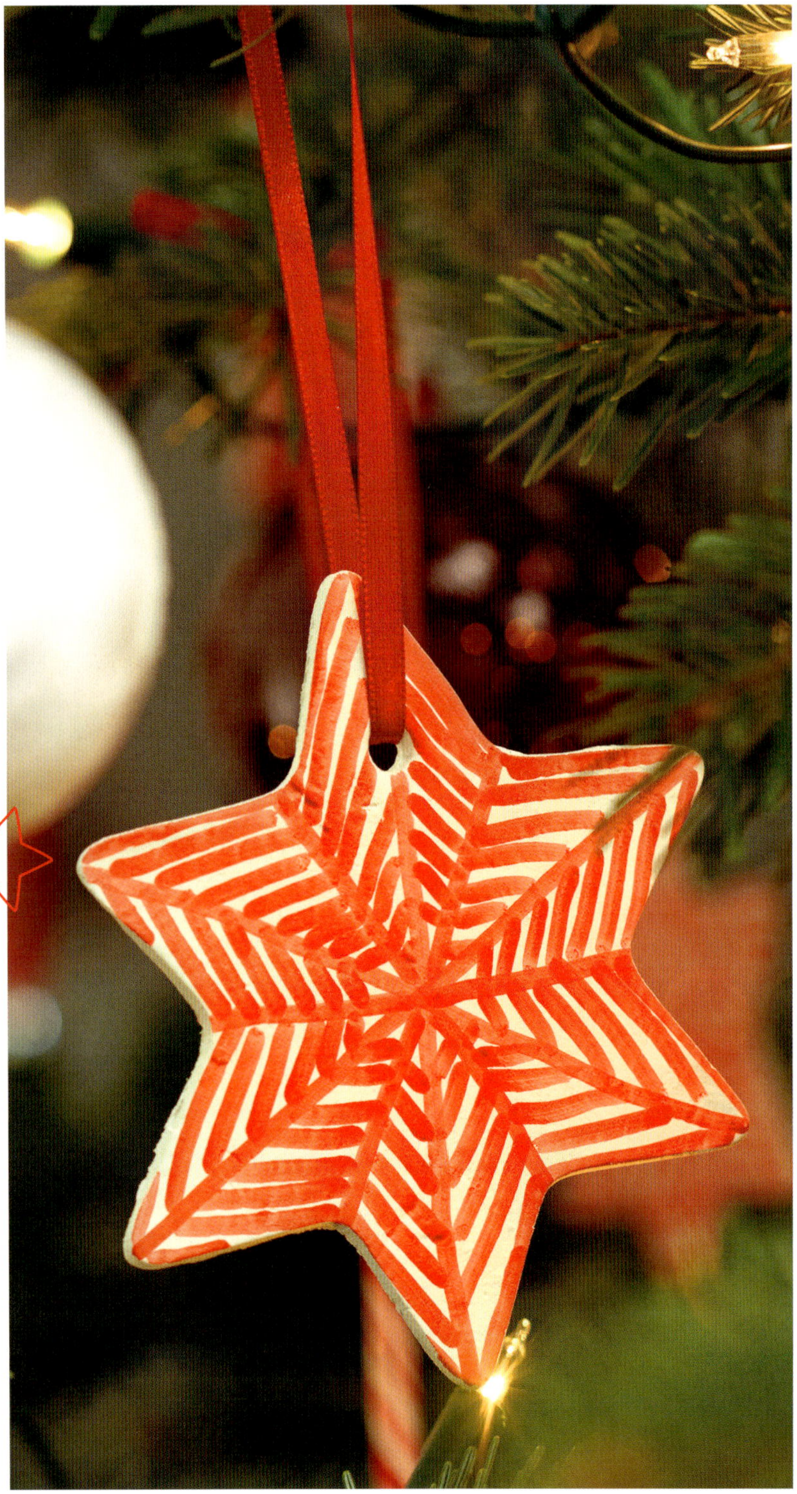

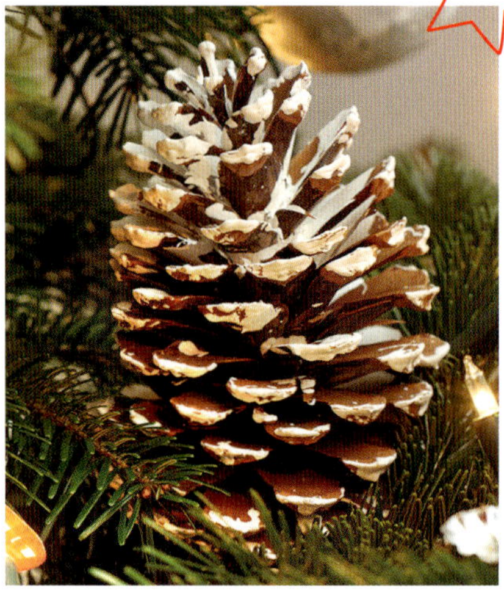

Oben: Rot-weiß kombiniert mit natürlichem Schmuck wie leicht geweißte Zapfen gehört zu einem Weihnachtsbaum, der im skandinavischen Stil geschmückt ist, einfach dazu. Dafür die Zapfen an der Unterseite mit Steckdraht andrahten und an den Zweigen befestigen.

Links: Mithilfe von Keksausstechformen entsteht aus lufttrocknender Modelliermasse ein besonderer Baumschmuck. Denkt daran, dass Ihr ein kleines Loch für die Aufhängung hineinstecht. Nach dem Trocknen das Muster mit Porzellanstift auftragen.

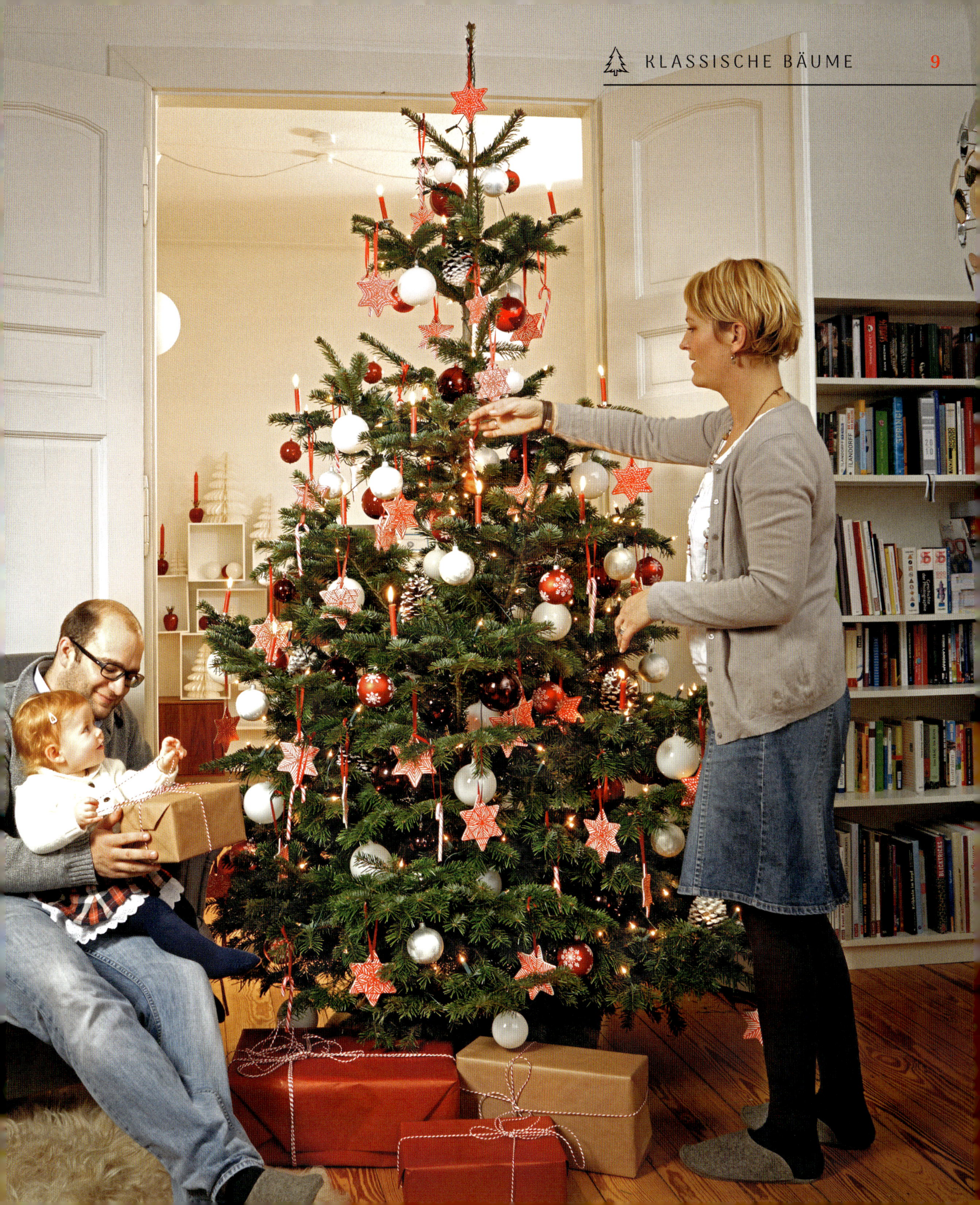

KLASSISCH MIT APFELSCHEIBEN

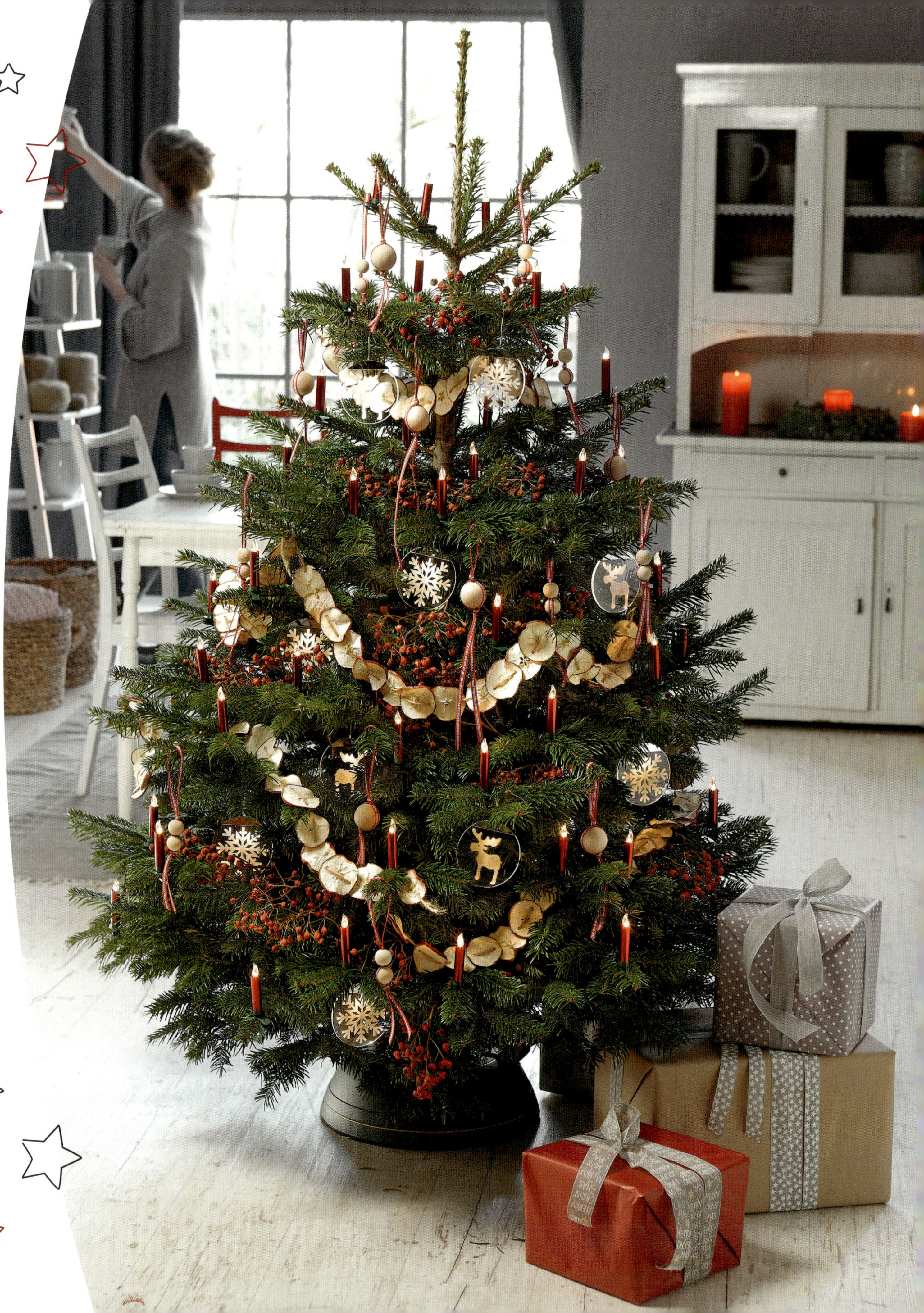

Das wird benötigt

Nordmanntanne ☆ getrocknete Hagebutten ☆ batteriebetriebene Weihnachtsbaumkerzen ☆ Christbaumschmuck ☆ Band ☆ Holzkugeln ☆ getrocknete Apfelscheiben ☆ Schnur ☆ Locher

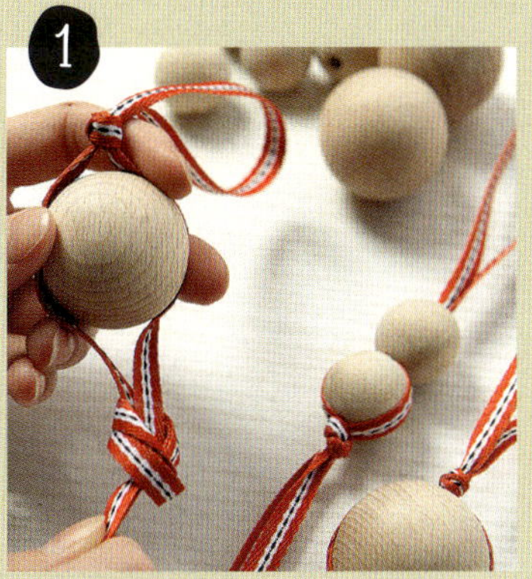

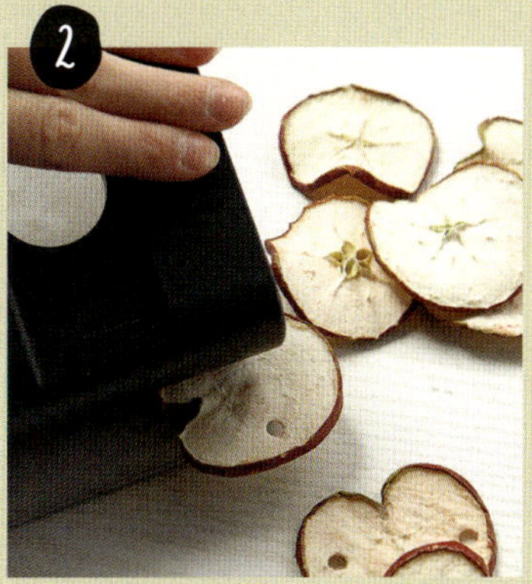

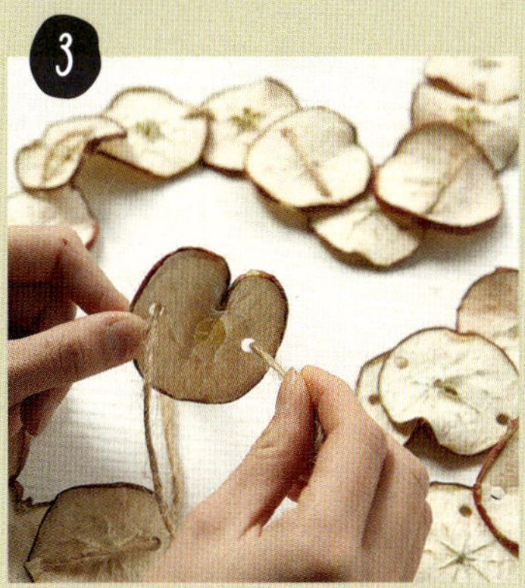

So wird's gemacht

1. Für die Holzkugel-Anhänger ein Band durch die Kugel ziehen, eine Schlaufe legen und das Band an beiden Seiten der Kugel verknoten, damit sie nicht verrutscht. Alternativ lassen sich auch zwei kleinere Kugeln hintereinander auffädeln.

2. Die Girlande, die um die Tannenzweige drapiert wird, besteht aus getrockneten Apfelscheiben. Mithilfe eines Lochers werden jeweils zwei Löcher in eine Apfelscheibe gestanzt.

3. Dann eine Schnur durch die Löcher fädeln. Nach und nach so mit allen Apfelscheiben verfahren. Die so entstandene Girlande locker um den Baum legen. Anschließend die Holzkugel-Anhänger gemeinsam mit getrockneten Hagebutten, weiterem Christbaumschmuck und den Baumkerzen anbringen.

ATTRAKTIV MIT ROTEN AKZENTEN

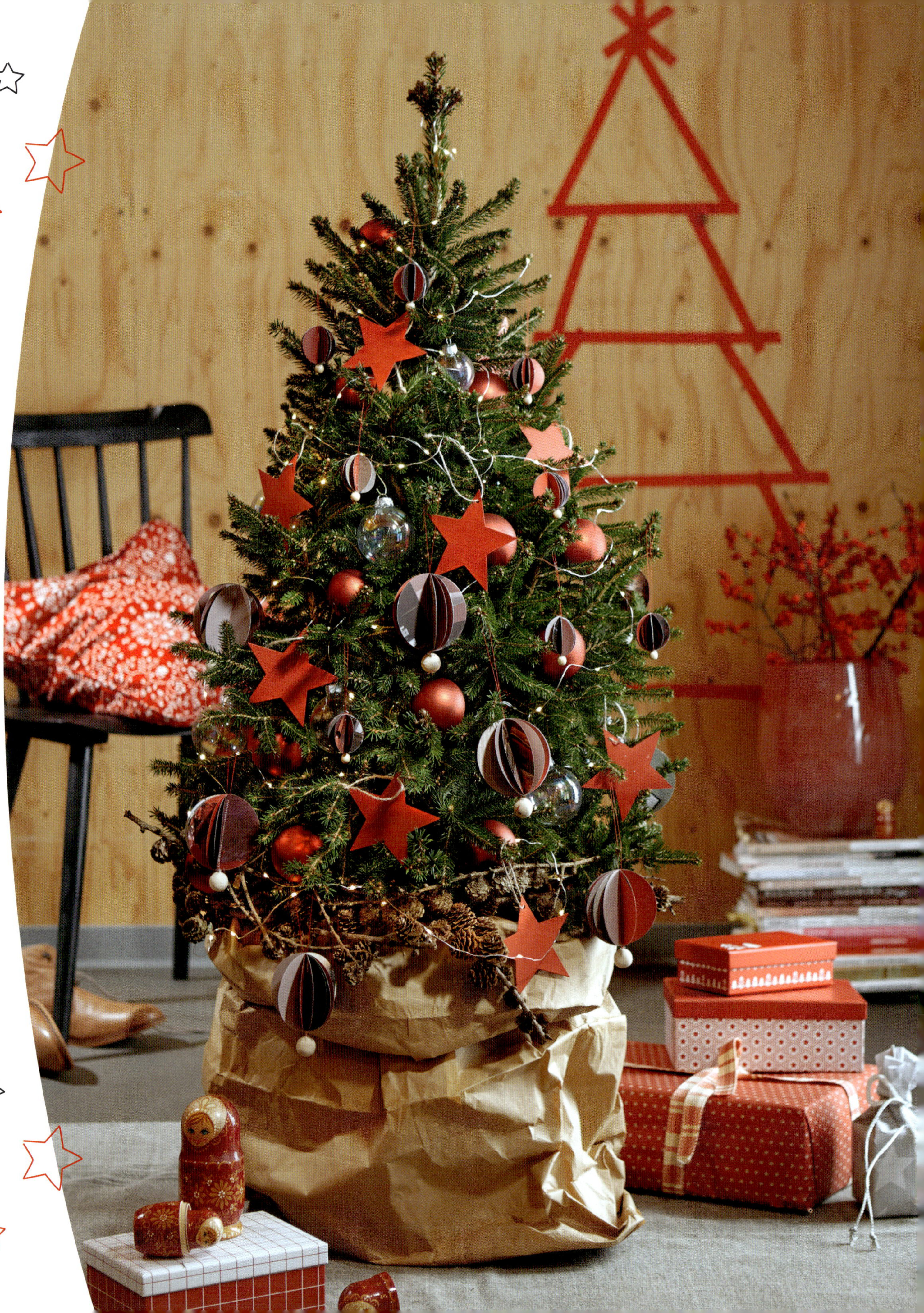

Das wird benötigt

Fichte ✩ Lärchenzapfen ✩ farbige Katalogseiten ✩ Holzperlen ✩ Nähgarn ✩ Nähmaschine ✩ Kreisausstanzer ✩ Lichterkette ✩ Christbaumkugeln ✩ Papiersterne

1
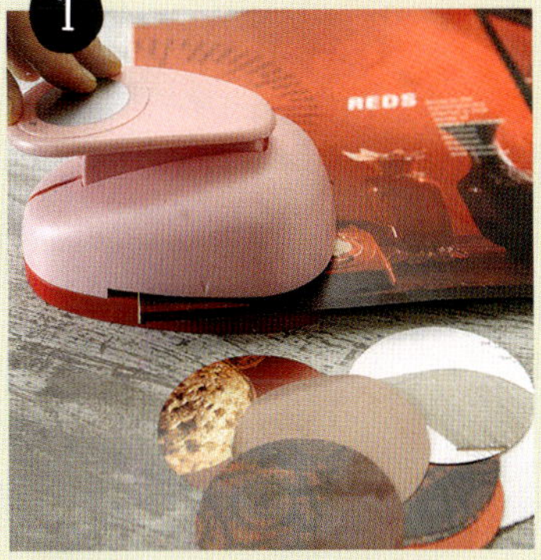

2
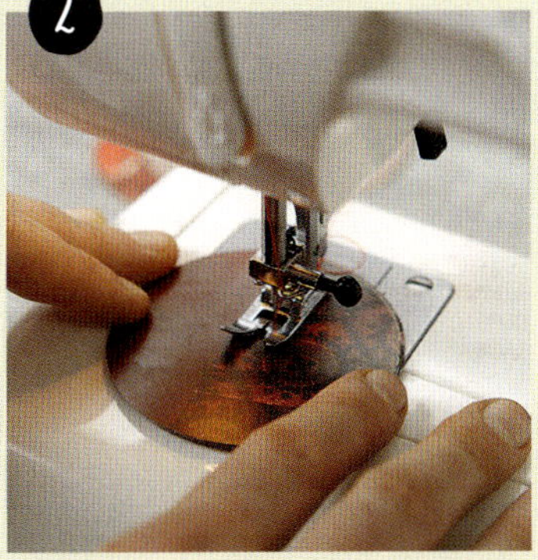

3
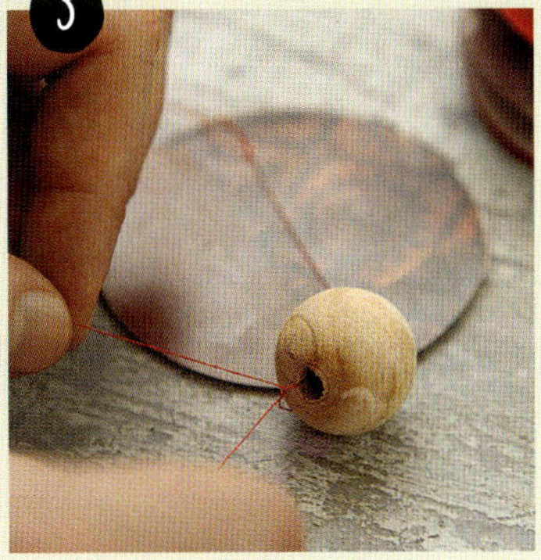

So wird's gemacht

1. Mithilfe eines Ausstanzers Kreise aus den farblich passend bedruckten Katalogseiten ausstanzen.

2. Dann mehrere Kreise übereinanderlegen und in der Mitte zusammennähen. Das Garn nach dem Nähen nicht zu kurz abschneiden.

3. An das Garnende an einer Seite eine Holzperle anknoten und die entstandenen Halbkreise vorsichtig auseinander fächern.

Dann einen Baum, der zunächst in eine Folientüte und anschließend in eine Papiertüte gestellt wird, um den Topf oder den Ständer zu verdecken, mit einer Lichterkette versehen und die Papierkugeln einhängen. Mit Christbaumkugeln und Papiersternen schmücken und Lärchenzapfen einfügen.

EINGESCHNEITES DUO

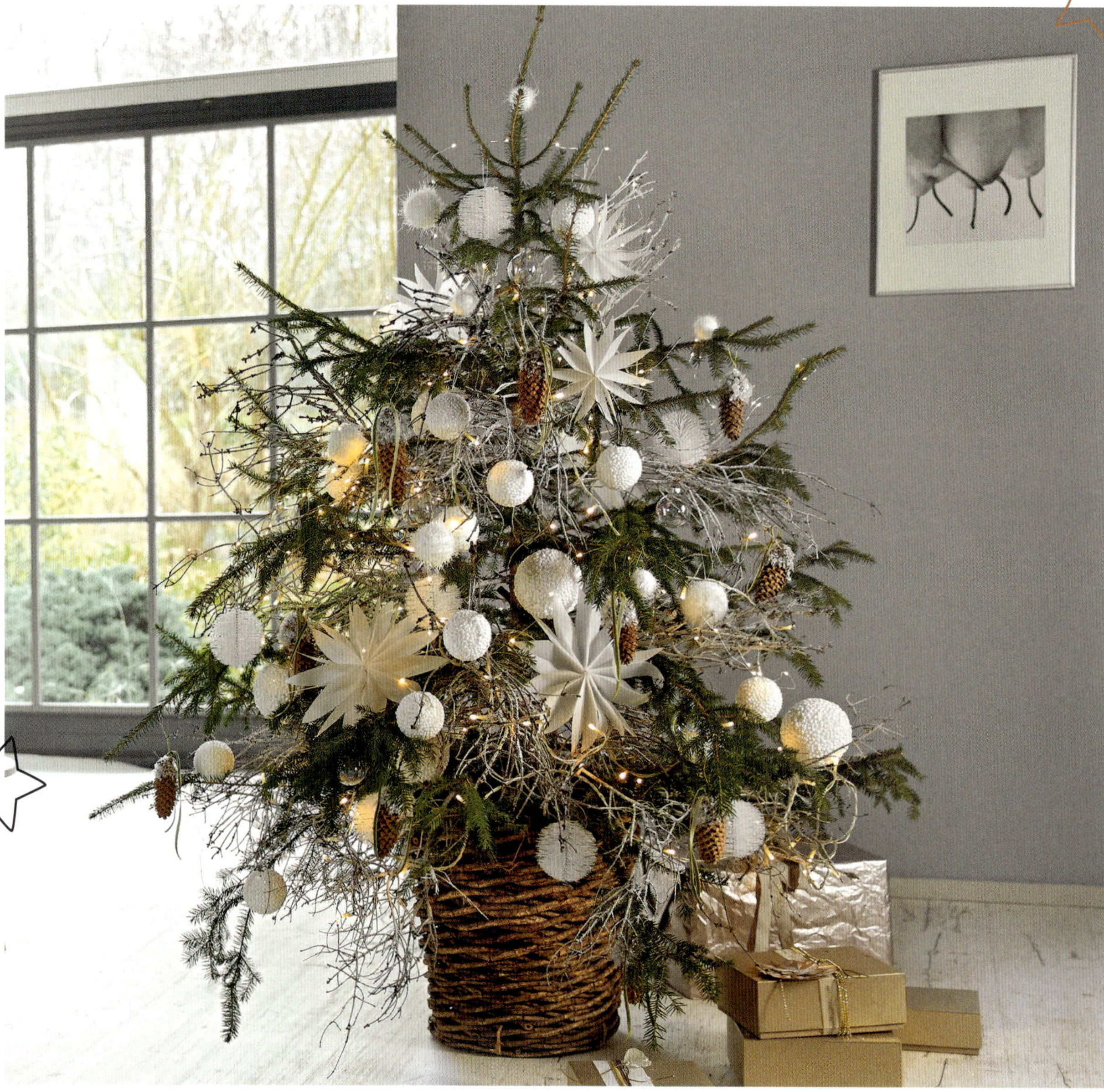

Oben: Einer Schneelandschaft ist dieser Baum nachempfunden: Die angedrahteten Zapfen werden erst mit Holzleim angestrichen, dann in glitzernden Kunstschnee getaucht. Dazu mit Sprühschnee versehene, trockene Zweige mit Drilldraht am Baum befestigen. Weiße Kugeln und Papierfaltsterne verleihen dem Exemplar den letzten Schliff.

Rechts: Zwischen den weißen und silberfarbenen Kugeln, den großen Schleifen aus gerissenem Nesselstoff und den Papierfaltsternen glitzert die Trendpflanze Eukalyptus in versilberter Form. Zusätzlich silbernes Muffinformpapier glatt streichen, mit einem Nähfaden als Aufhänger versehen und als Highlight an die Zweige hängen.

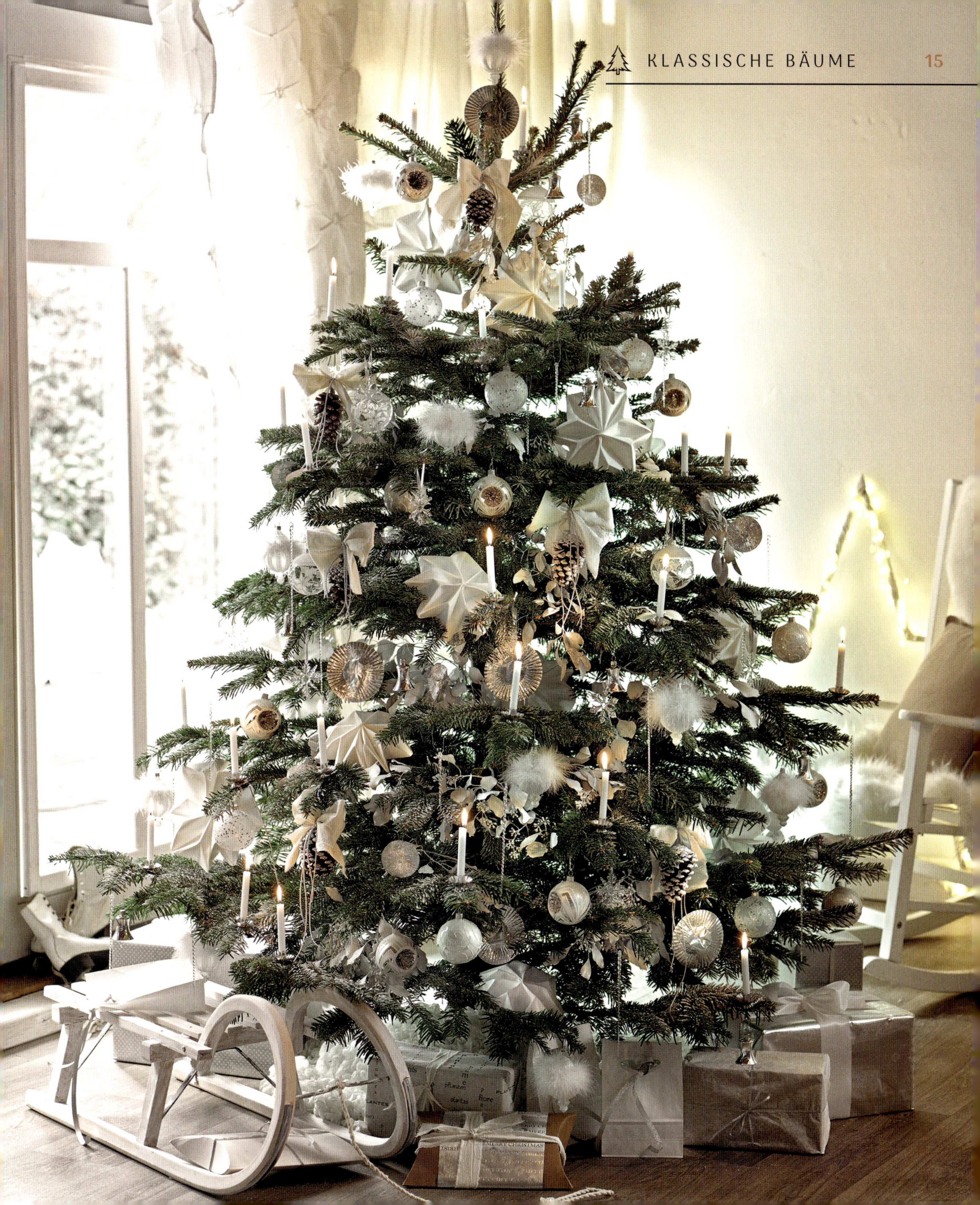

HIGHLIGHS AUS ALUMINIUMDRAHT

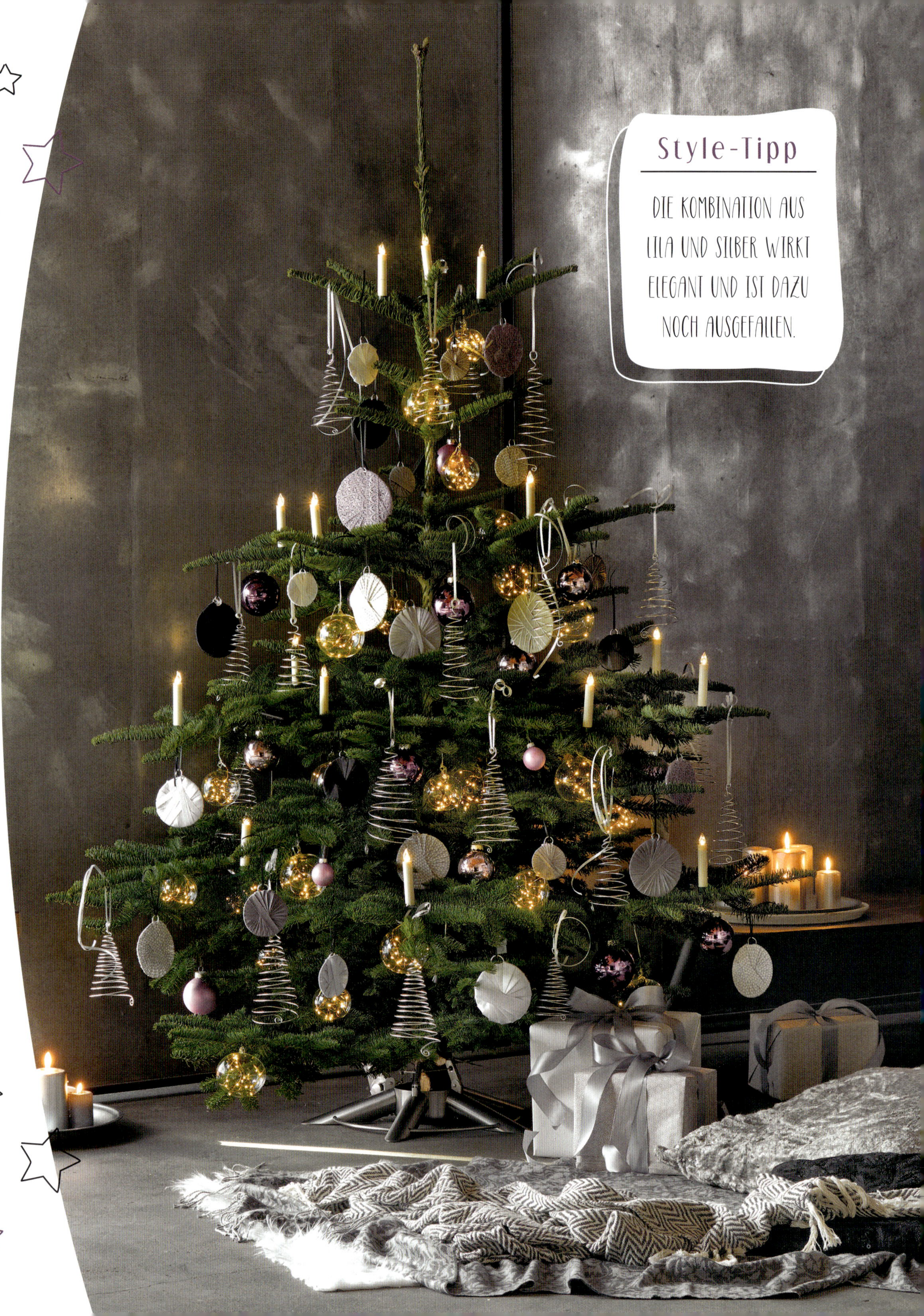

Style-Tipp

DIE KOMBINATION AUS LILA UND SILBER WIRKT ELEGANT UND IST DAZU NOCH AUSGEFALLEN.

Das wird benötigt

Blaufichte ☆ elektrische Weihnachtsbaumkerzen ☆ Christbaumkugeln ☆ Aluminiumdraht ☆ Stecknadeln ☆ Bänder

1
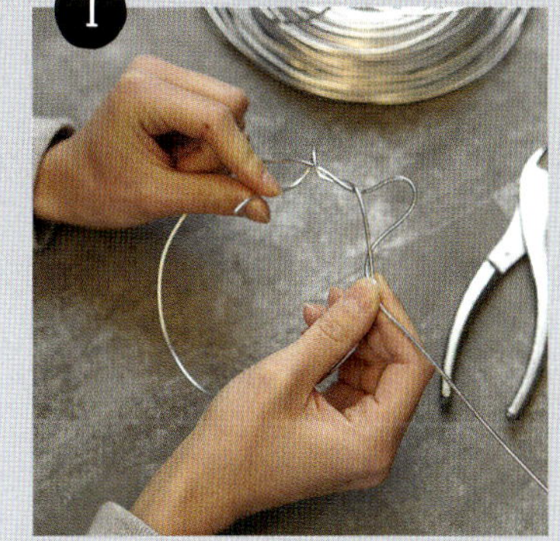

2
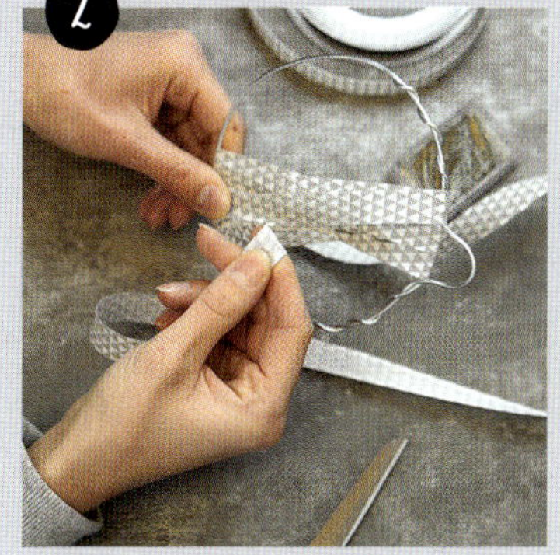

3
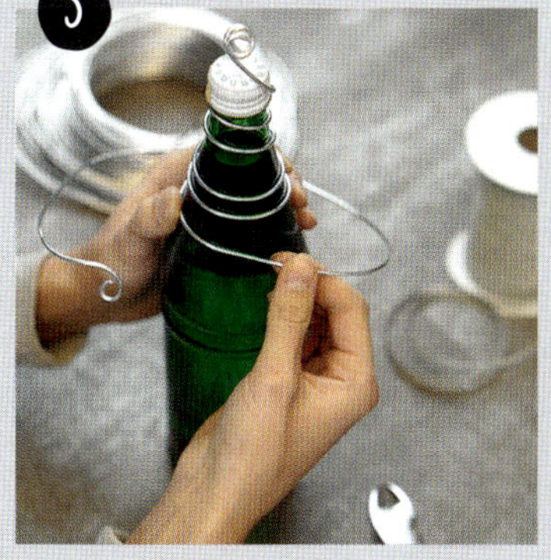

So wird's gemacht

1. Für die Scheiben aus Bändern zunächst Aluminiumdraht zuschneiden und zu einem Ring biegen. Dann aus einem Drahtstück eine Öse zum Aufhängen biegen. Diese bekommt Halt, wenn die Enden mit dem Ring verzwirbelt werden.

2. Band mithilfe einer Stecknadel an dem Ring befestigen. Dann das Band immer wieder um den Ring legen, bis er komplett geschlossen ist.

3. Für die pyramidalen Anhänger ein Stück Aluminiumdraht mit einer Länge von etwa 20 bis 30 Zentimetern zurechtschneiden. Ein Ende mit einer kleinen Öse versehen, dann den Draht um einen Flaschenhals wickeln, damit die Form entsteht. Nach Entfernen der Flasche gegebenenfalls noch mal etwas nachbiegen. Band durch die Öse fädeln und an den mit Kugeln und Lichtern geschmückten Baum hängen.

STERNENZAUBER MIT PERLEN

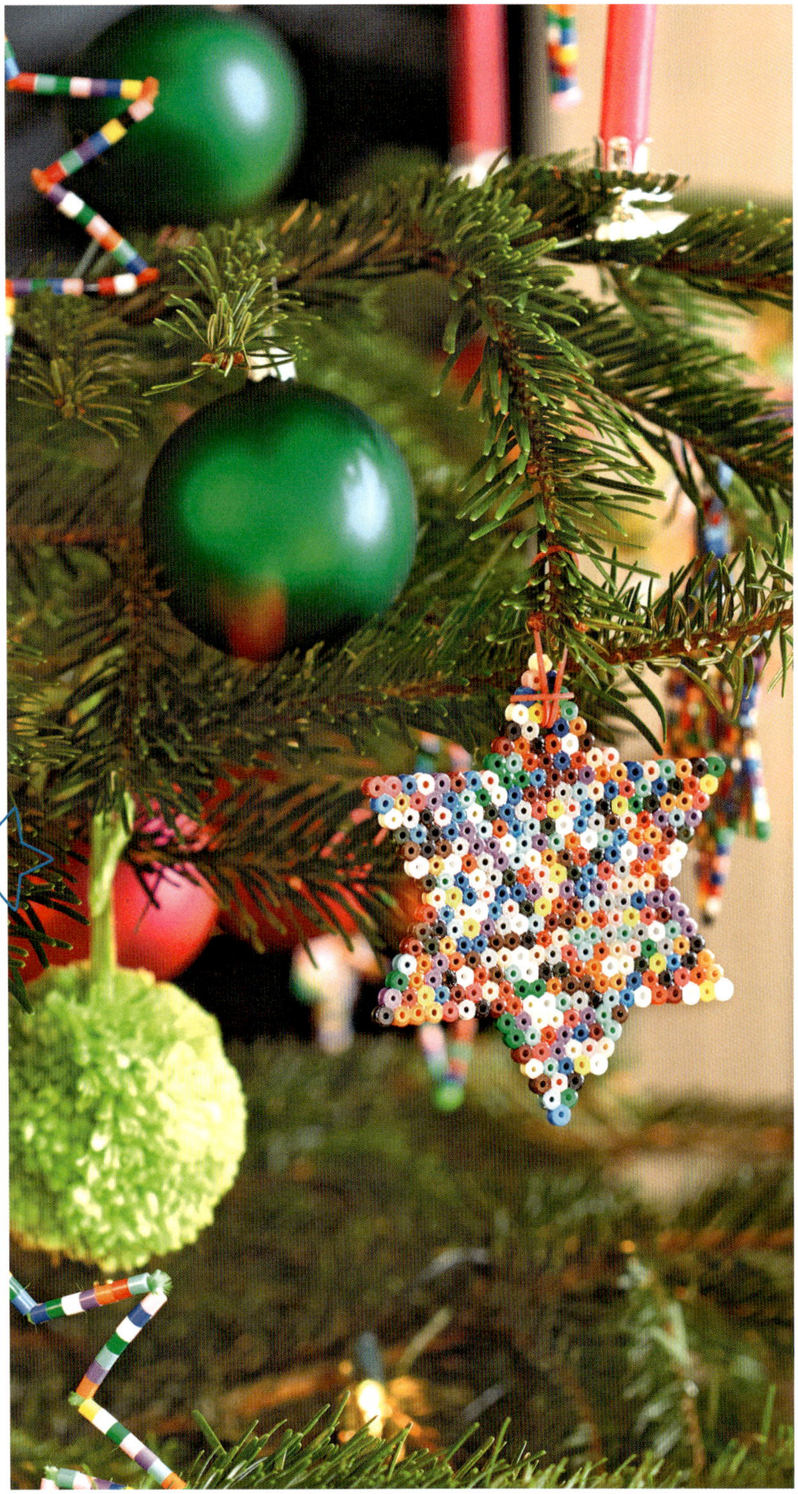

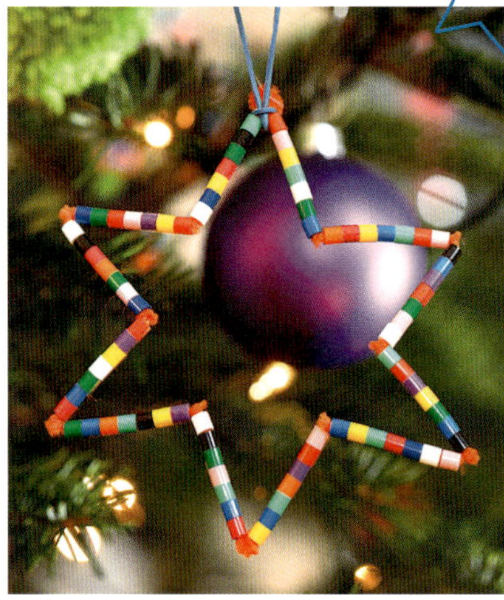

Oben: Bunte Bügelperlen sind das Highlight an diesem Baum! Mit ihnen lassen sich die verschiedensten Formen kreieren. Für die offene Sternform die farbigen Perlen nach Belieben auf Pfeifenreiniger auffädeln und zurechtbiegen. Als originelle Aufhängung Haushaltsgummis verwenden.

Links: Die Herstellung dieser kunterbunten Sterne erfordert etwas Zeit. Denn die einzelnen Perlen werden nach und nach auf eine im Bastelshop erhältliche Sternform gesteckt. Dabei an einer Zacke eine Öffnung für die Aufhängung freilassen. Sind alle Perlen platziert, die Oberfläche mit Backpapier belegen und vorsichtig mithilfe eines Bügeleisens erhitzen, sodass die Perlen miteinander verschmelzen.

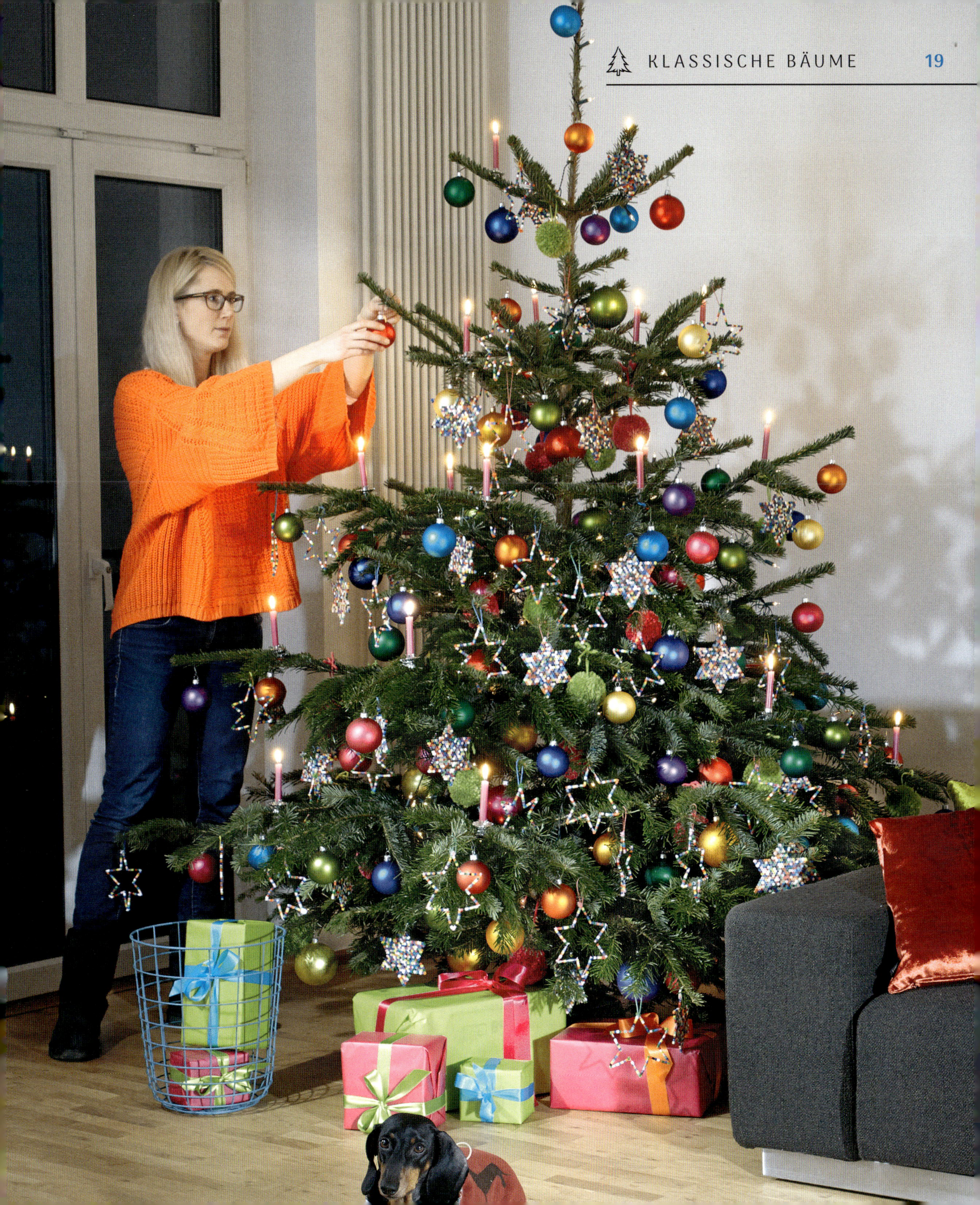

Sterne und Mäuse

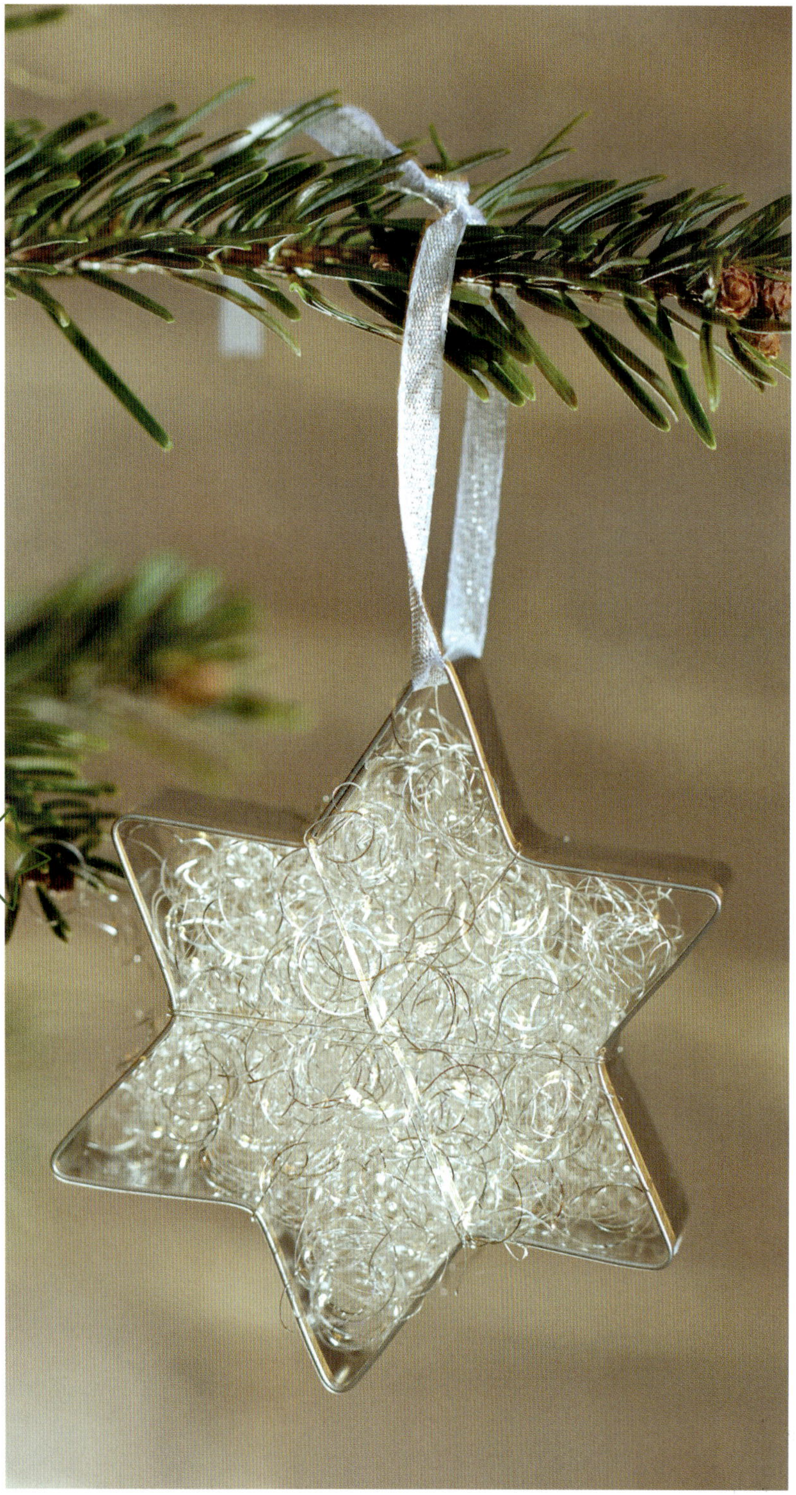

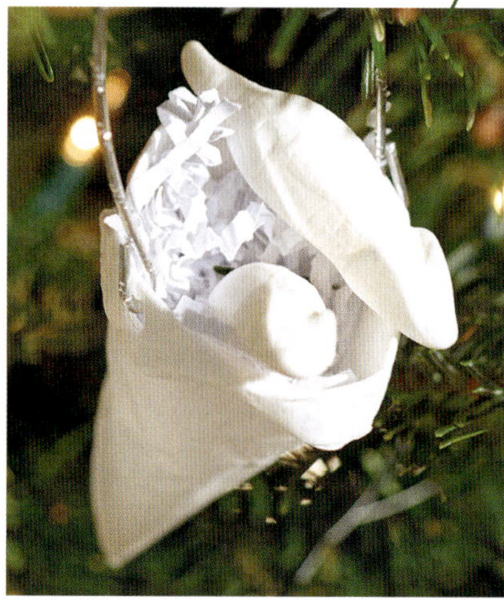

Oben: Eine Besonderheit in dem weiß geschmückten Weihnachtsbaum sind kleine, weiße Mäuse, die im Süßwarenregal zu finden sind. Sie werden in selbst gemachte Spitztüten aus weißen Kaffeefiltern gesetzt und sind ein Hingucker im Baum. Nicht nur für Kinder sind sie eine leckere Kleinigkeit.

Links: Bei diesem Schmuck sind Sternstunden garantiert! Dafür silbernes Engelshaar luftig in einem mit Aufhängbändchen versehenen, sternenförmigen Plätzchenausstecher arrangieren. Ein dünner Draht, der um den Stern gewickelt wird, sorgt dafür, dass nichts verrutscht. Übrigens: Durch diese Dekoration schimmert das Licht der Weihnachtsbaumkerzen besonders schön durch.

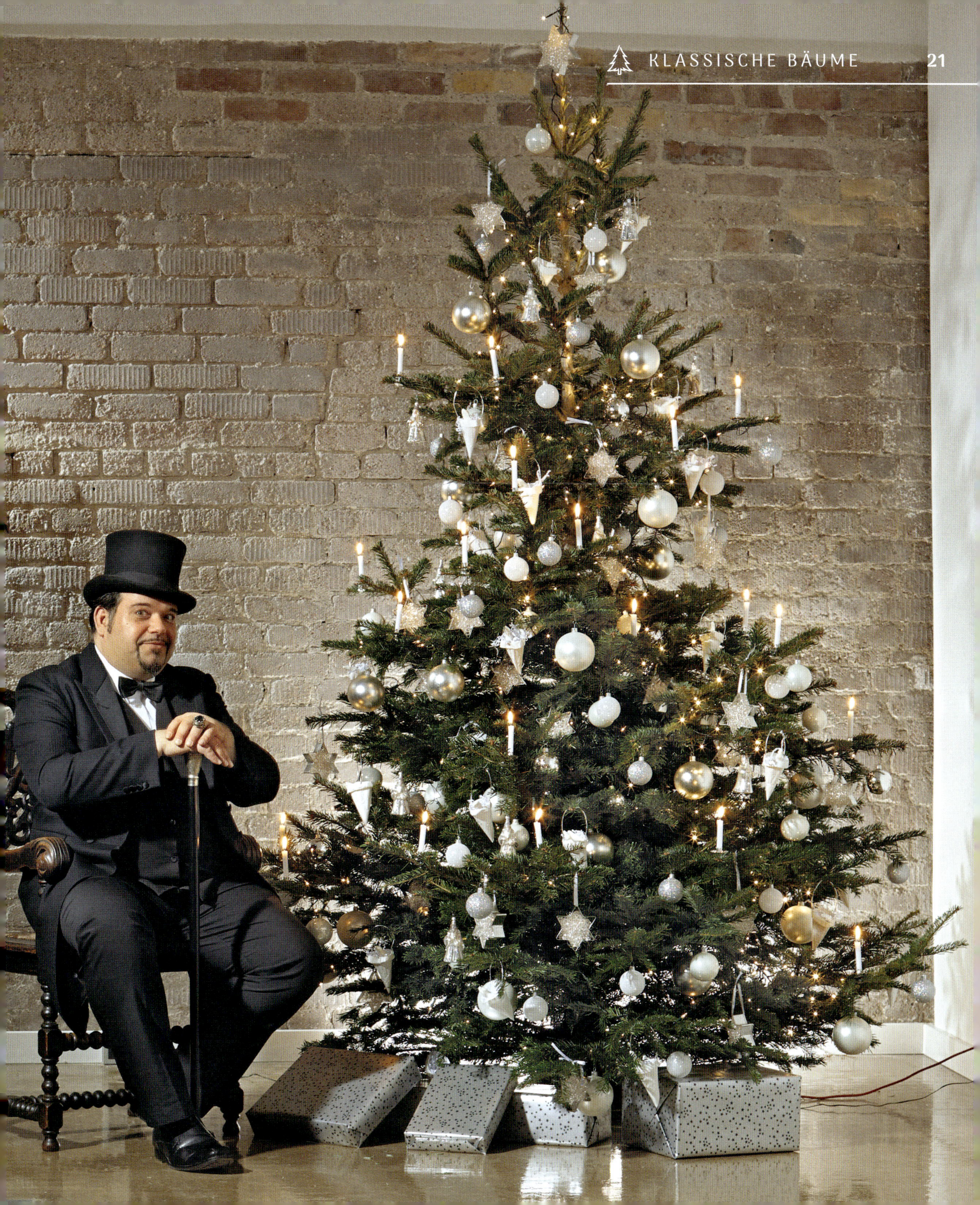

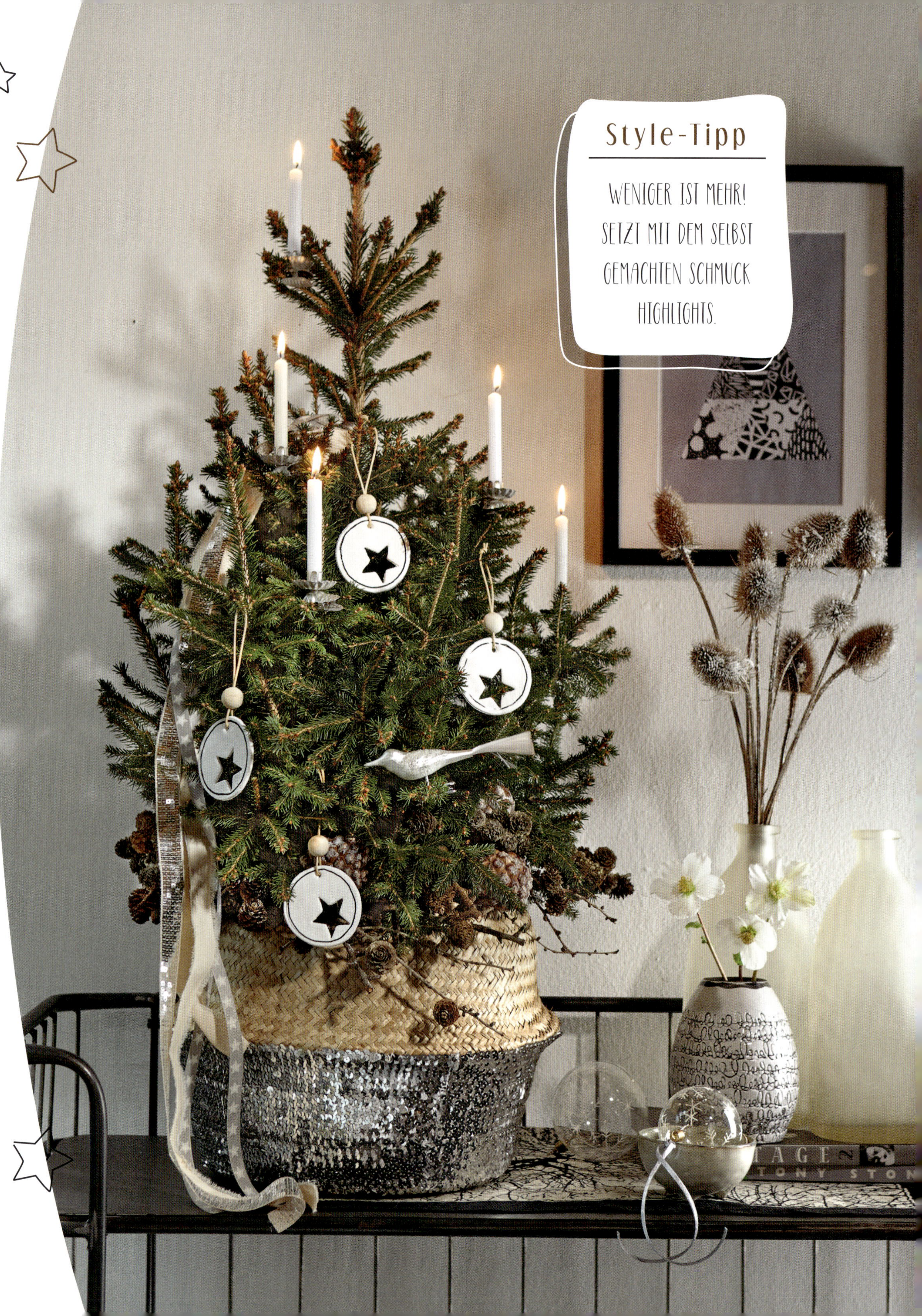

Style-Tipp

WENIGER IST MEHR! SETZT MIT DEM SELBST GEMACHTEN SCHMUCK HIGHLIGHTS.

Das wird benötigt

Fichte ✩ Pinienzapfen ✩ Lärchenzweige ✩ Modelliermasse ✩ Kreis- und Stern-Ausstechform ✩ Holzperlen ✩ Bänder ✩ Zahnstocher ✩ Filzstift ✩ Nudelholz ✩ Kerzenhalterklips ✩ Baumkerzen ✩ Glasvogel-Accessoire

1
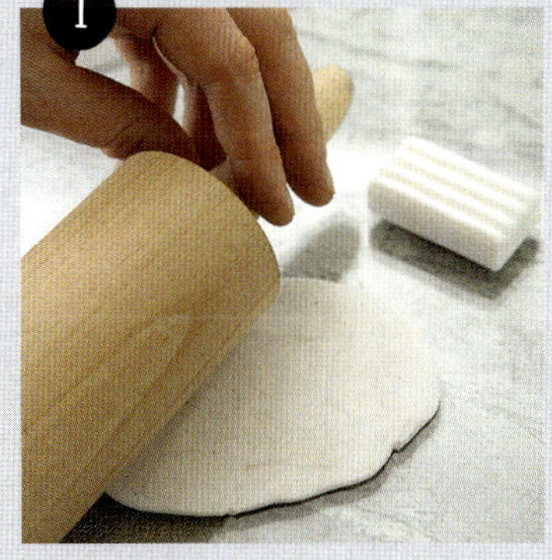

2
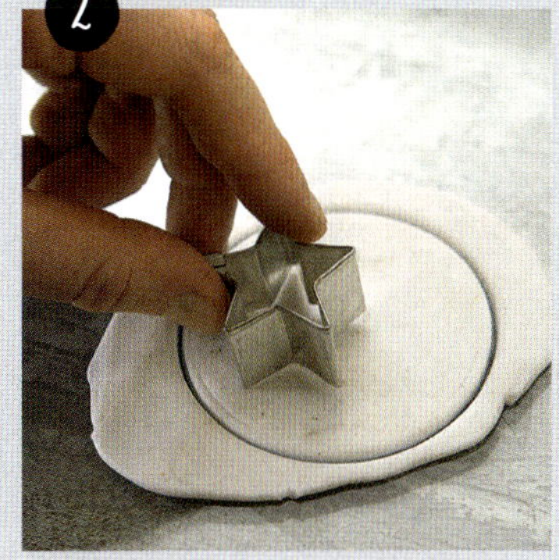

3
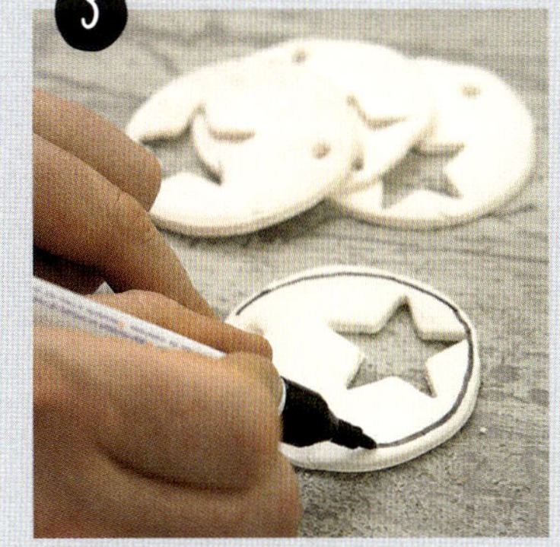

So wird's gemacht

1. Nicht nur Plätzchen müssen in den Backofen, sondern auch dieser Weihnachtsschmuck! Dazu zunächst die Modelliermasse aus dem Bastelbedarf mithilfe eines Nudelholzes ausrollen.

2. Dann zuerst die Kreise und danach in diese einen Stern mithilfe von Ausstechformen ausstechen. Außerdem ein kleines Loch für eine Aufhängung einplanen, welches sich gut mit einem Zahnstocher durch die Modelliermasse stechen lässt.

3. Den Baumschmuck nach Packungsanleitung backen. Nach dem Abkühlen jeweils den Rand des Kreises mit Filzstift nachziehen und den Anhänger auf ein Band mit Holzperle auffädeln. Neben, Bändern echten Kerzen, kleinem Glasvogel, Pinienzapfen und Lärchenzweigen dekorieren.

GOLDENE GLANZ-MOMENTE

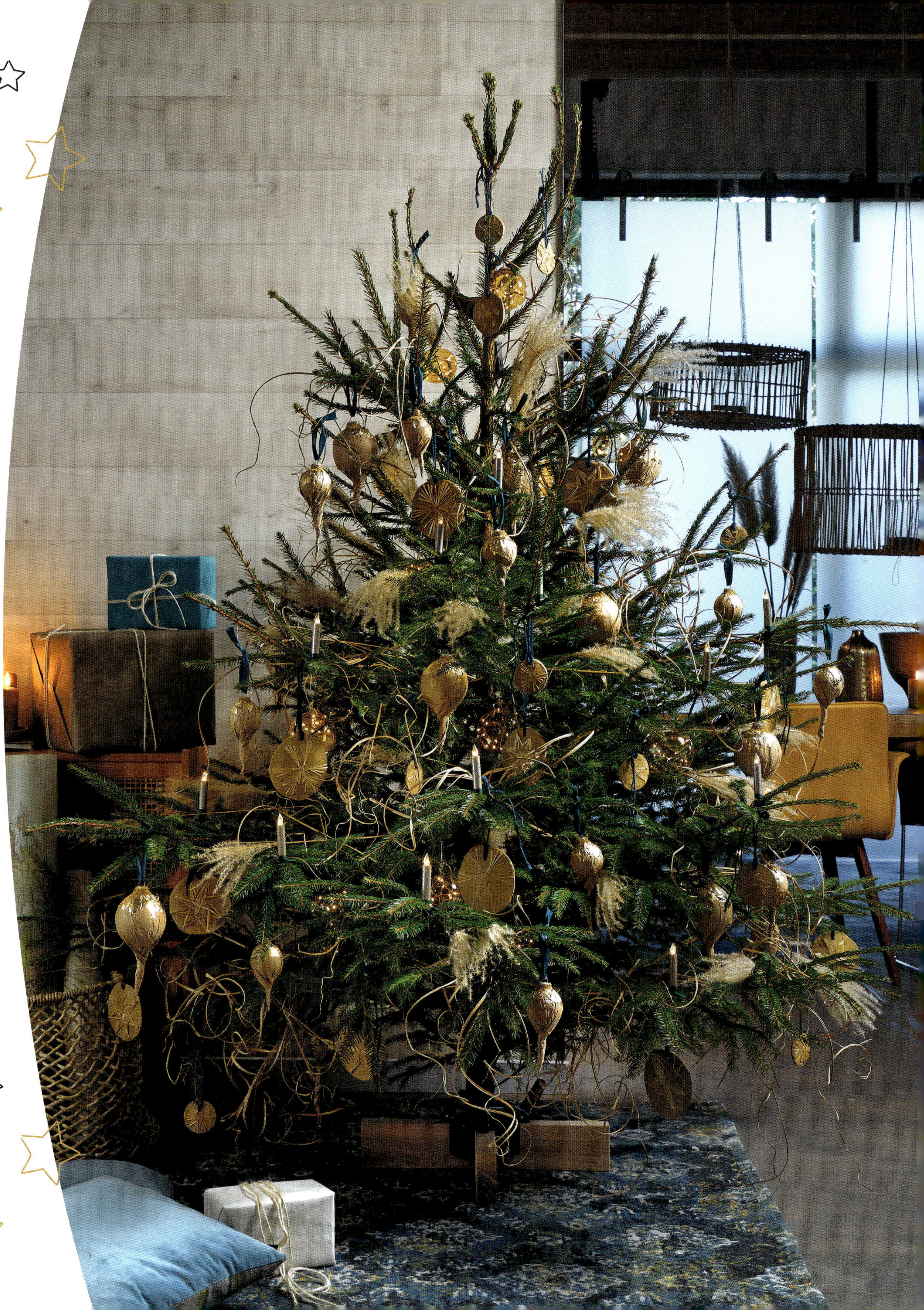

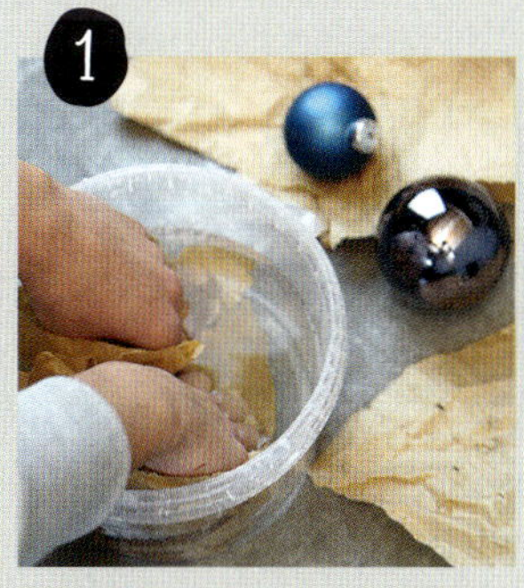

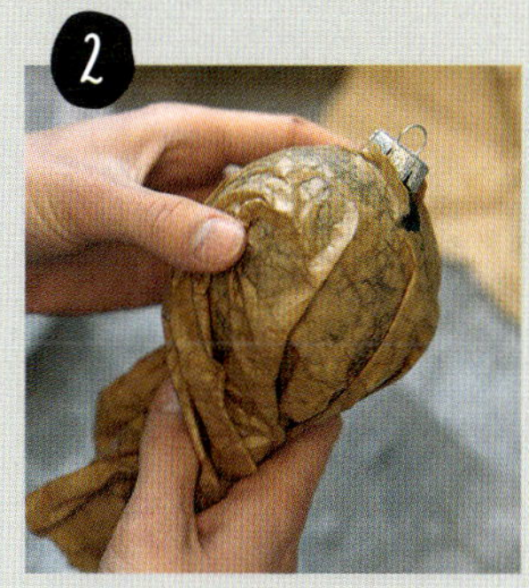

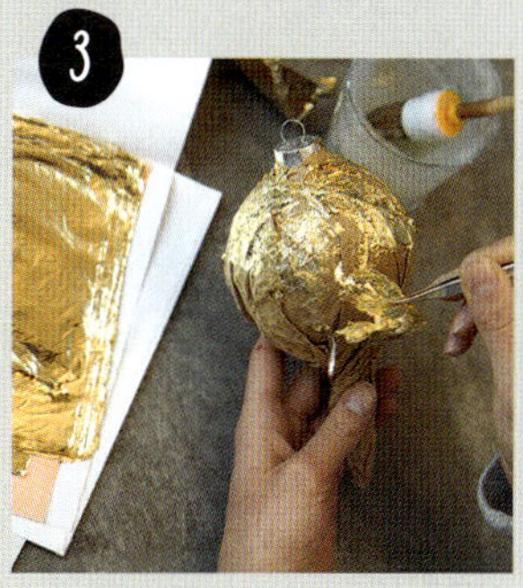

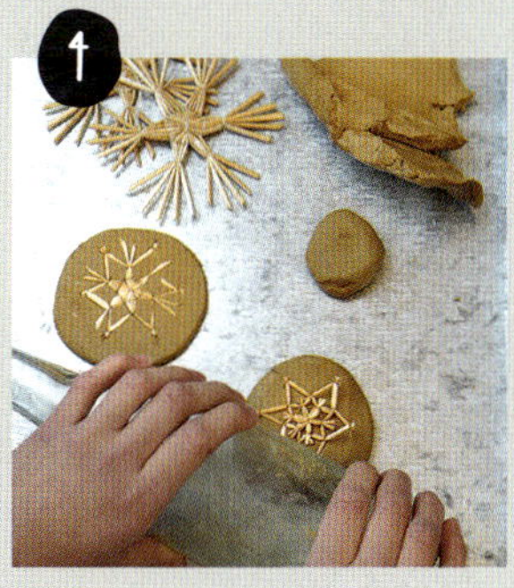

Das wird benötigt

Rotfichte ☆ elektrische Weihnachtsbaumkerzen ☆ Christbaumkugeln ☆ Packpapier ☆ Kleber ☆ Blattgold ☆ Strohsterne ☆ Bastelton ☆ Band ☆ runder Ausstecher ☆ Sprühkleber ☆ Zahnstocher

So wird's gemacht

1. Für die ausgefallenen Kugeln Packpapier zunächst zu Rechtecken zuschneiden. Dann in einem Eimer mit Wasser einweichen.

2. Das eingeweichte Packpapier um eine Kugel legen und so verdrehen, dass unten eine längliche Spitze entsteht.

3. Nach dem Trocknen der Kugel diese mit Kleber versehen und vorsichtig, am besten mit einer Pinzette, Blattgold auflegen.

4. Für die Medaillons Bastelton ausrollen und zu Kreisen ausstechen. Dann jeweils einen Strohstern auf einen Kreis auflegen und diesen mithilfe eines Nudelholzes oder einer Wasserflasche vorsichtig in die Masse drücken. Mit einem Zahnstocher ein Loch für eine Aufhängung hineinstechen und nach dem Trocknen ein Band zum Aufhängen durchfädeln.

Den Baum zusätzlich mit Lichtern und mehr schmücken.

NATÜRLICH MIT STERNEN

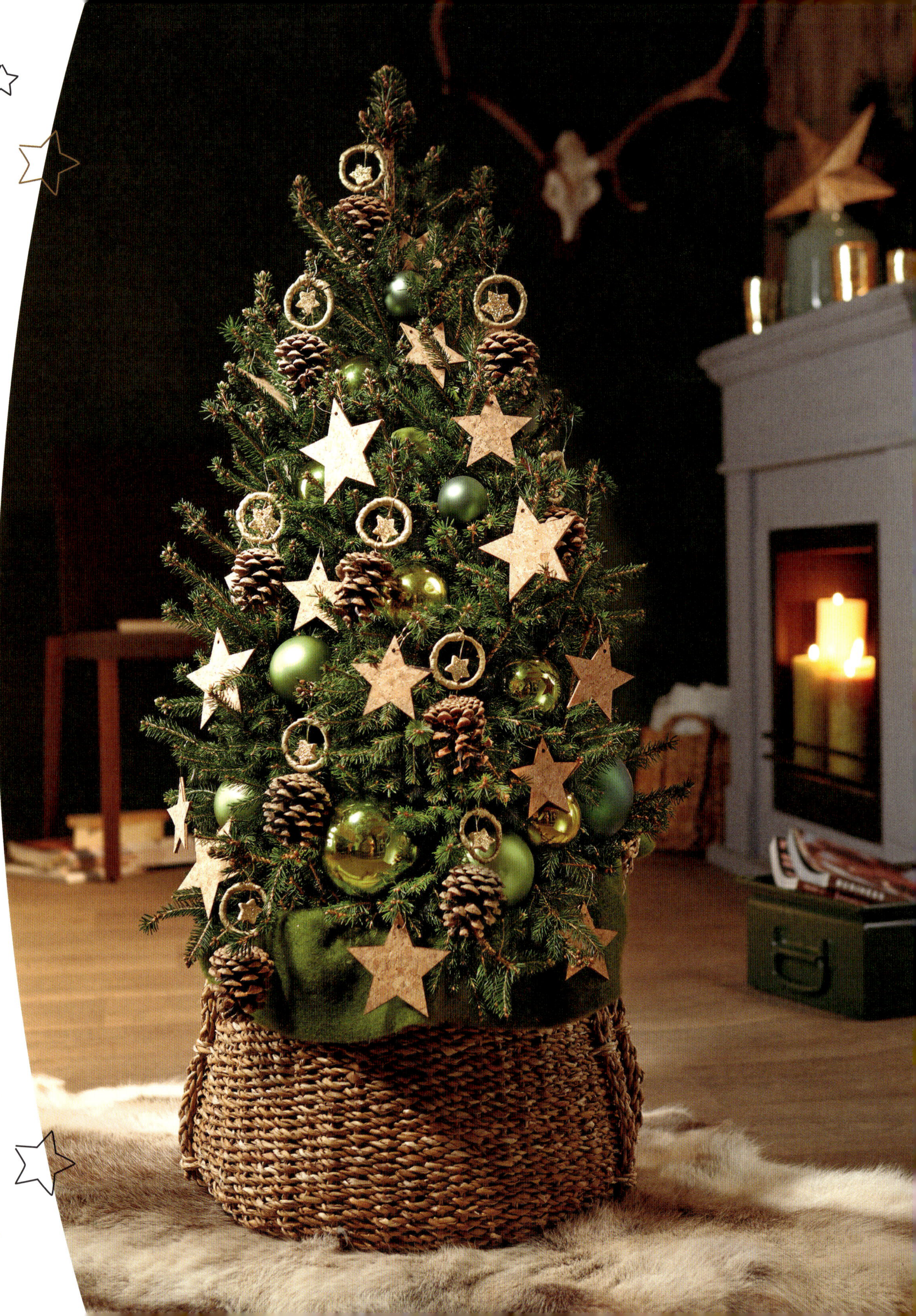

Das wird benötigt

Fichte ✩ Kiefernzapfen ✩ Holzsterne ✩ Korksterne ✩ Steckdraht ✩ Zierdraht ✩ Bast ✩ Christbaumkugeln

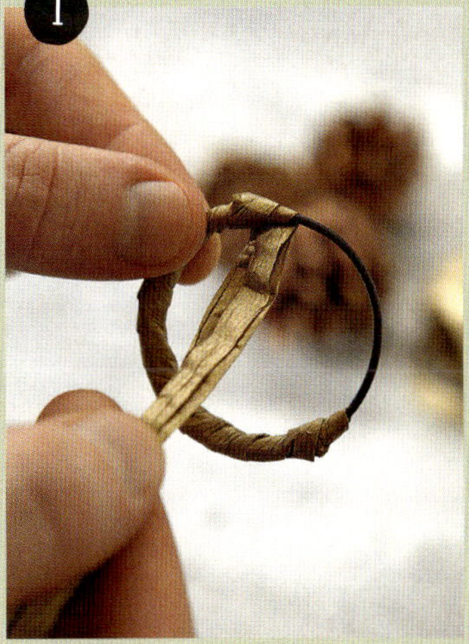

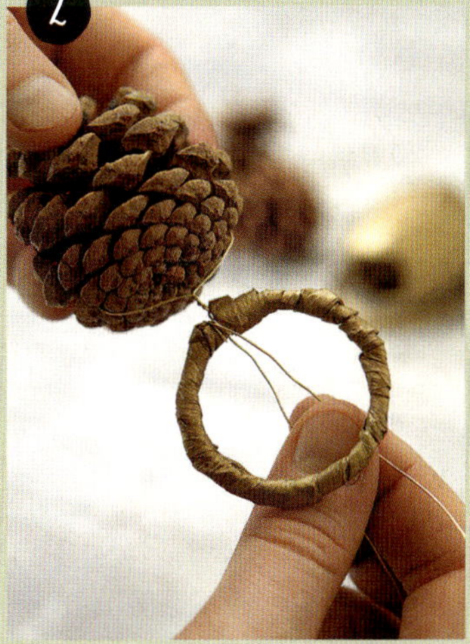

So wird's gemacht

1. Aus Steckdraht einen kleinen Ring biegen, der mit goldfarbenem Bast umwickelt wird.

2. Einen Zapfen mit Zierdraht andrahten, sodass daran der Ring befestigt werden kann.

Dann mithilfe von Zierdraht einen Holzstern in der Mitte des Rings befestigen. Den selbst gemachten Schmuck an den Baum hängen und mit größeren Korksternen und Christbaumkugeln dekorieren.

ANGESAGTER RETRO-LOOK

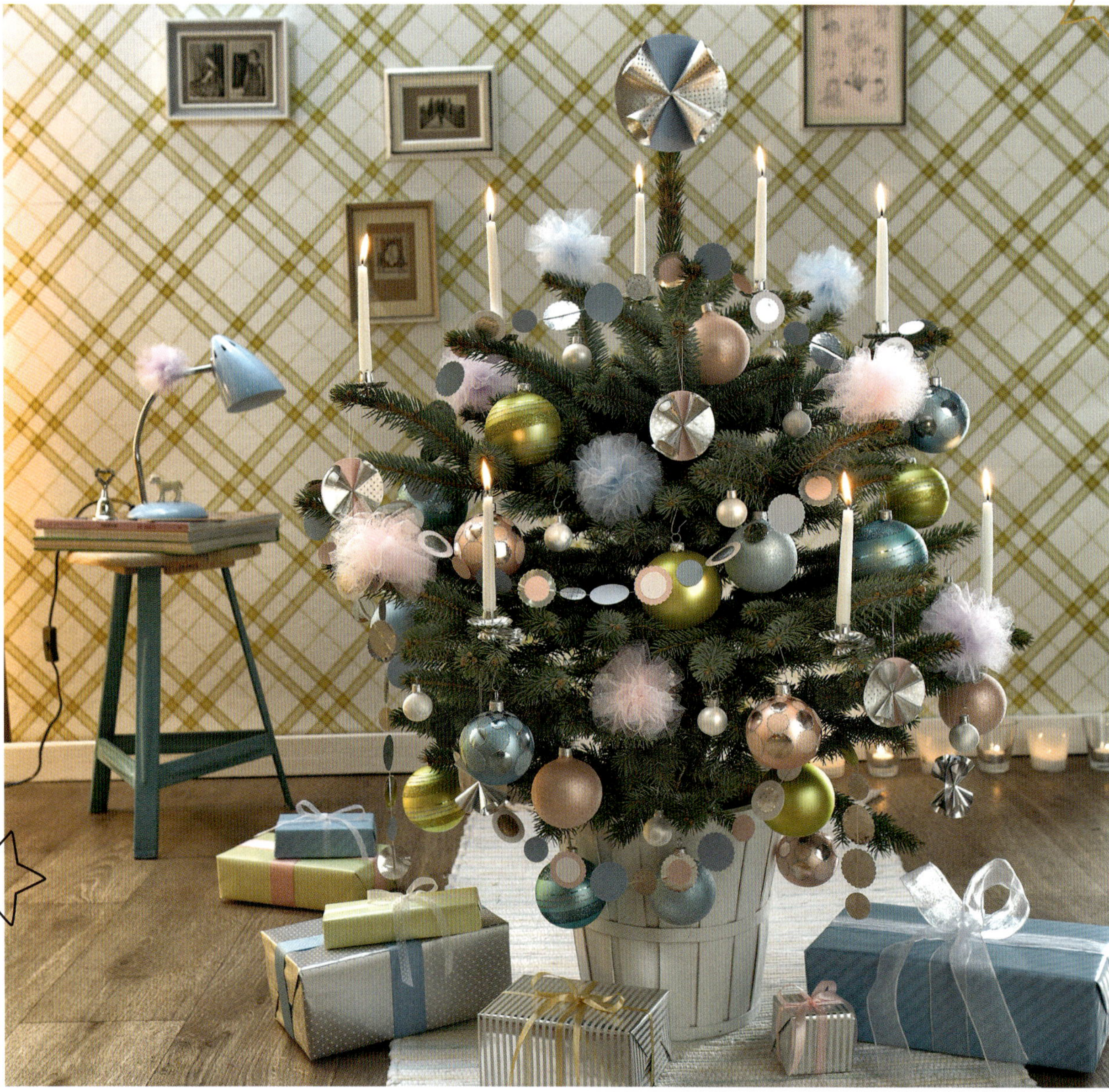

Oben: Die silberfarbenen und pastelligen Kugeln in Kombination mit Kreisen und Punkten lassen uns an die Weihnachtsbäume der 50er-Jahre denken. Damals gehörten bauschige Petticoats zur Mode. Als Hommage haben wir diese als puschelige Kugeln integriert. Dazu kommen Girlanden aus Papierkreisen und Baumanhänger, die so aufgewickelt sind, dass sie an eine Haartolle erinnern.

Rechts: Im Charme der goldenen 20er-Jahre erstrahlt dieser Weihnachtsbaum. Schwarze Kugeln verhüllt mit goldener Fransenbordüre, die mit doppelseitigem Klebeband befestigt wird, sowie goldfarbene Glasvögel mit Federschweif sorgen für den Glamourfaktor. Dazu erinnern verschieden große, auf Draht gefädelte Perlen an den auffälligen Schmuck der Grande Dame vergangener Zeiten.

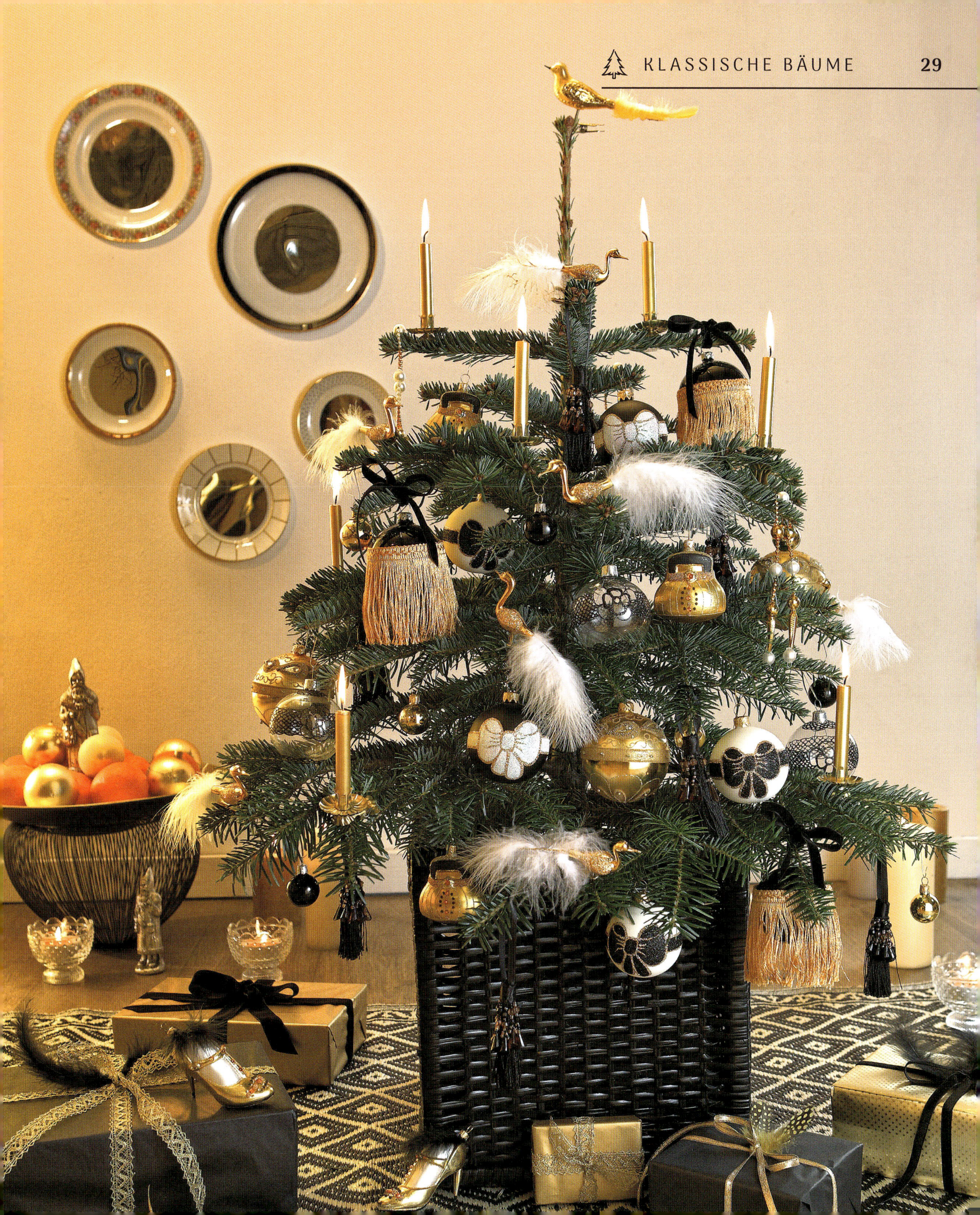

PRACHTVOLL MIT BLÜTEN

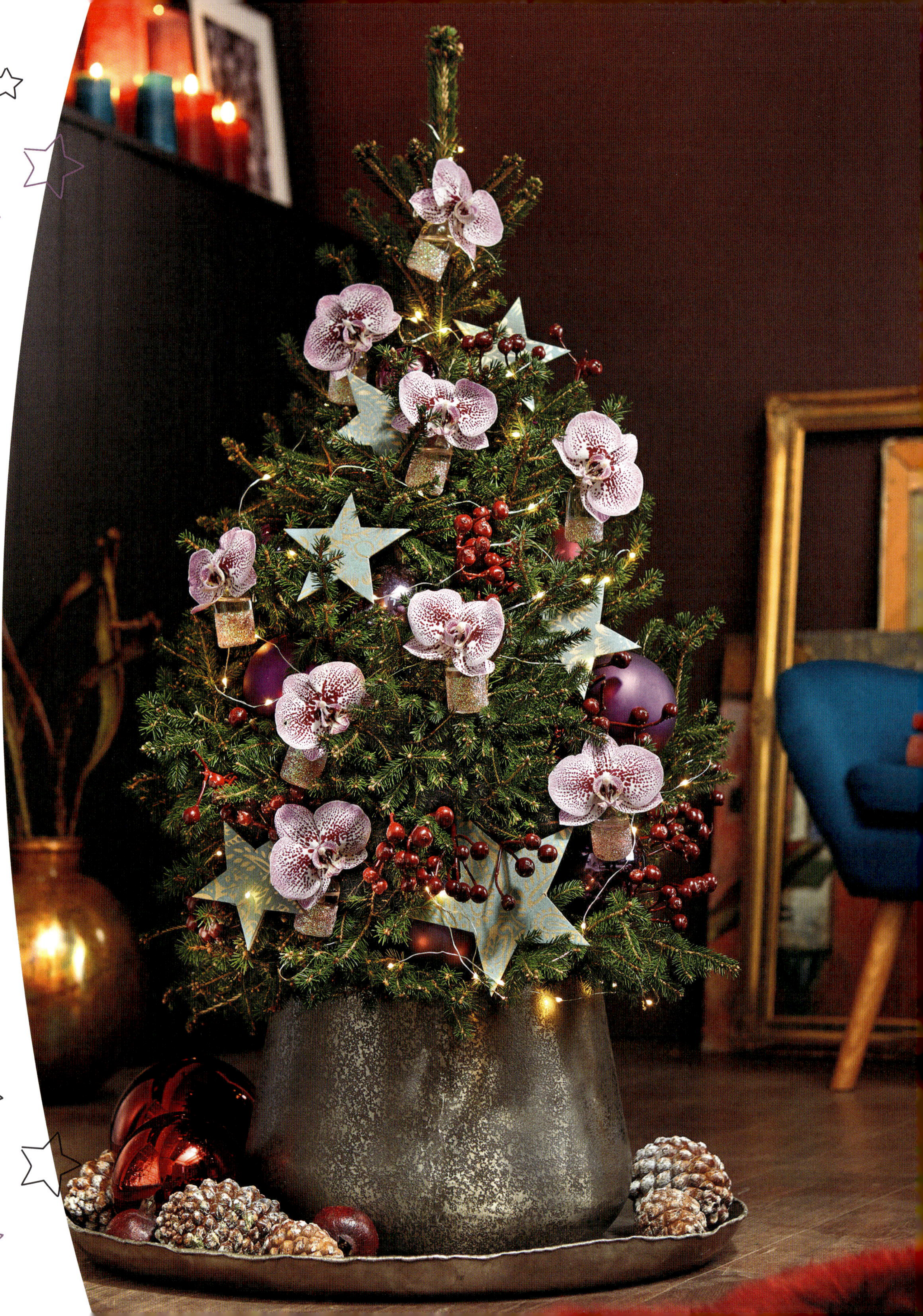

Das wird benötigt

Fichte ✩ kleine Glasflaschen ✩ Aluminiumdraht ✩ Glitzergranulat ✩ Sprühkleber ✩ Kreppklebeband ✩ Orchideen ✩ gewachste Hagebutten ✩ Lichterkette ✩ Christbaumkugeln ✩ Sterne

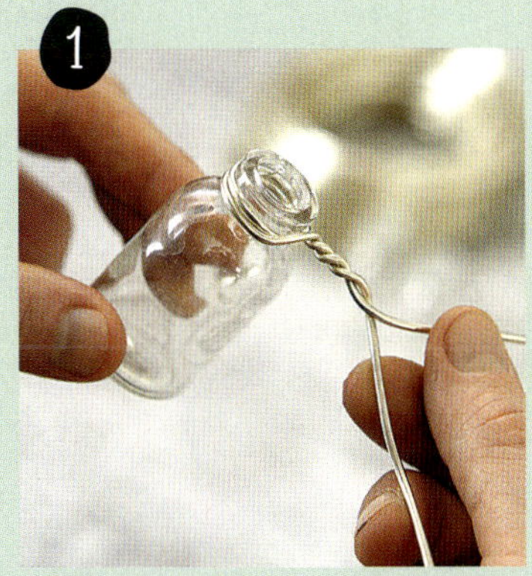

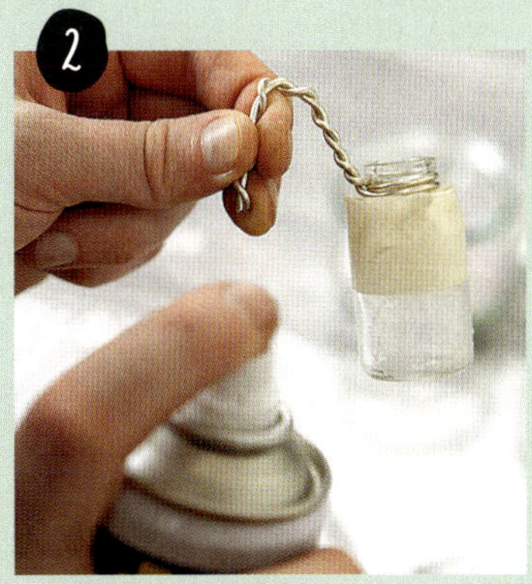

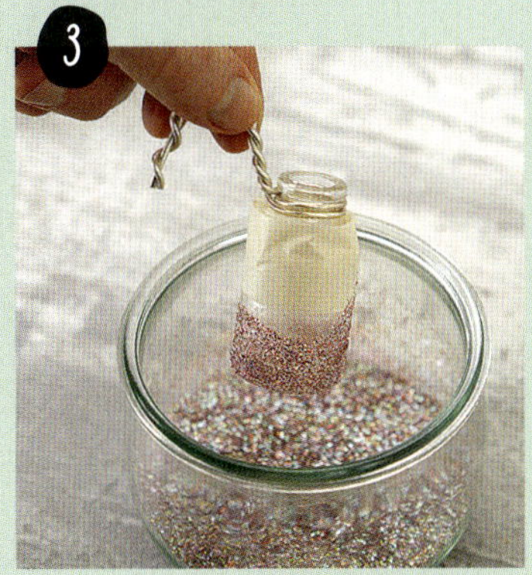

So wird's gemacht

1. Zunächst bekommen die kleinen Glasflaschen eine Aufhängung aus Aluminiumdraht. Dafür den Draht wie eine Schlaufe um die Öffnung legen und verzwirbeln.

2. Dann den oberen Teil des Gefäßes mit Kreppklebeband abkleben. Den unteren Teil mit Sprühkleber versehen.

3. Die Fläschchen in ein Gefäß mit Glitzergranulat tunken.

Nach dem Trocknen das Kreppklebeband entfernen, die Fläschchen mit Wasser füllen, Orchideenblüten einstellen und dann an den Baum hängen, der bereits mit einer Lichterkette geschmückt ist. Zusätzlich mit Christbaumkugeln, gewachsten Hagebutten und Sternen dekorieren.

CHARMANT IN ALTROSA

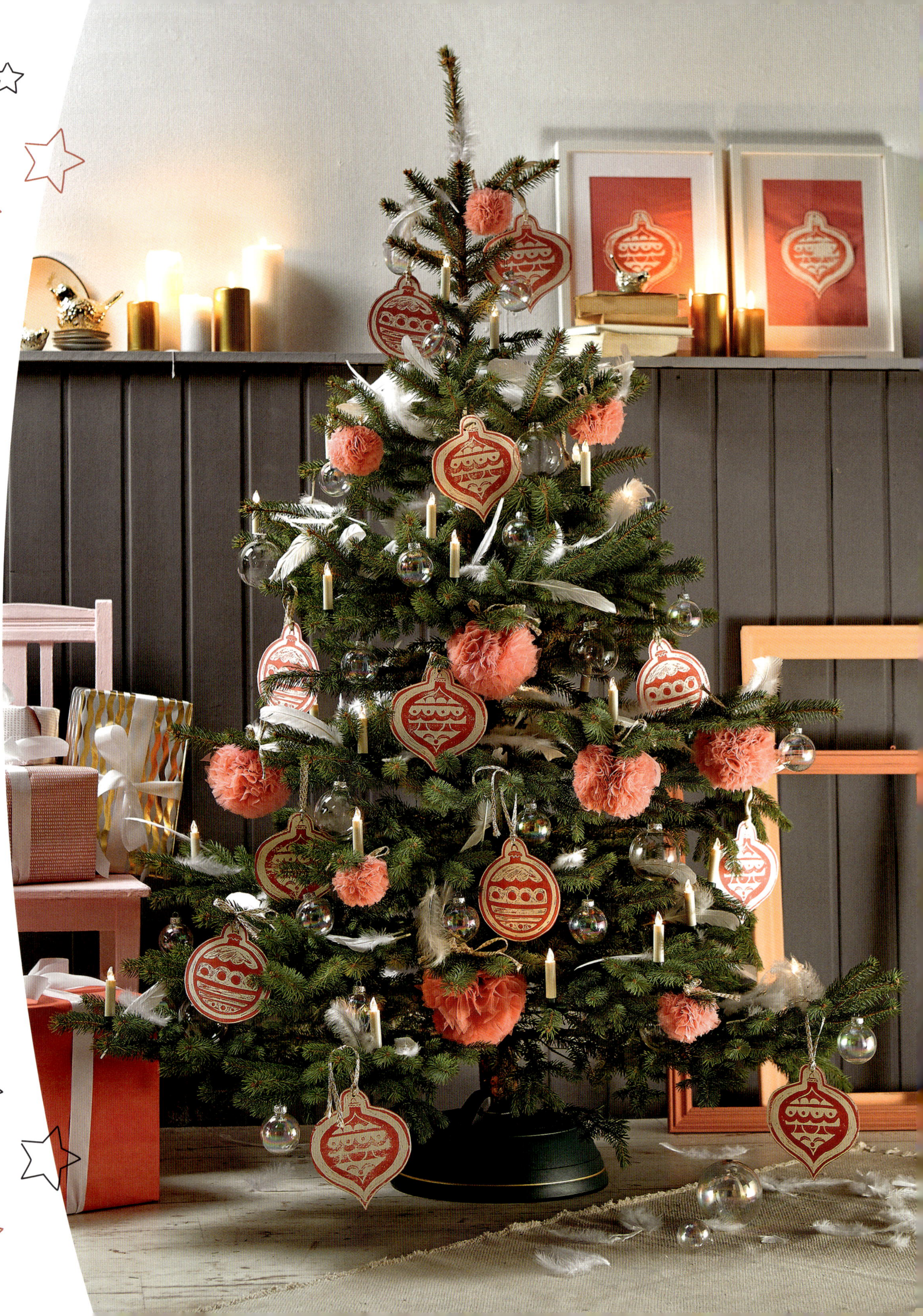

1
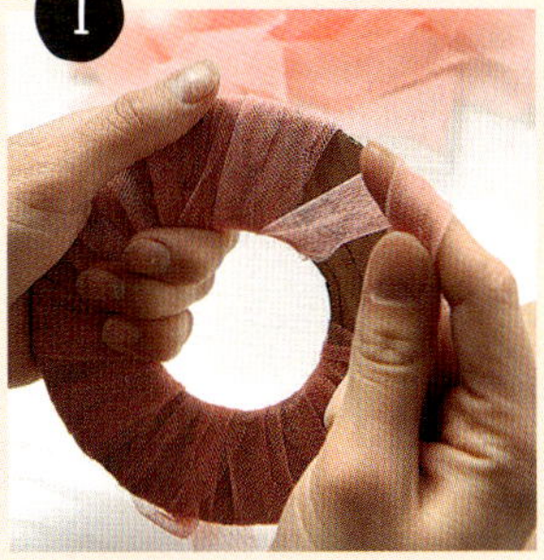

2
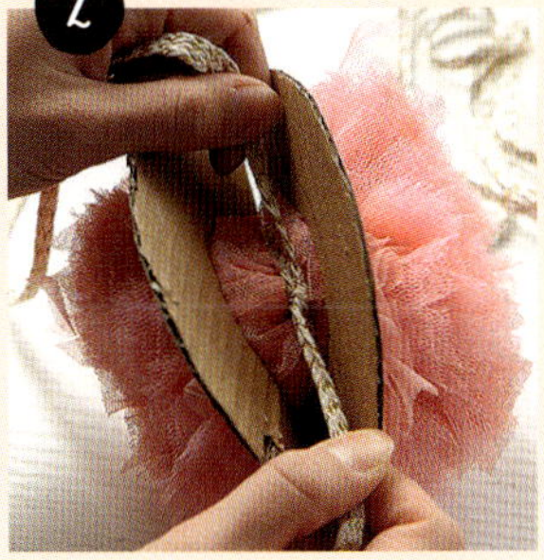

3
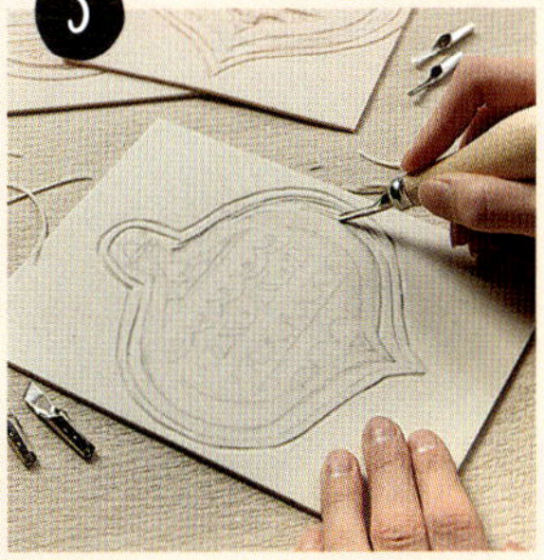

4
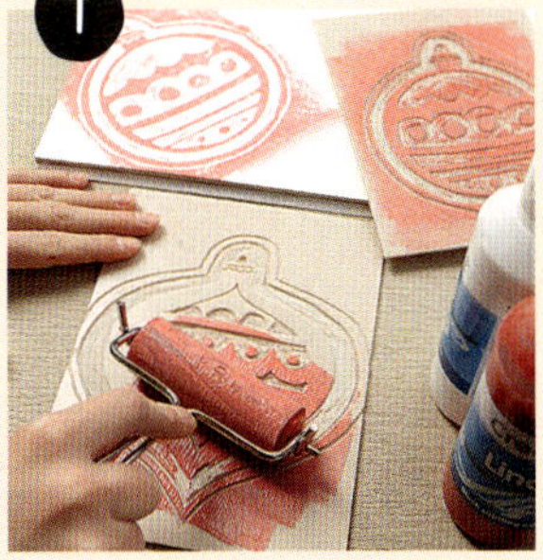

Das wird benötigt

Nobilistanne ☆ Bänder ☆ Schnur ☆ Pappe ☆ Motivschablone ☆ Linolplatten ☆ Linoldruckfarbe ☆ Linolschnittmesser ☆ Farbwalze ☆ Aufhänger ☆ elektrische Weihnachtsbaumkerzen ☆ Christbaumkugeln ☆ Federn

So wird's gemacht

1. Für die Pompoms zwei Pappringe ausschneiden, aufeinanderlegen und zusammen mehrfach mit Band umwickeln.

2. Dann mittig zwischen den Ringen aufschneiden und mit einer eingeführten Schnur fixieren, indem man einen Faden zwischen den Pappringen einführt und bis zur Mitte hin fest zusammenzieht. Pappringe entfernen und Pompoms aufhängen.

3. Für die Anhänger Motive in Linolschnitttechnik erstellen. Entweder mit runder Außenkontur oder leicht geschwungen im Stil traditioneller Schmuckkugeln.

4. Diese mit Linoldruckfarbe versehen und auf Pappe aufdrucken. Anhänger ausschneiden, mit Aufhängern versehen und in den mit Lichtern, Federn und Kugeln geschmückten Baum hängen.

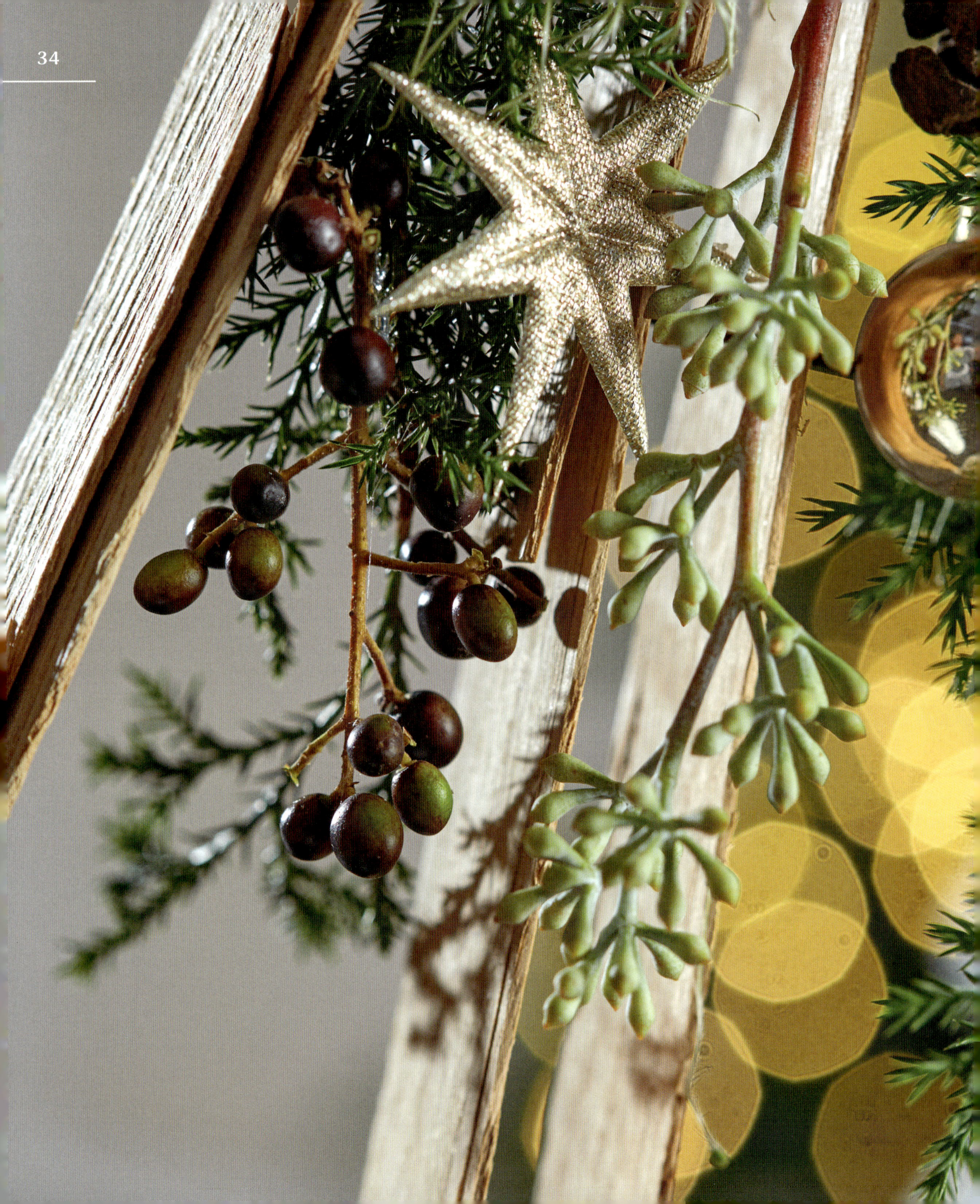

BÄUME IN XXS

Versionen im Miniformat

Ohne einen Christbaum haben viele Menschen das Gefühl, dass ihnen in der Weihnachtszeit etwas fehlt. Doch oft gibt es nicht genügend Stellfläche, um einen großen Baum in der Wohnung zu platzieren. Da bieten sich unsere Bäume im XXS-Format an! Sie sind so klein, dass sie problemlos auf Tischen, Sideboards, Fensterbänken oder in Regalen einen Platz finden. Noch dazu können wir mit diesen Exemplaren bei der Gestaltung der Baumform und auch bei der Umsetzung erfinderischer werden. Schließlich muss es ja nicht immer ein Nadelbaum sein, der uns die Advents- und Weihnachtszeit versüßt.

RUSTIKALER TOUCH

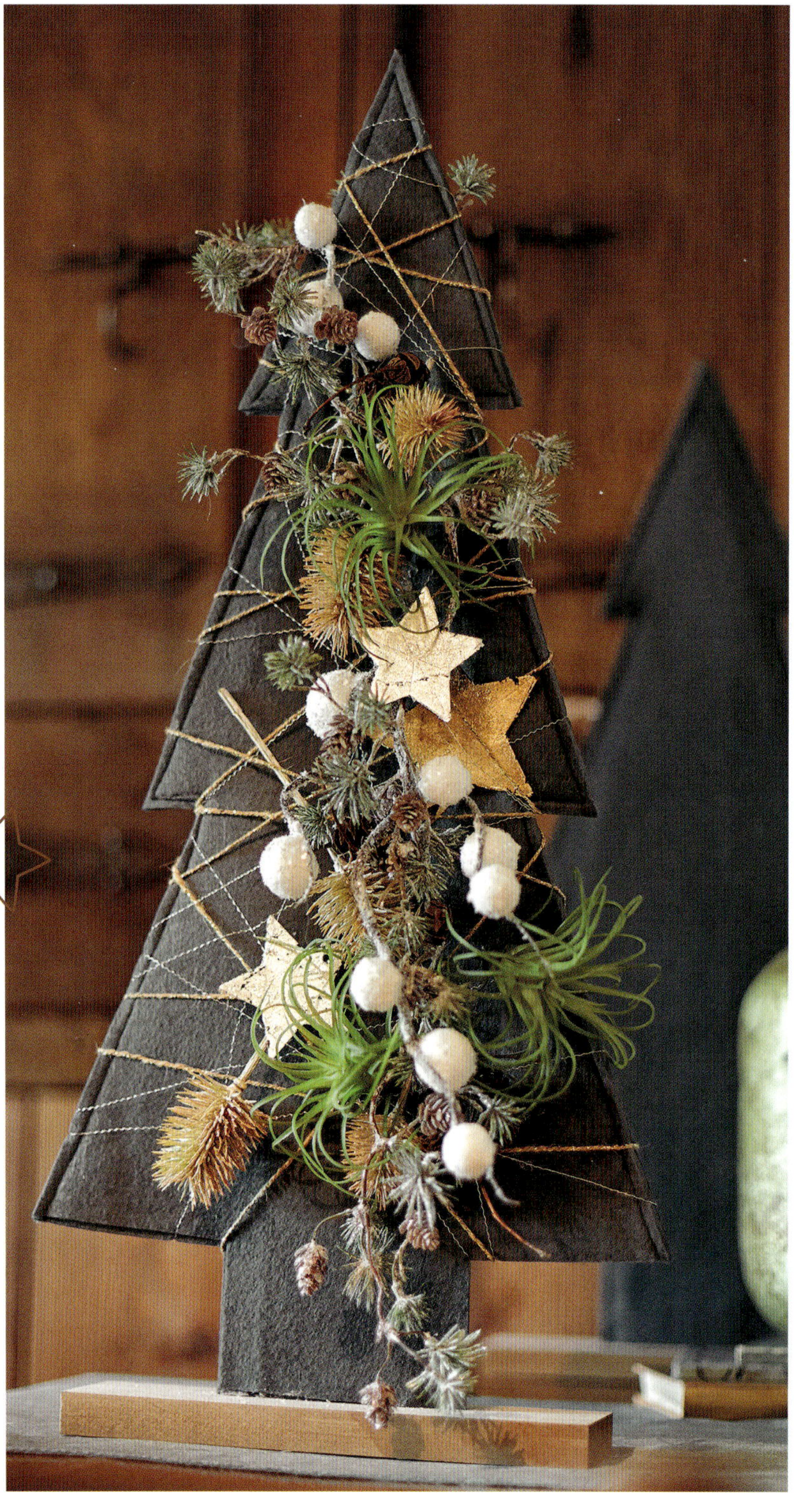

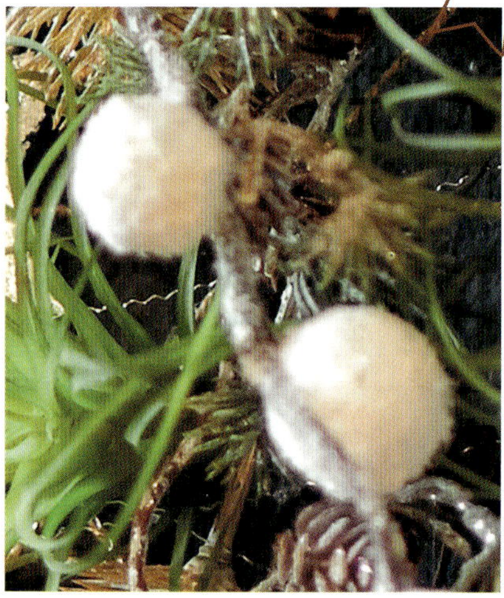

Links: Mit ein bisschen Fantasie lässt sich der Filzbaum mit wenigen Handgriffen schmücken. Dafür Schnur und Zierdraht mehrfach um den ganzen Baum wickeln. Dann künstliche Tillandsien, Kardendistel und Lärchenzweige sowie Sterne und eine Schneekugelgirlande einklemmen.

Rechts: Hier ist die Baumform schon vorhanden. Damit wir lange Freude an ihr haben, nutzen wir künstliche Floralien wie Christrosen, Mohnkapseln, vereiste Zweige und Co. Diese werden entweder an Zahnstochern befestigt und in die Zwischenräume des Baumes geklebt oder direkt mit Heißkleber fixiert.

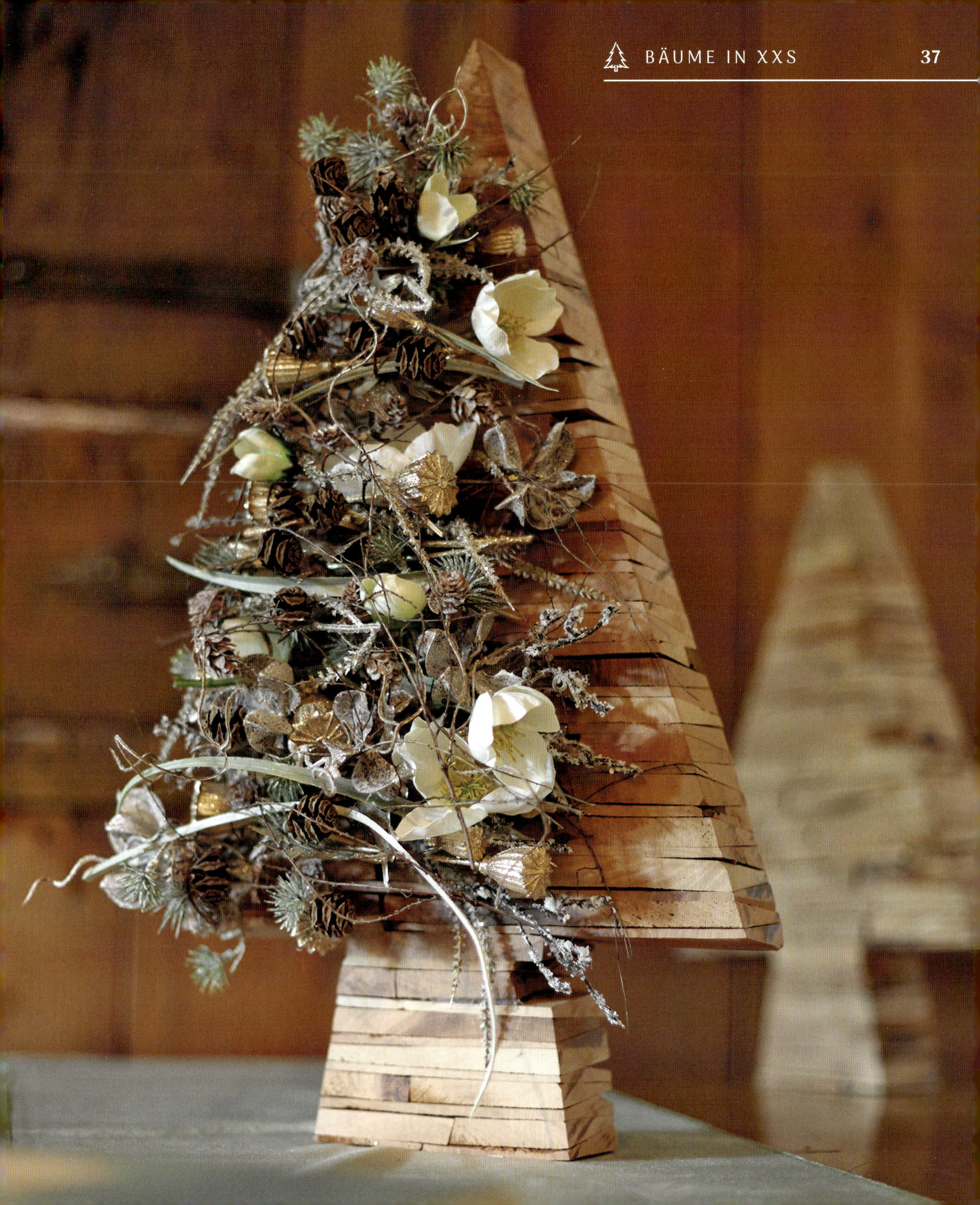

VERSPIELT IN ZARTROSÉ

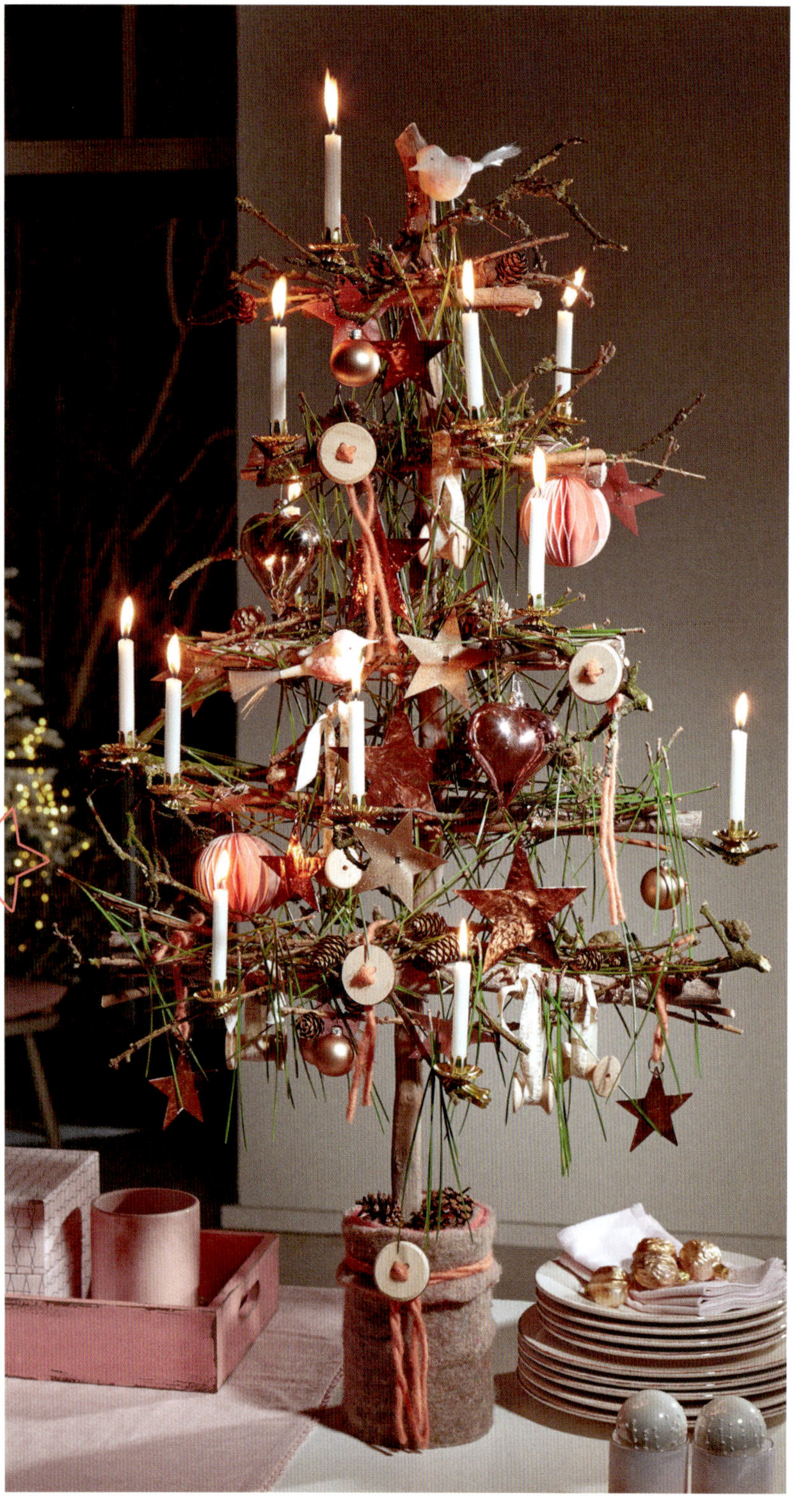

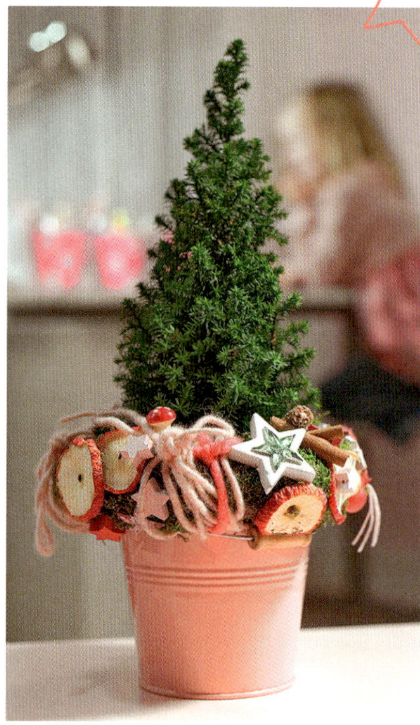

Oben: Ein mit Moos bewickelter Strohrömer bildet die Manschette der Zuckerhutfichte im rosafarbenen Topf. Er wird mit Sternen, getrockneten Apfelscheiben und Zapfen beklebt und mit Wolle dekorativ umwickelt. So lieblich gestaltet, passt das Bäumchen zum Beispiel auch perfekt ins Kinderzimmer.

Links: Auch ohne echten Tannenbaum wird es weihnachtlich. Für den perfekten Stand einen trockenen Buchenzweig in eine Dose einzementieren. Nun waagerecht Äste mit Schrauben und Rebenbindedraht fixieren, mit Kerzenhaltern bestücken und mit einzelnen Kiefernnadeln, Zapfen und Schmuck dekorieren.

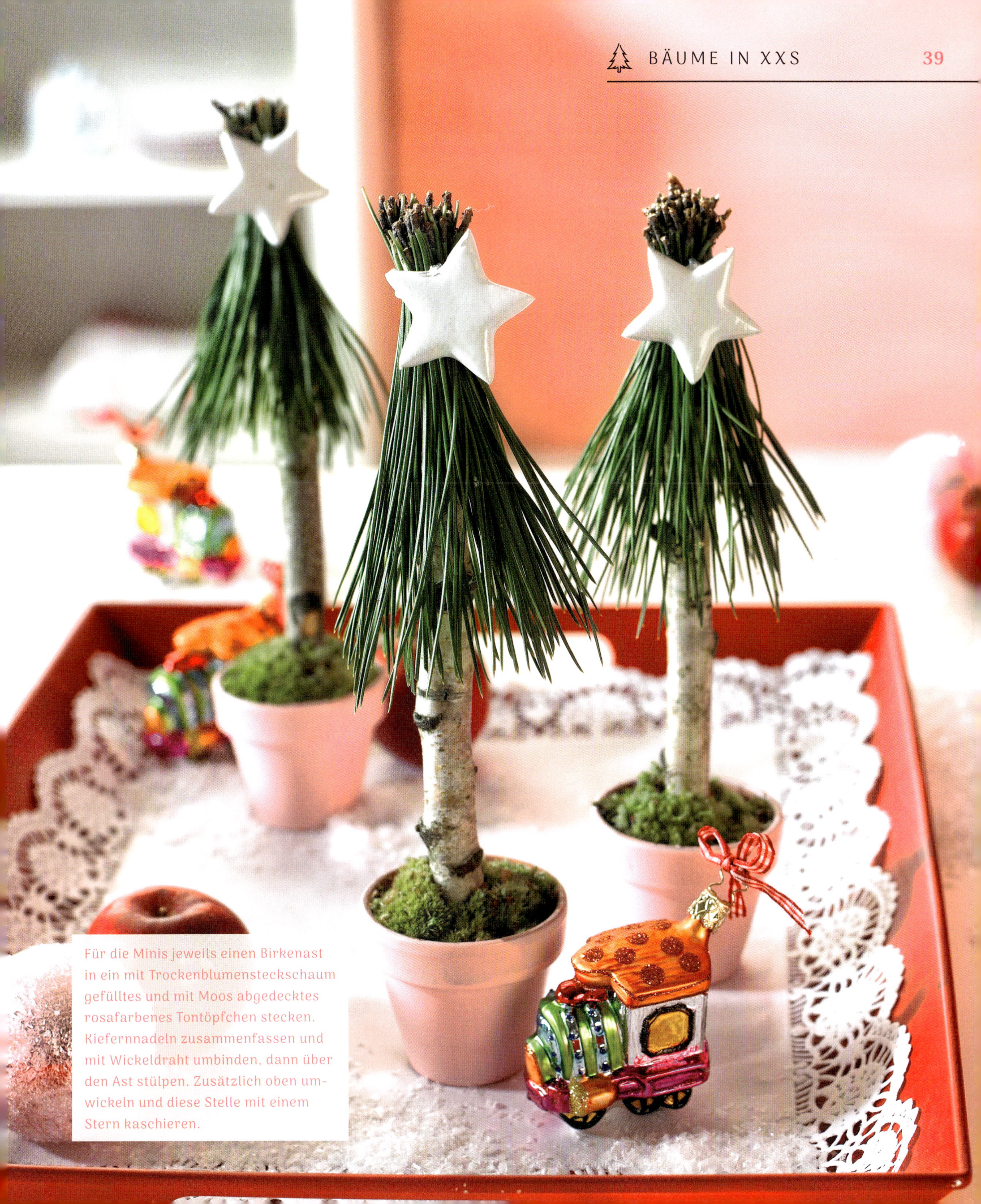

Für die Minis jeweils einen Birkenast in ein mit Trockenblumensteckschaum gefülltes und mit Moos abgedecktes rosafarbenes Tontöpfchen stecken. Kiefernnadeln zusammenfassen und mit Wickeldraht umbinden, dann über den Ast stülpen. Zusätzlich oben umwickeln und diese Stelle mit einem Stern kaschieren.

Modern interpretiert

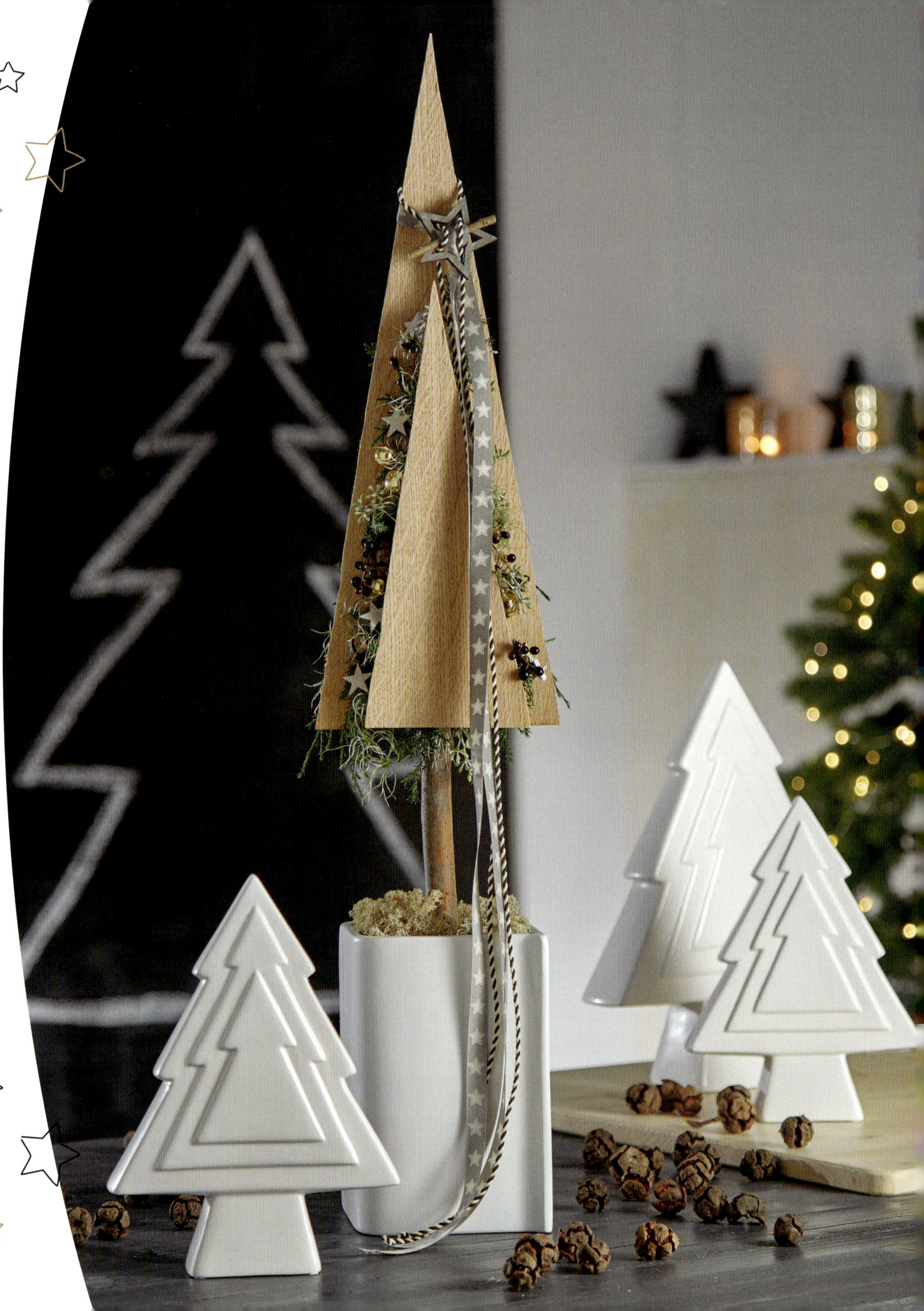

Das wird benötigt

Wacholder-, Liguster- und Eukalyptuszweige ☆ Rentierflechte ☆ Waldrebenfruchtstände ☆ Zypressenzapfen ☆ Stacheldrahtpflanze ☆ Ast ☆ Zimtstange ☆ Furnier ☆ Band ☆ Trockenblumensteckschaum ☆ Heißkleber ☆ Spiegelbeeren ☆ Holzsterne ☆ Keramiktopf ☆ Steckdraht

1
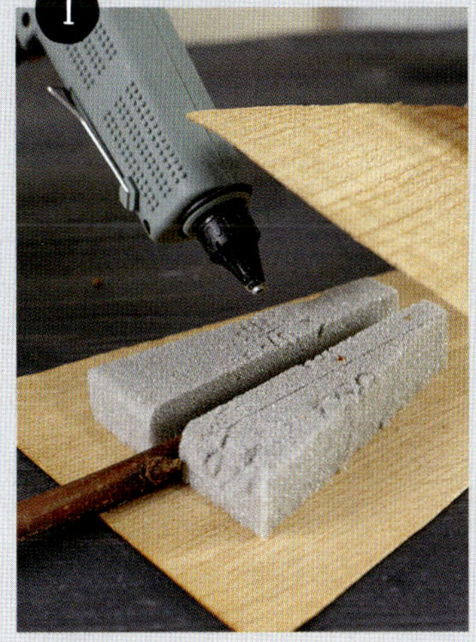

2
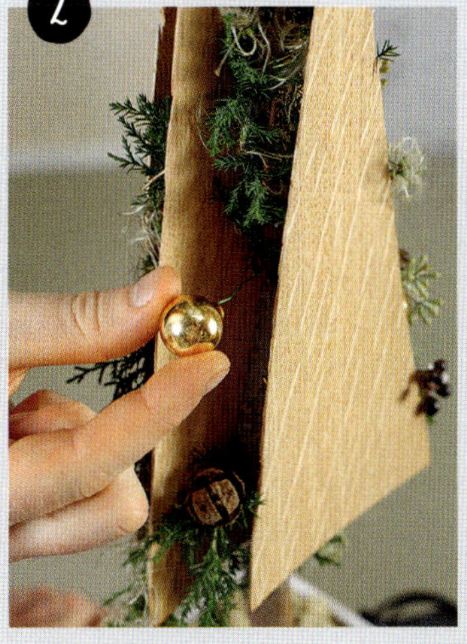

So wird's gemacht

1. Zwei langgestreckte Dreiecke aus Furnier in unterschiedlichen Größen zuschneiden. Zwischen diesen Dreiecken etwas kleiner zugeschnittenen Trockenblumensteckschaum und einen Ast als Stamm für die Tannenbaumform mit Heißkleber befestigen.

2. Den zwischen den beiden Furnier-Dreiecken entstandenen Zwischenraum mit Zweigstücken, Fruchtständen, Spiegelbeeren, Zapfen, Holzsternen sowie Stacheldrahtpflanze bestecken oder bekleben. Den Baum mithilfe von Trockenblumensteckschaum in den Keramiktopf einsetzen und die Basis mit Rentierflechte abdecken. An der Spitze Holzstern, Zimtstange und Bänder anbringen.

KREATIVE DUOS

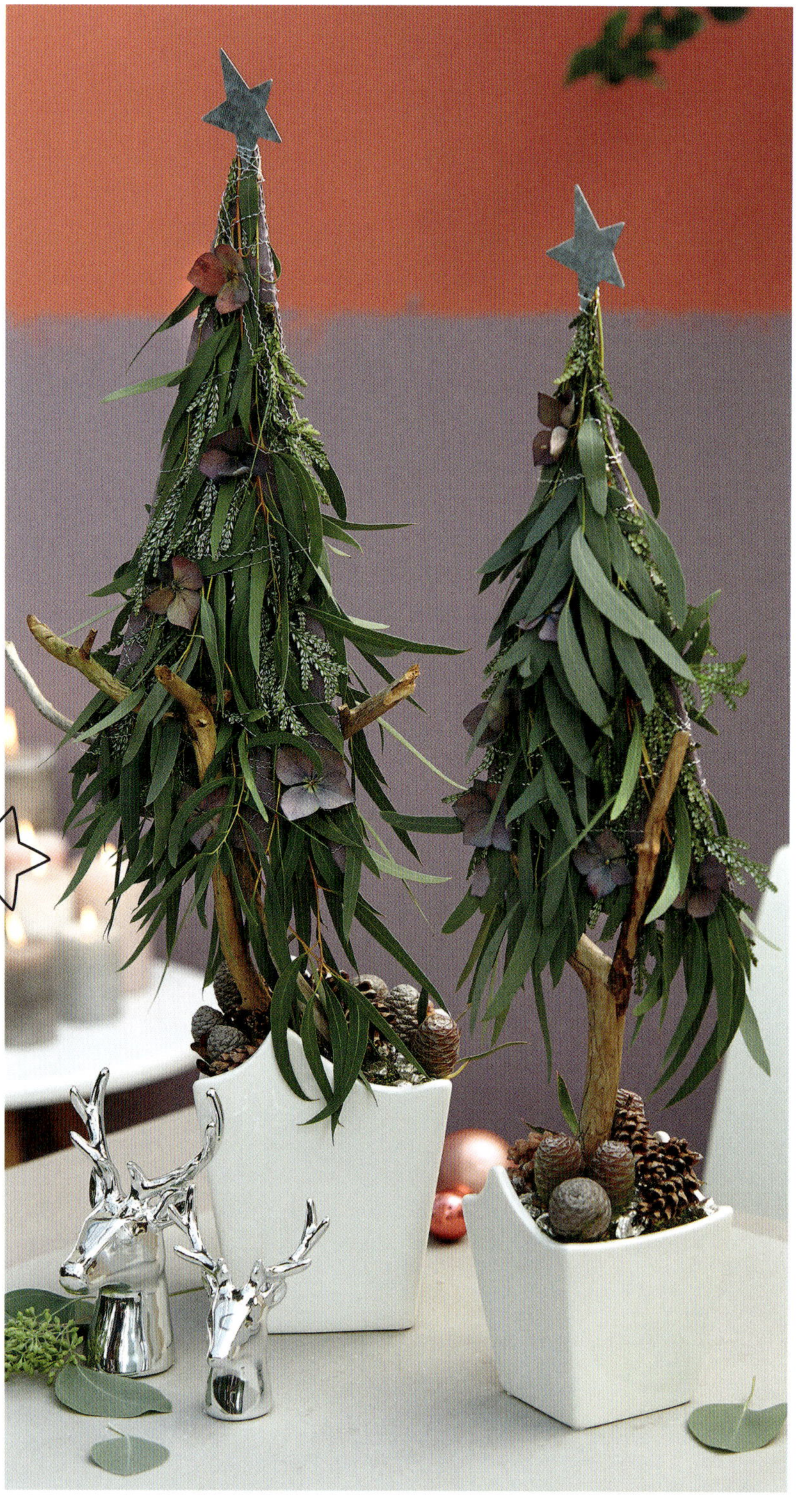

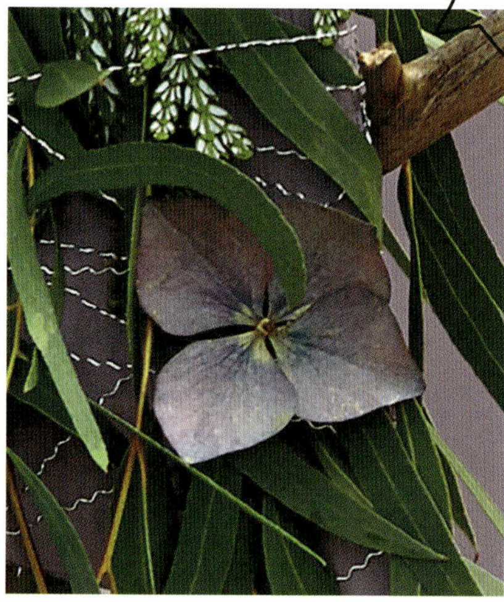

Links: Zu einem eleganten Arrangement vereinigen sich diese Gesellen. Dafür zwei schlanke Dreiecke aus Pappe ausschneiden und mit Eukalyptusblättern und Hortensienblüten bekleben. Diese Dreiecke jeweils auf eine Astgabel stecken und mit Zierdraht umwickeln. An der Spitze mit Heißkleber Metallsterne befestigen. Trockenblumensteckschaum in Gefäßen sorgt für Standfestigkeit.

Rechts: Für das Duo Trockenblumensteckschaum zurechtschneiden und in die Gefäße füllen. Aus Eukalyptus-, Oliven-, Zypressen-, Dickblatt- und Schleierkrautzweigen mithilfe von Wickeldraht verschieden große Kränze formen. Je einen Ast mit Verstrebungen in die Töpfe stecken und die Ringe der Größe nach auflegen. Die Astspitze ziert jeweils ein Stern.

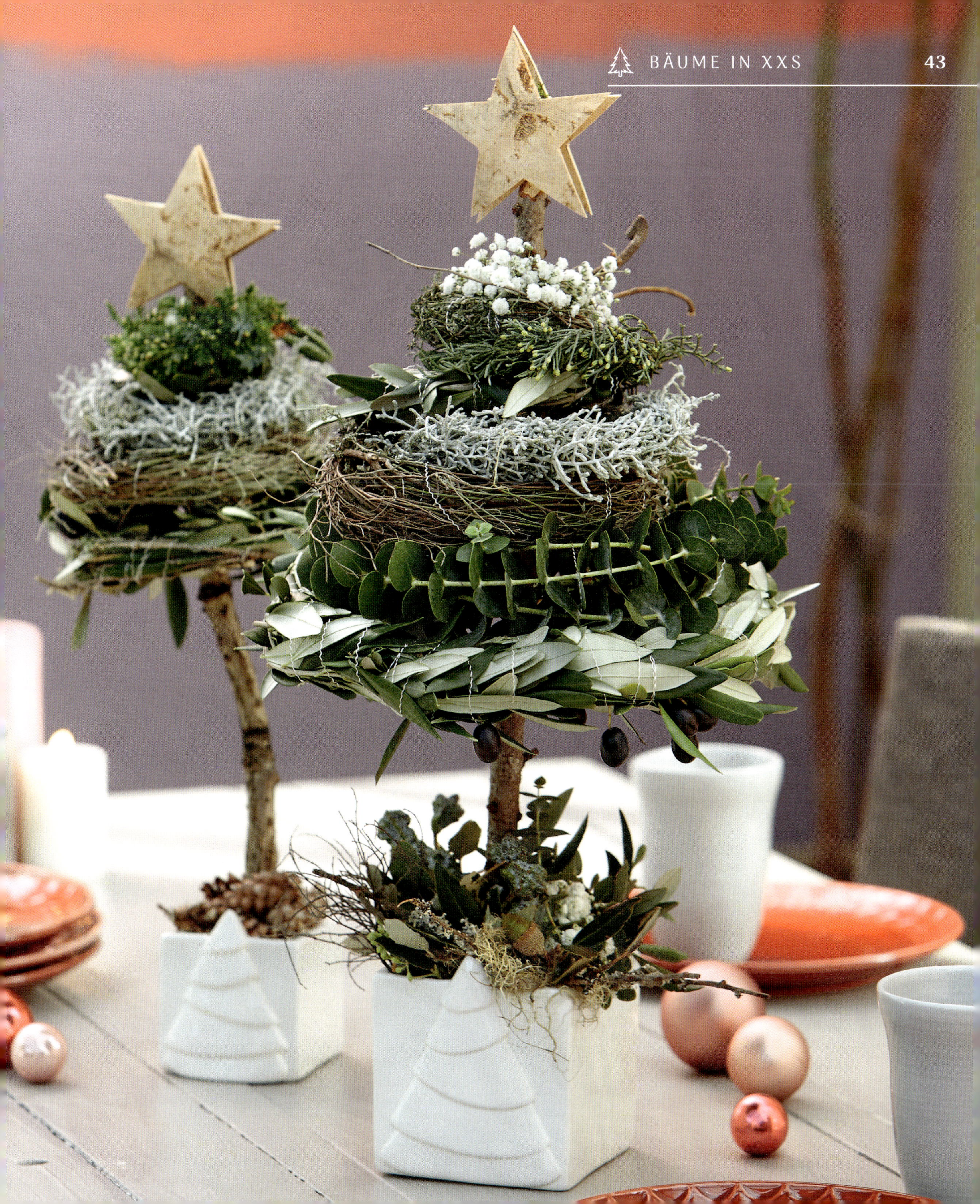

ZEITLOS SCHÖN

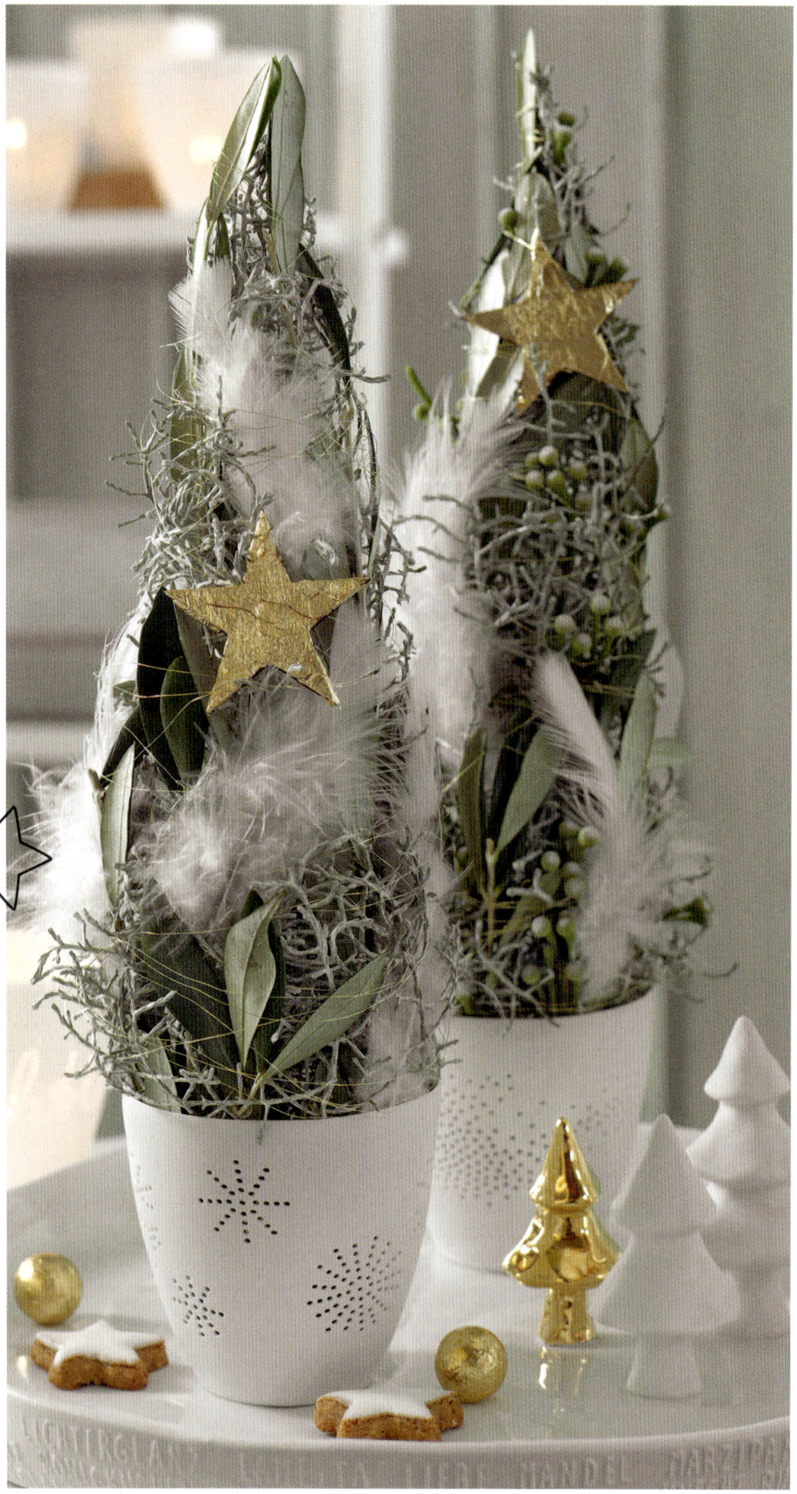

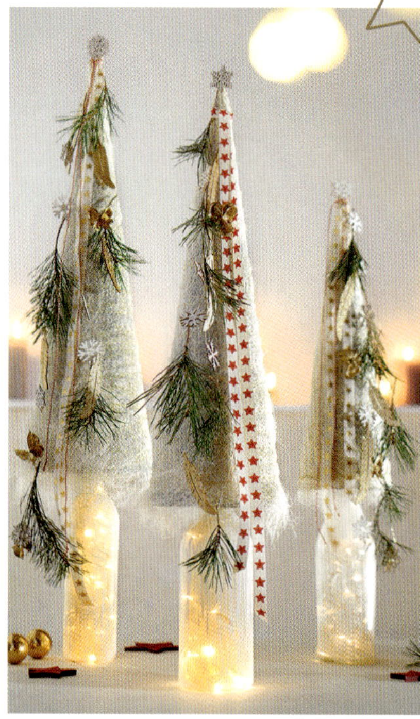

Oben: Eine etwas andere Baumbeleuchtung entsteht durch geweißte Flaschen, in die Akku-Lichterketten gesetzt werden. Jeweils einen mit Sisal und Golddraht geschmückten Trockenblumensteckschaum-Kegel auf die Flaschen setzen. Holz-Accessoires und kleine Kiefernzweige an der Spitze fixieren und herunterbaumeln lassen.

Links: Kleine Bäume – große Wirkung: Oliven-, Silberblatt- und Bruniazweige hochkant in Trockenblumensteckschaum stecken und mit Zierdraht zusammenschnüren. Federn, Stacheldrahtpflanze und vergoldete Pappsterne sorgen für das gewisse Etwas.

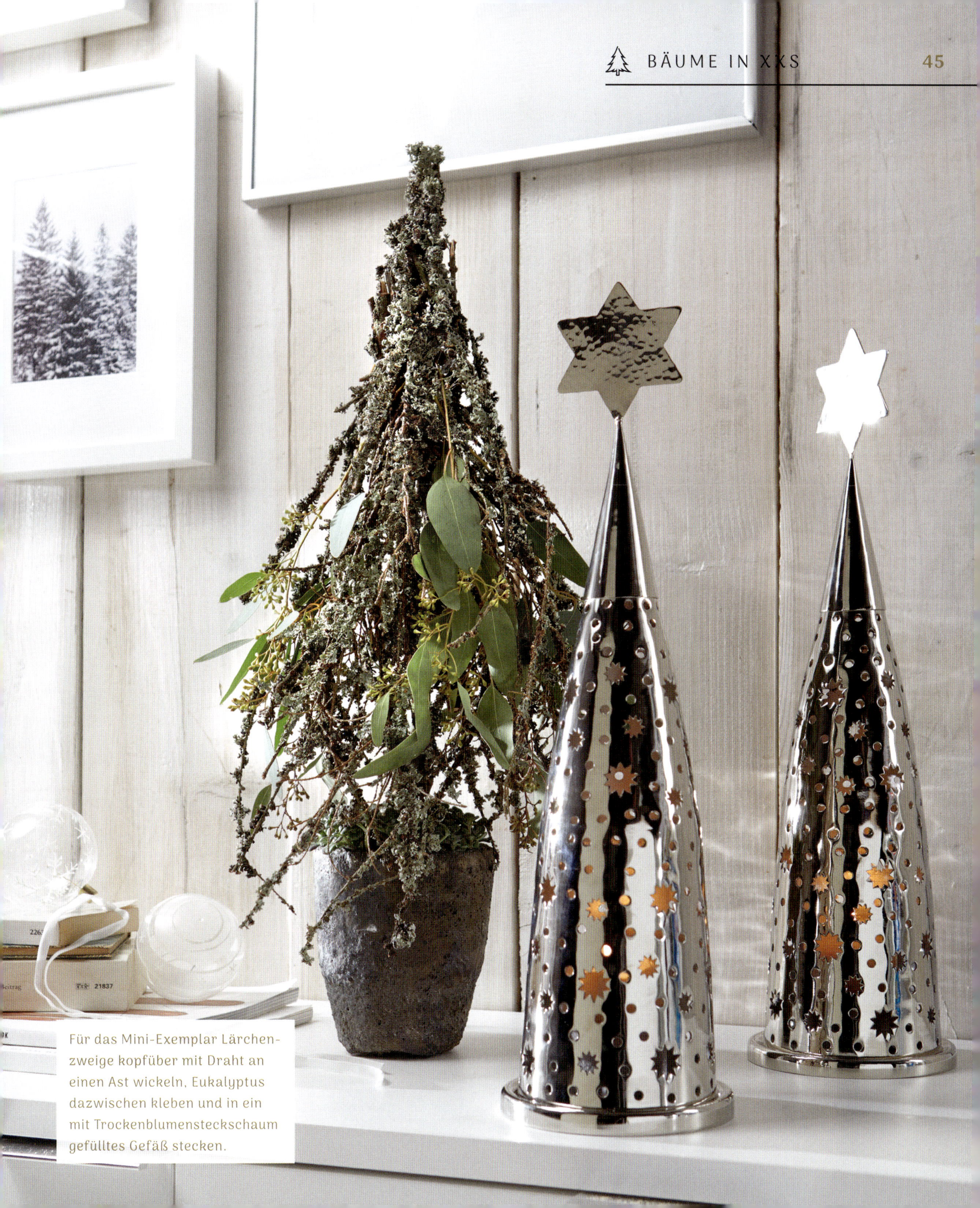

Für das Mini-Exemplar Lärchenzweige kopfüber mit Draht an einen Ast wickeln, Eukalyptus dazwischen kleben und in ein mit Trockenblumensteckschaum gefülltes Gefäß stecken.

GERÜST IM GOLDENEN GLANZ

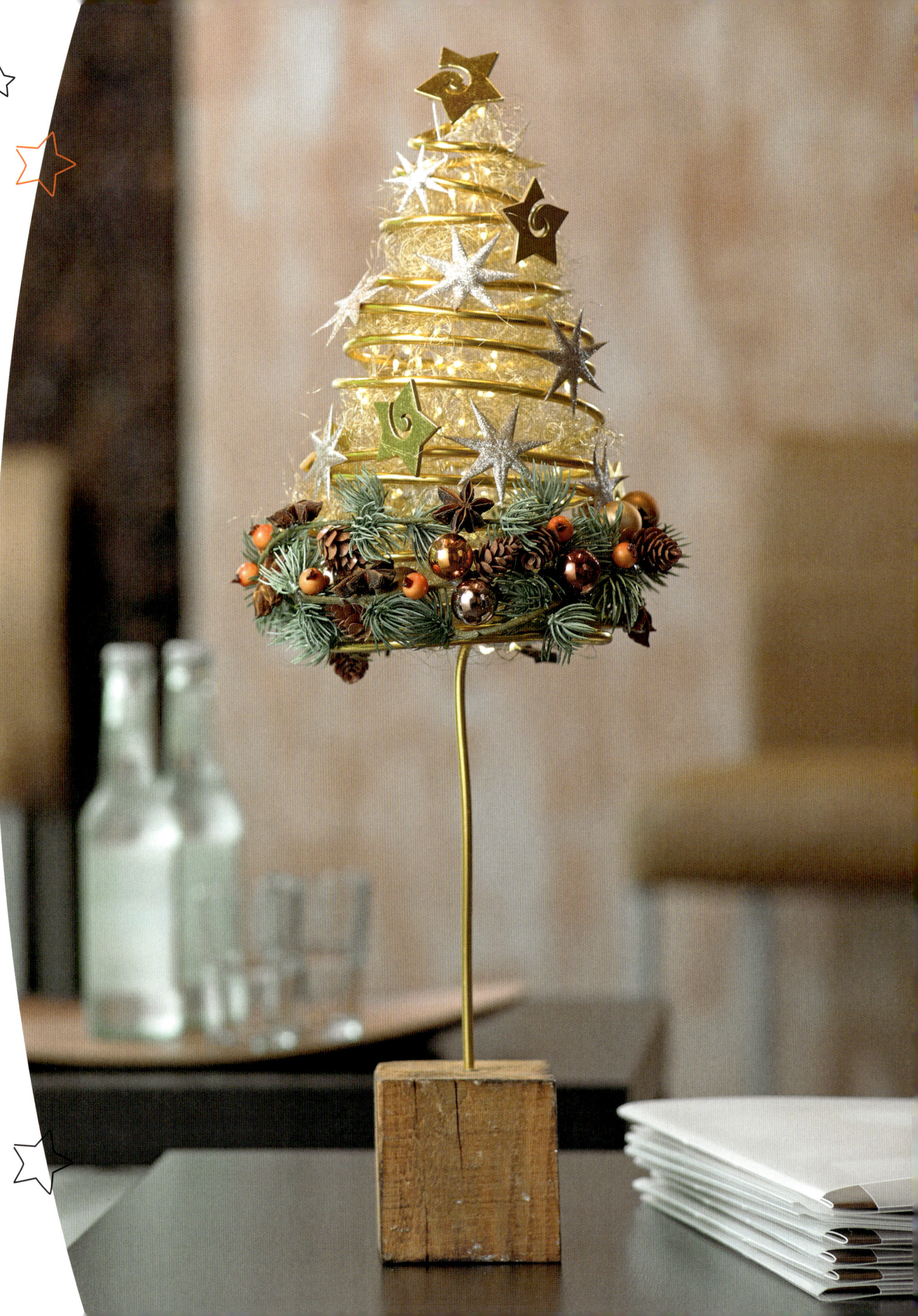

Das wird benötigt

Aluminiumdraht ☆ Engelshaar ☆ Glasschmuck ☆ verschiedene Sterne ☆ Heißkleber ☆ Lichterkette ☆ Zapfen ☆ künstliche Koniferenspitzen ☆ Bohrer ☆ Holzklotz

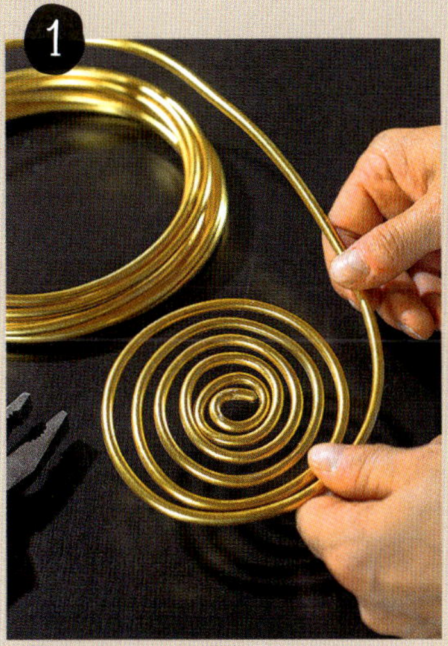

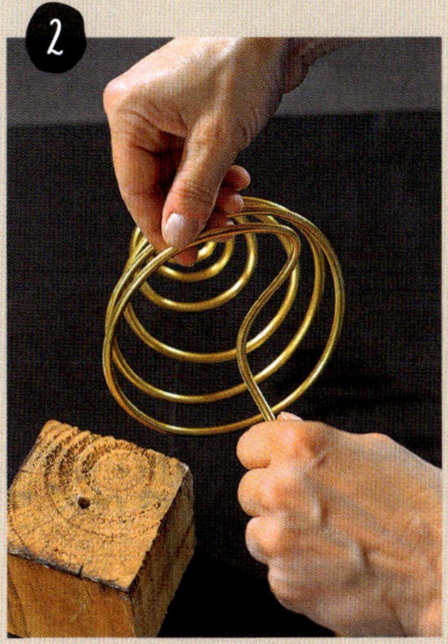

So wird's gemacht

1. Goldenen Aluminiumdraht nach und nach abrollen und dabei eine Spirale formen.

2. Den Innenteil der Spirale nach oben wegdrücken, sodass eine Pyramiden-Form entsteht. Darauf achten, dass am Ende der Spirale ein längeres, gerades Stück übrig bleibt, welches im rechten Winkel nach unten gebogen und als Stiel in einen vorgebohrten Holzklotz gesteckt wird.

Das Gerüst von innen mit Engelshaar füllen und eine Lichterkette einziehen. Dann den unteren Bereich mit Koniferenspitzen, Zapfen und Glasschmuck bekleben. Zum Schluss nach Belieben mit Sternen dekorieren.

NATÜRLICHER CHARME

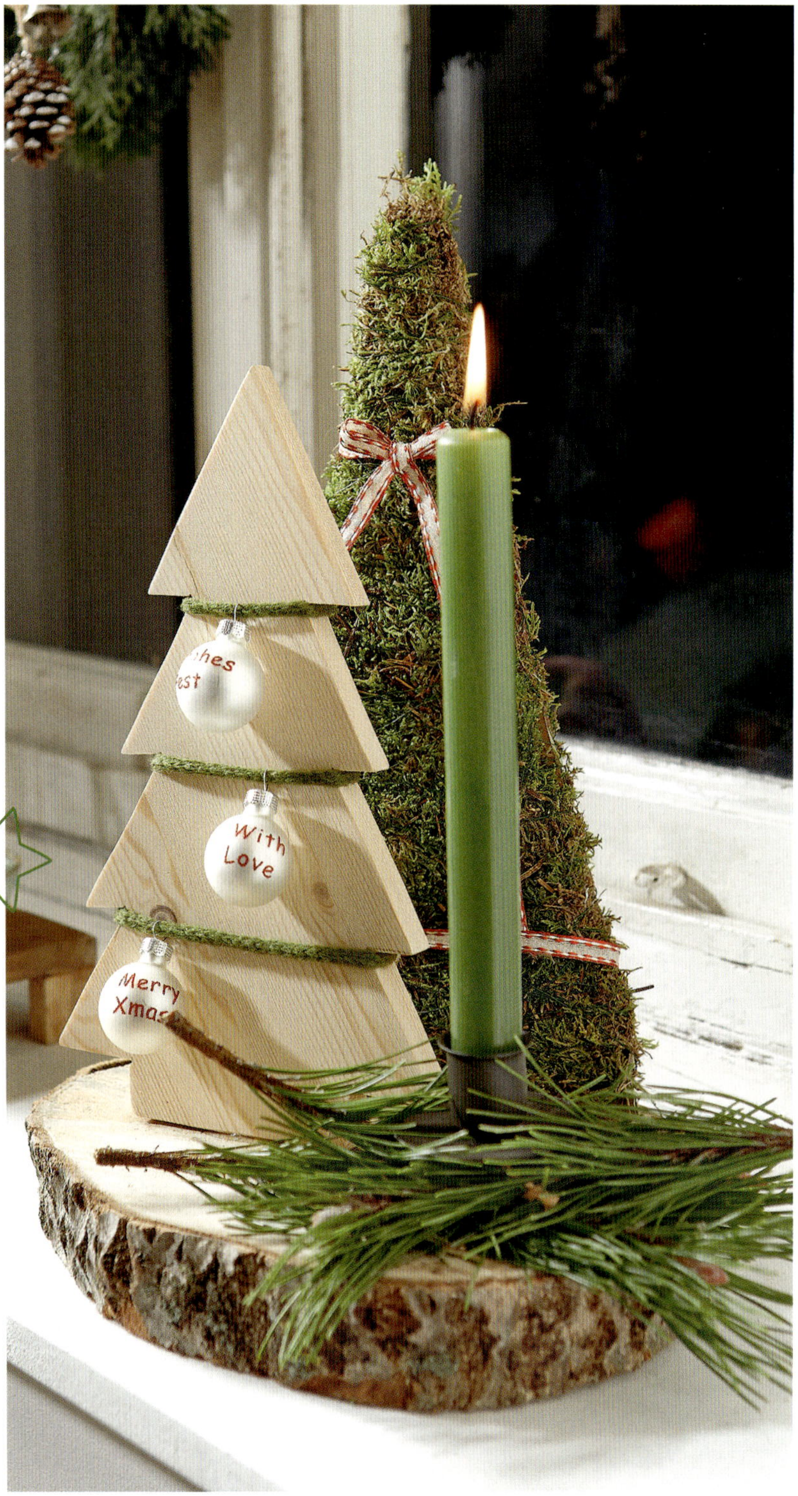

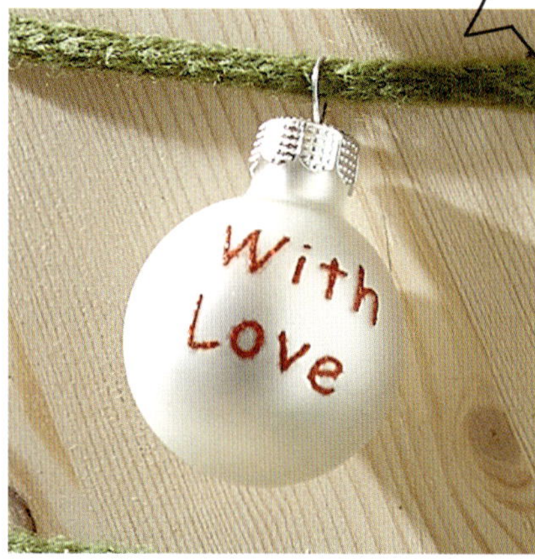

Links: Für den Moosbaum eine dreieckige Form aus doppeltgelegter Pappe mit Lappenmoos bewickeln. In die Baumscheibe zwei Löcher bohren, einen Holzstab und einen Kerzenhalter einstecken. An dem Holzstab den Moosbaum fixieren. Holztannenbaum aufkleben, Kordeln anbringen und mit Weihnachtswünschen beschriftete Kugeln fixieren. Kerze einfügen und mit Kiefernzweigen dekorieren.

Rechts: Ein Birkenstammstück mit einem Kerzenhalter versehen und diesen als Fuß für einen gewässerten Frischblumensteckschaum-Kegel verwenden. Den Kegel mit Buchszweigspitzen dicht bestecken. Als umkränzenden Akzent Lärchenzapfenzweige und künstliche Beeren einstecken, Blechschellenkette sowie Kordel hinzufügen und Sterne aufkleben.

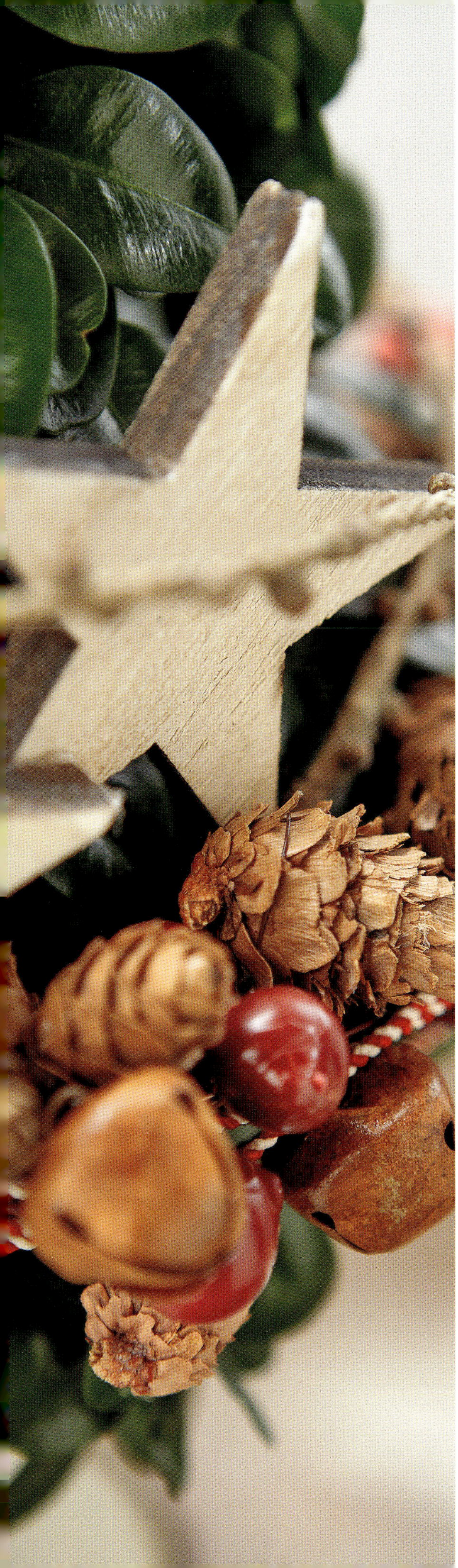

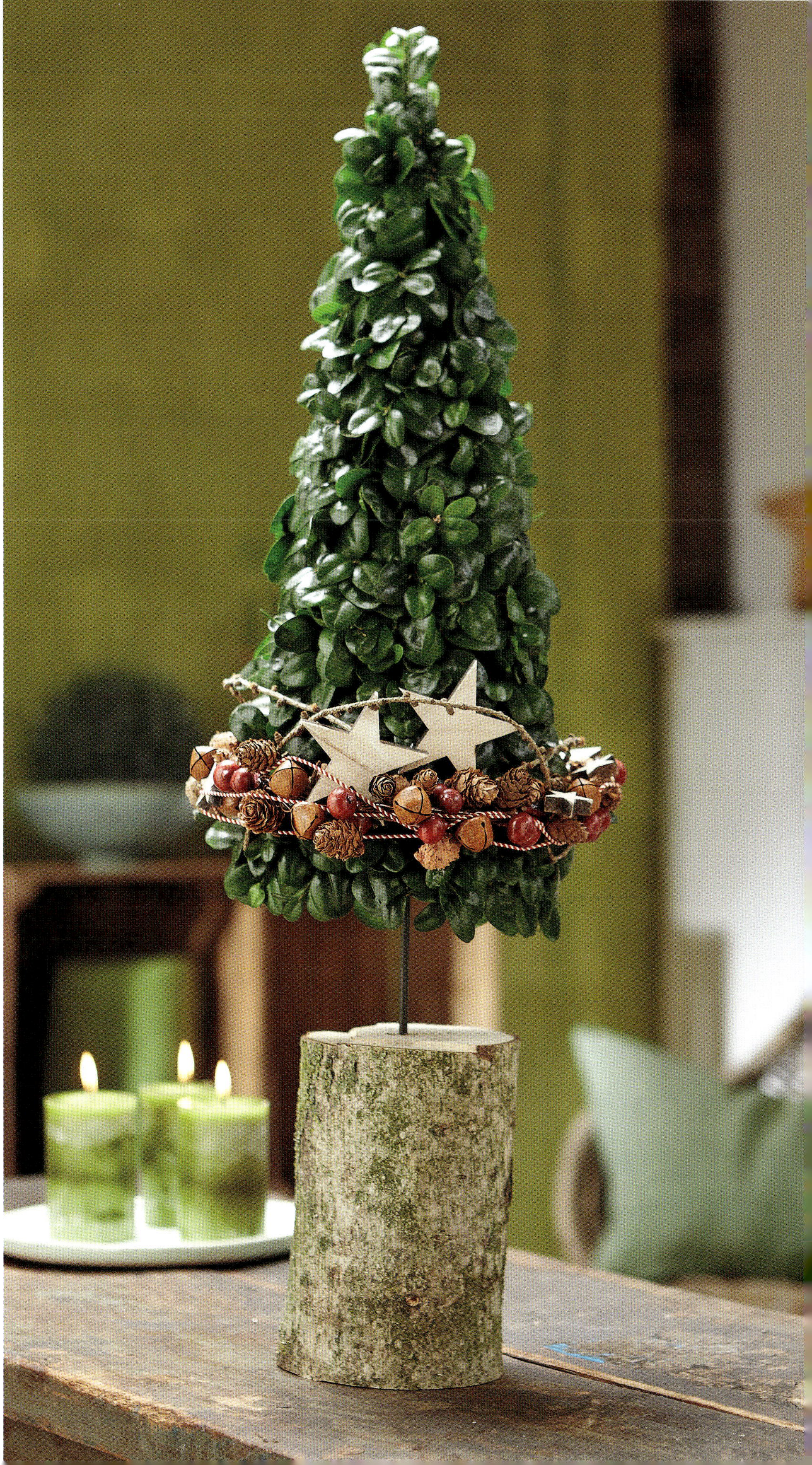

KLEINER WINTERWALD

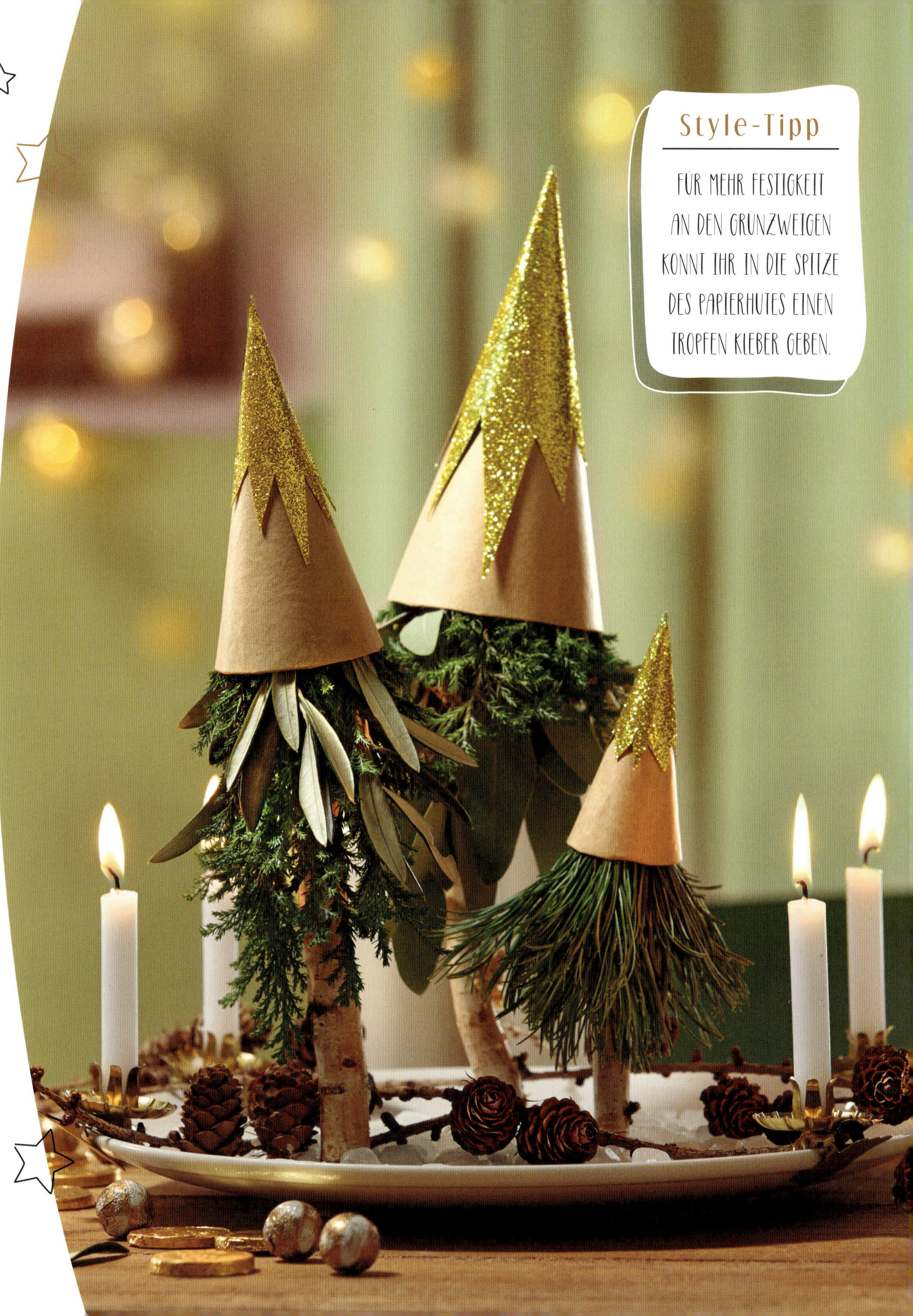

Style-Tipp

FÜR MEHR FESTIGKEIT AN DEN GRÜNZWEIGEN KÖNNT IHR IN DIE SPITZE DES PAPIERHUTES EINEN TROPFEN KLEBER GEBEN.

Das wird benötigt

Zweige von Olivenbaum, Eukalyptus, Sicheltanne, Scheinzypresse und Zwergkiefer ☆ Lärchenzapfen ☆ Aststücke ☆ Zierdraht ☆ Heißkleber ☆ Dekoteller ☆ Pappkegel ☆ Glitzerpapier ☆ Dekosteine ☆ Kerzenhalterklips ☆ Baumkerzen ☆ Kombizange

1

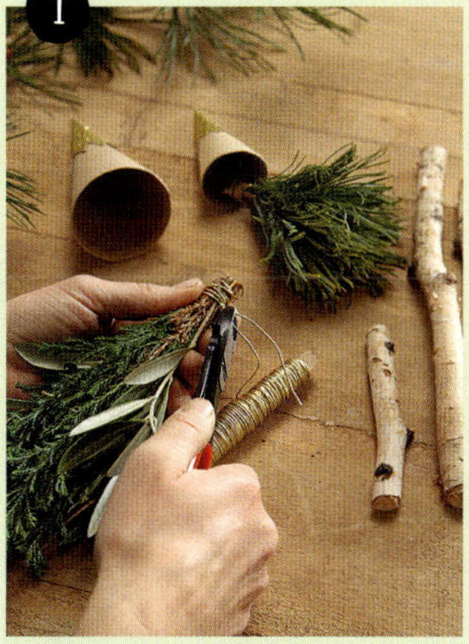

2

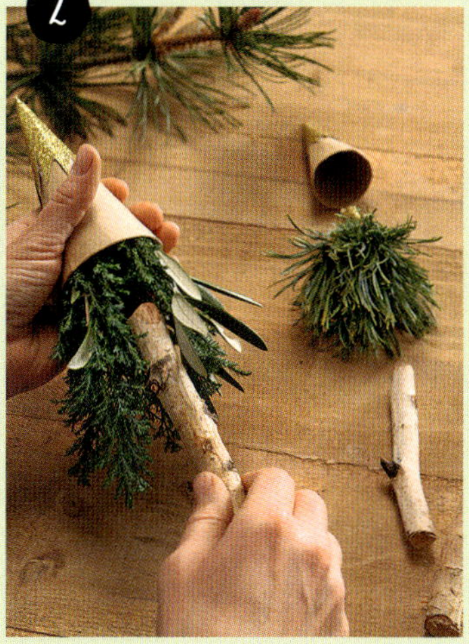

So wird's gemacht

1. Zweige von Olivenbaum, Eukalyptus, Sicheltanne, Zwergkiefer und Scheinzypresse zusammenfassen und mithilfe von Zierdraht bündeln.

2. Die Pappkegel mit Glitzerpapier bekleben und als Hütchen auf die Grünbündel setzen. Dann von unten senkrecht jeweils ein Aststück in die Bündel stecken und mit Heißkleber fixieren.

Die Astunterseiten mit Heißkleber auf einem Dekoteller befestigen. Dekosteine zwischen die Äste streuen und einen Ast mit Lärchenzapfen dazwischen platzieren. Die Kerzenhalterklips samt Baumkerzen am Tellerrand fixieren.

STILLLEBEN MIT AKZENTEN

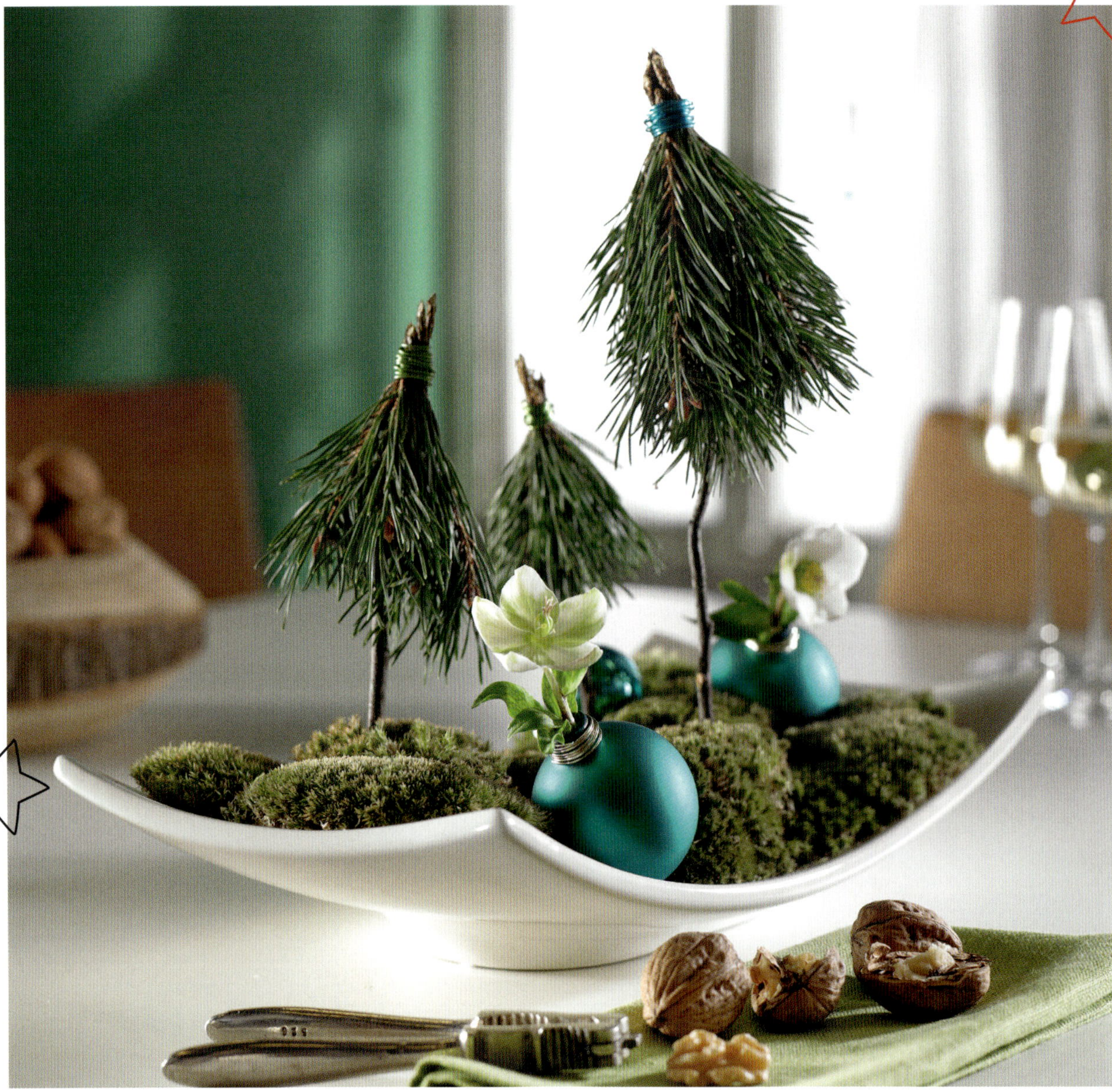

Oben: Kiefernzweigspitzen umgekehrt mit farbigem Draht an kleinen Ästchen befestigen und mit etwas Kleber im Moos auf einer Porzellanschale platzieren. Mit Wasser gefüllte Weihnachtskugeln dienen Christrosen als Vasen.

Rechts: Verschiedene Koniferentriebspitzen von der Mitte an beginnend auf Holzstäbe drahten und nach oben hin schmaler, um damit pyramidenförmig zu werden. Dann die Unterteile der Stäbe in mit Trockenblumensteckschaum gefüllte Vasen stecken und die Spitzen mit rotem Zierdraht sowie jeweils einem Zierapfel schmücken.

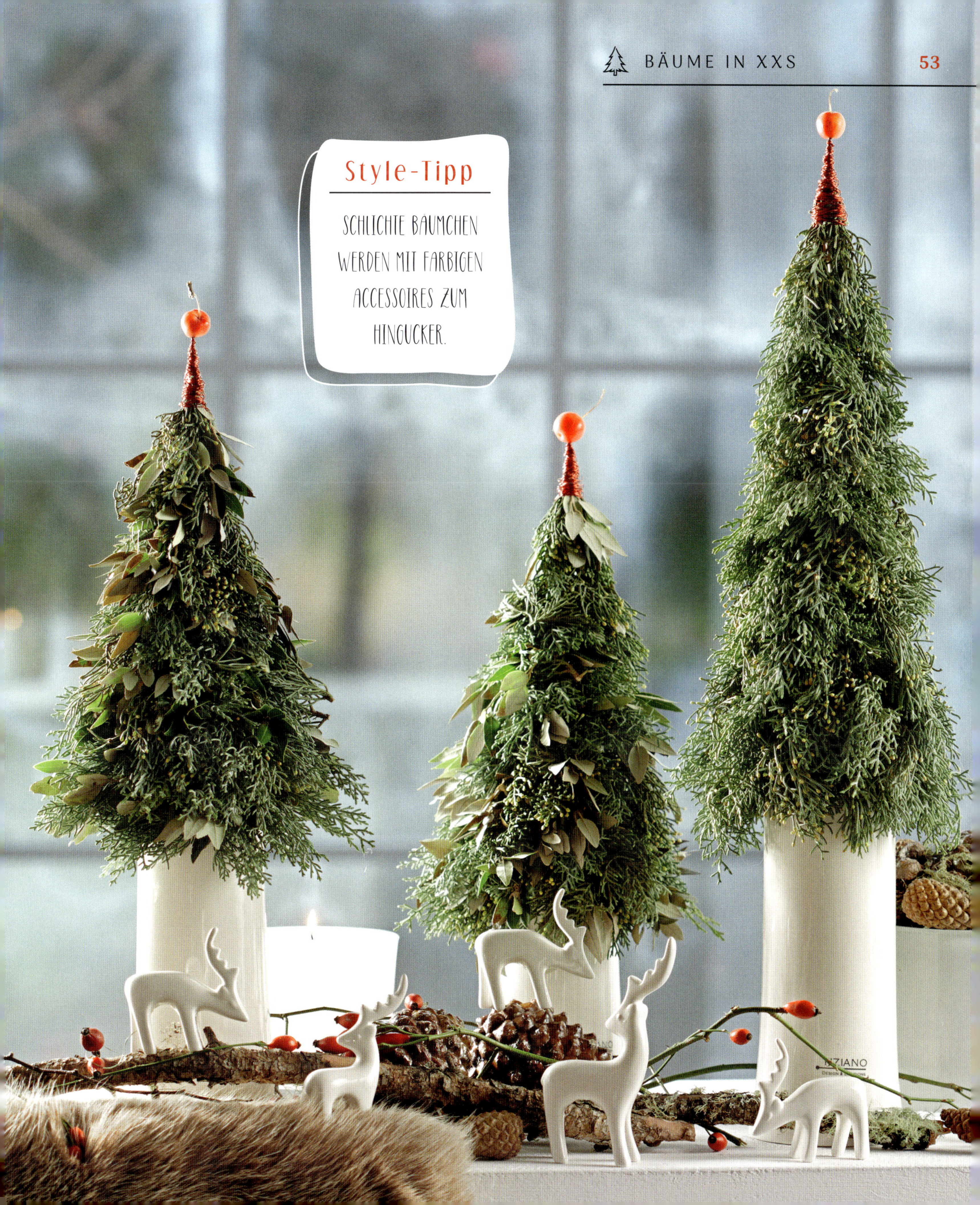

Style-Tipp

SCHLICHTE BÄUMCHEN WERDEN MIT FARBIGEN ACCESSOIRES ZUM HINGUCKER.

GANZ IN GRÜNTÖNEN

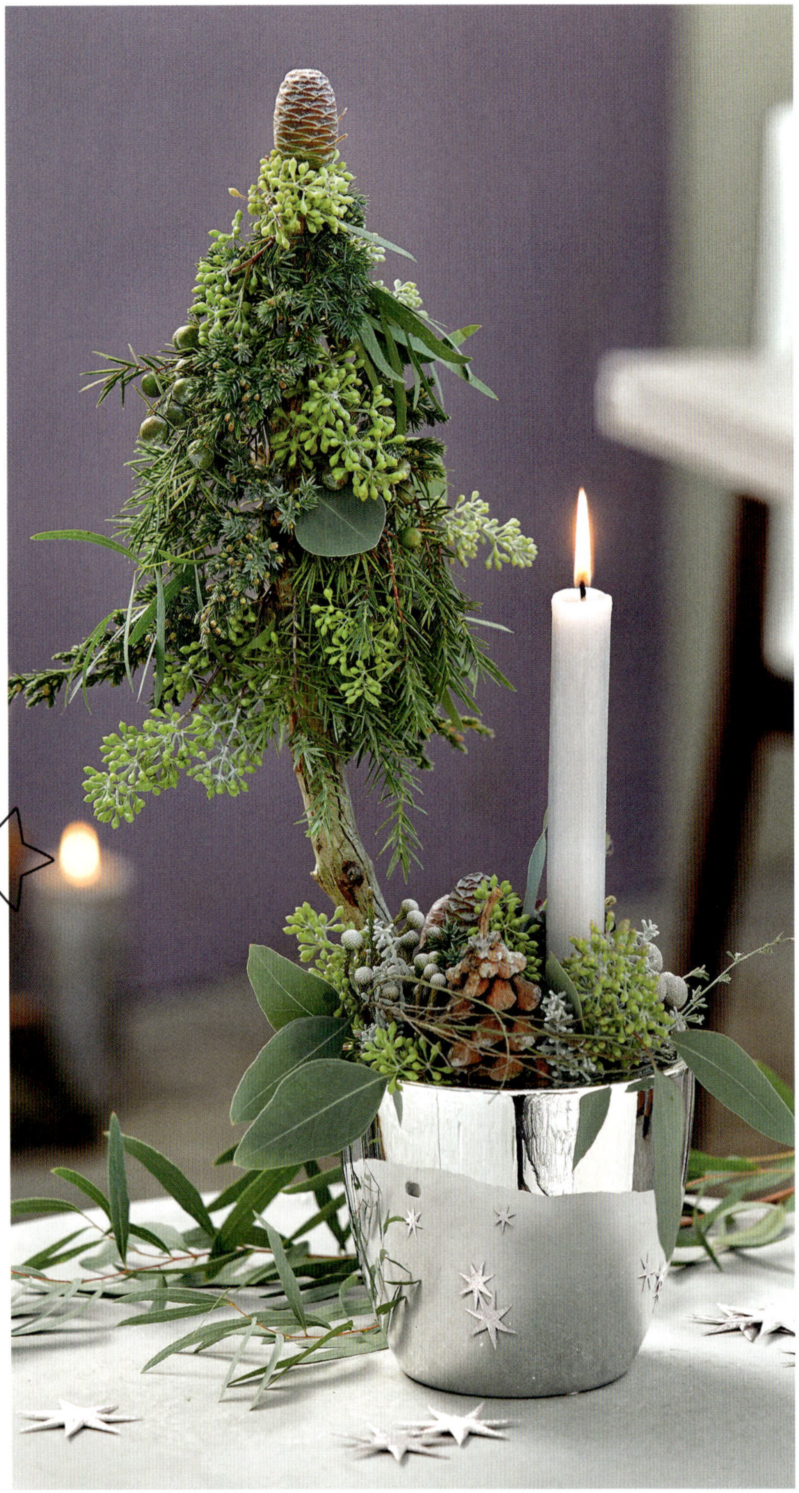

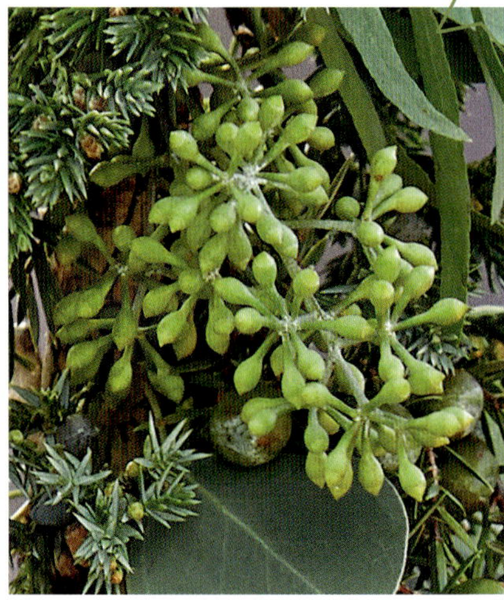

Links: Ton in Ton kommt das Outfit des Bäumchens daher. Dafür Löcher in einen Ast bohren und mit Zweigen von Eukalyptus, Brunia, Schuppen-Wacholder und Chinesischem Wacholder bestecken. Halt findet der Ast im glänzenden, mit Blättern und Zapfen ausgekleideten Topf. Die eingesetzte Kerze verleiht festliches Flair.

Rechts: Diese Minis sorgen für gute Laune. Eukalyptus, Heiligenblumenblätter und Balkan-Kiefernzweigstücke zu Bündeln fassen. Äste in die mit Trockenblumensteckschaum gefüllten Gefäße stecken. Die Bündel auf die Astspitze stülpen und mit Myrtendraht fixieren. Je einen Zapfen halbieren und am Grün festkleben. Den Steckschaum mit Hortensienblüten, Moos und Thymianzweigen kaschieren.

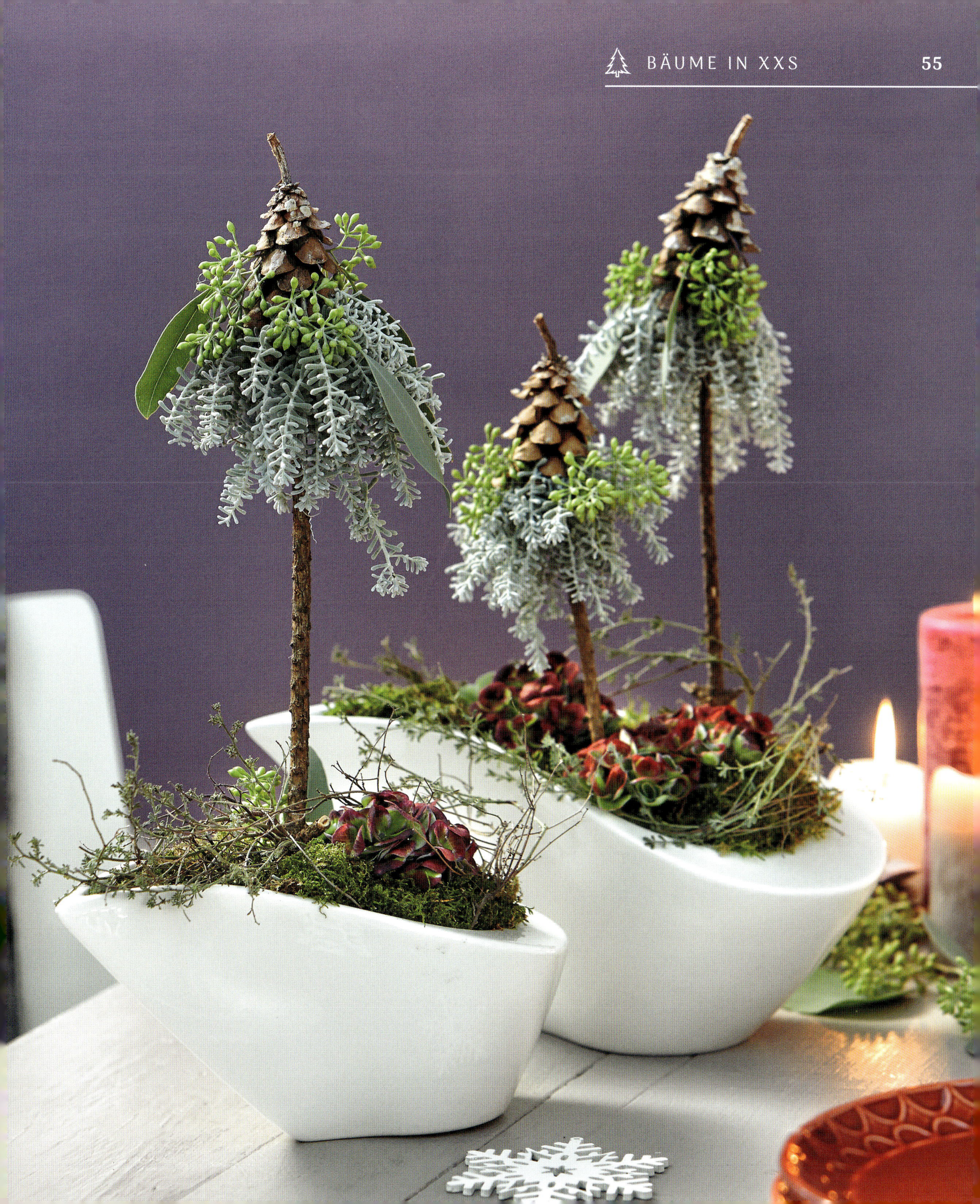

BÄUMCHEN AUS BIRKENRINDE

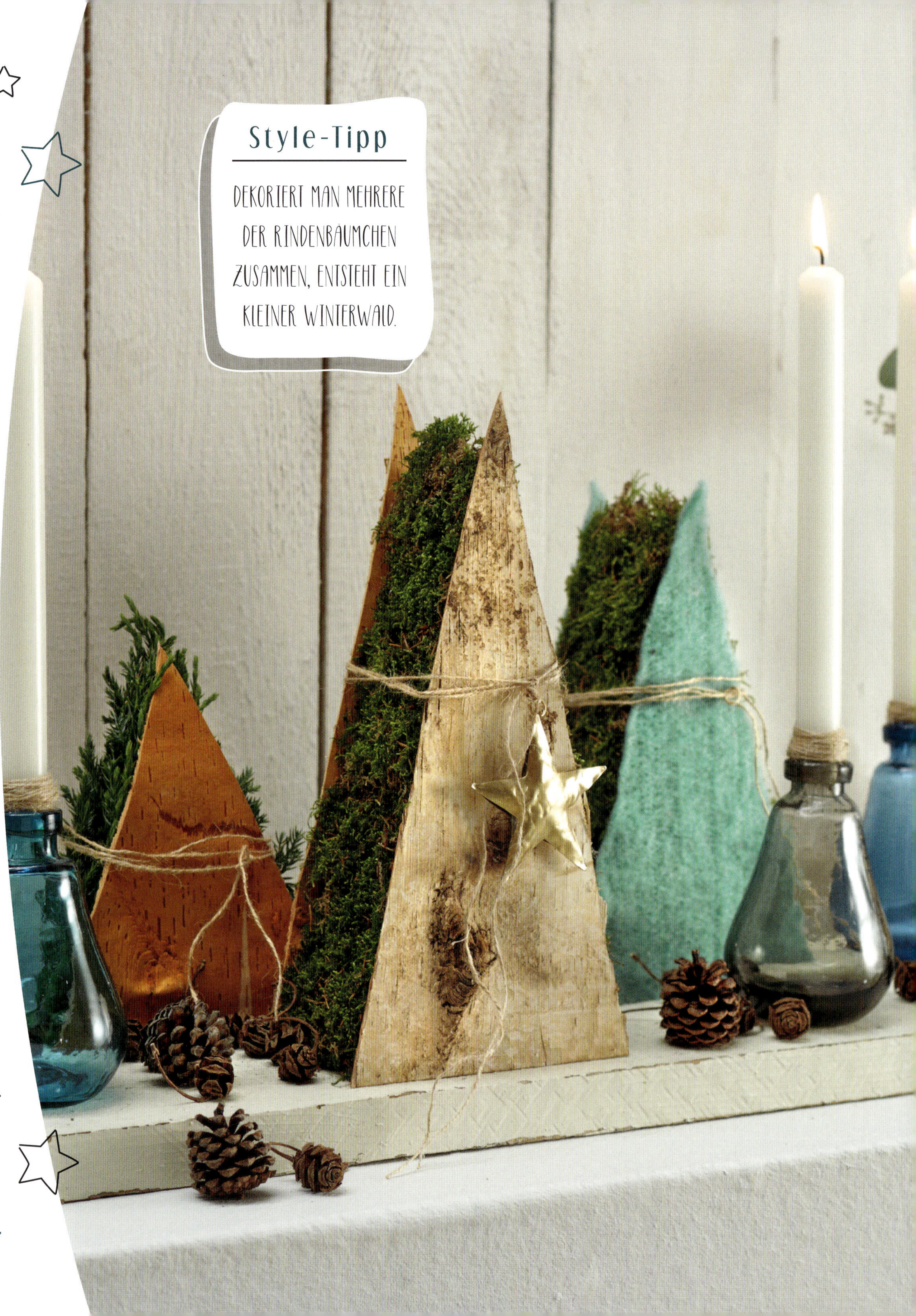

Style-Tipp

DEKORIERT MAN MEHRERE DER RINDENBÄUMCHEN ZUSAMMEN, ENTSTEHT EIN KLEINER WINTERWALD.

Das wird benötigt

Wacholderzweigstücke ✩ Kiefernzapfen ✩ Mammutbaumzapfen ✩ Birkenrinde ✩ Moos ✩ Haften ✩ Heißkleber ✩ Schnur ✩ Trockenblumensteckschaum-Ziegel ✩ Stern ✩ Filz

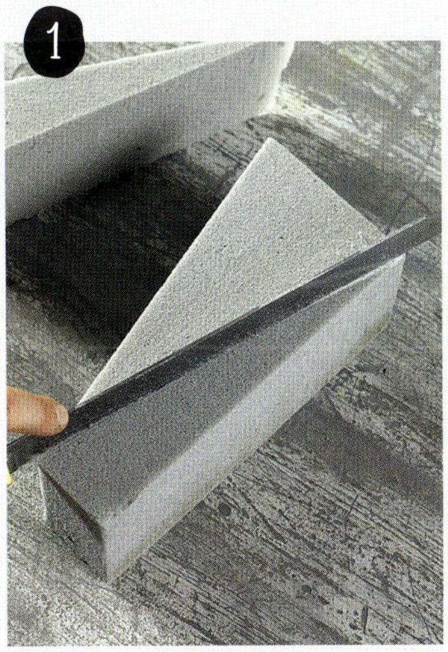

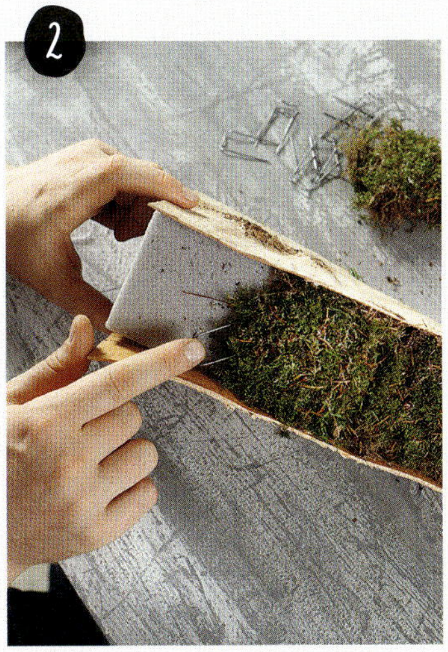

So wird's gemacht

1. Einen Trockenblumensteckschaum-Ziegel so zuschneiden, dass zwei gleichgroße Dreiecke entstehen. Jeweils die Vorder- und Rückseite mit etwas größer zugeschnittenen Dreiecken aus Birkenrinde bekleben. Für die farbige Variante die Außenseite mit Filz bekleben.

2. Die Zwischenräume mithilfe von Haften mit Moos und Wacholderzweigstücken bestecken. Dann eine Schnur um das kleine Bäumchen wickeln und nach Belieben einen Stern auffädeln. Mit Zapfen dekorieren.

STILISIERTE BÄUME

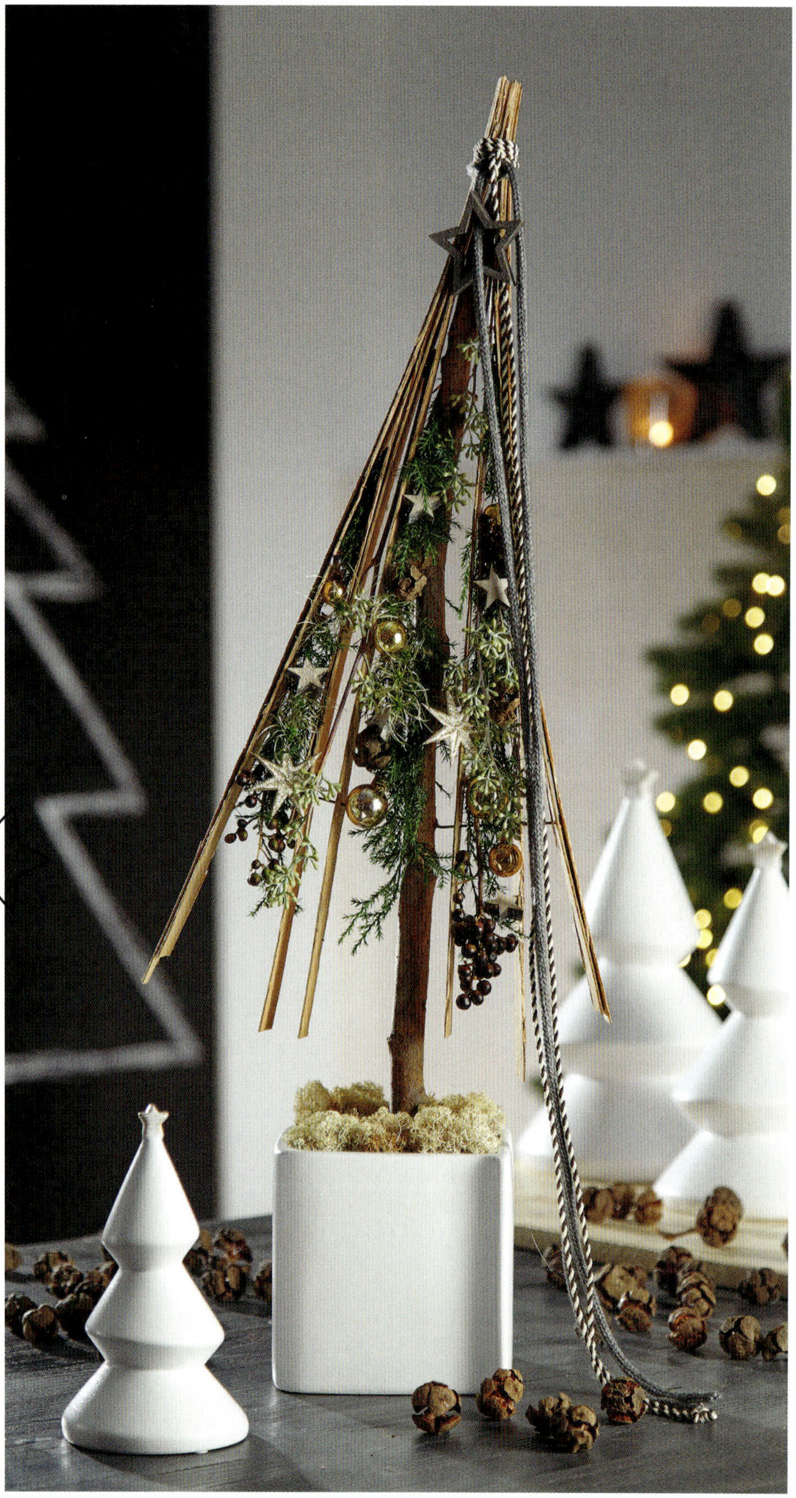

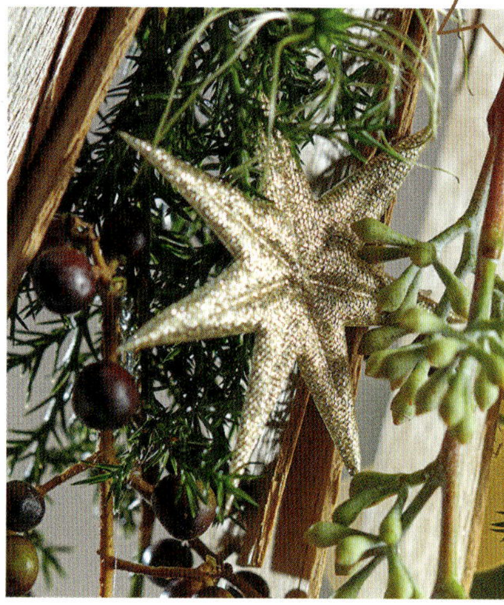

Links: Ein weihnachtlicher Geselle der ganz anderen Art entsteht mithilfe eines Astes, an dem rundherum Furnierstreifen fächerartig angebracht werden. Zweigstücke von Wacholder, Eukalyptus und Co. sowie Kugeln in die Zwischenräume kleben. Halt findet der Ast in einem Gefäß, in dem Rentierflechte den Trockenblumensteckschaum versteckt.

Rechts: Selbst einfache Astgabeln können mit etwas Fantasie zu Dekobäumchen werden. Dafür die Gabeln jeweils mit der Spitze nach oben auf ein grau bemaltes Holzbrett kleben und mit Schnur und Draht bewickeln. In die Wicklungen Kiefernzweigstücke fädeln und Mini-Kerzenhalterklips anbringen. Für noch mehr Strahlkraft sorgen Sterne an den Spitzen.

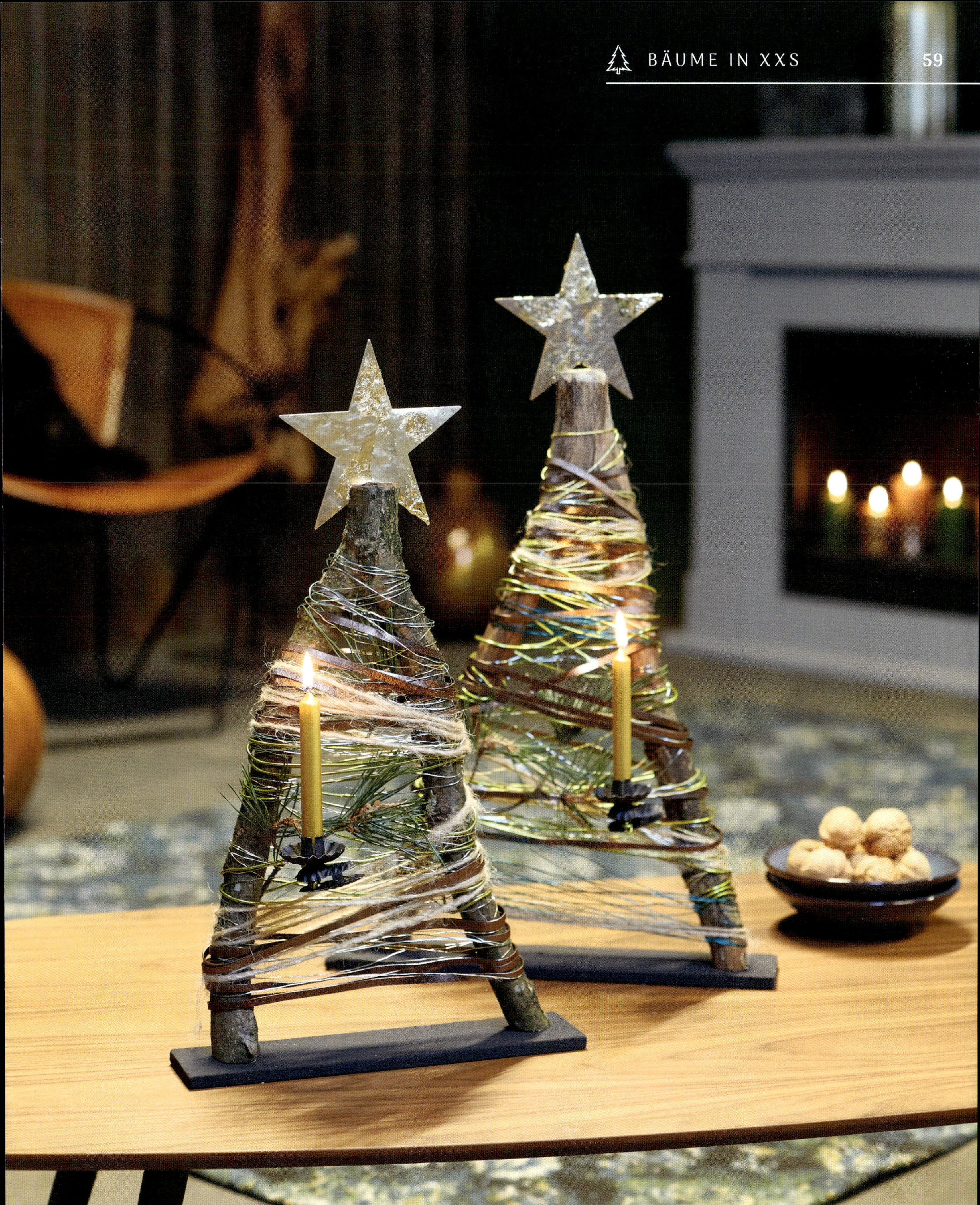

OLIVENLAUB UND TORTENSPITZE

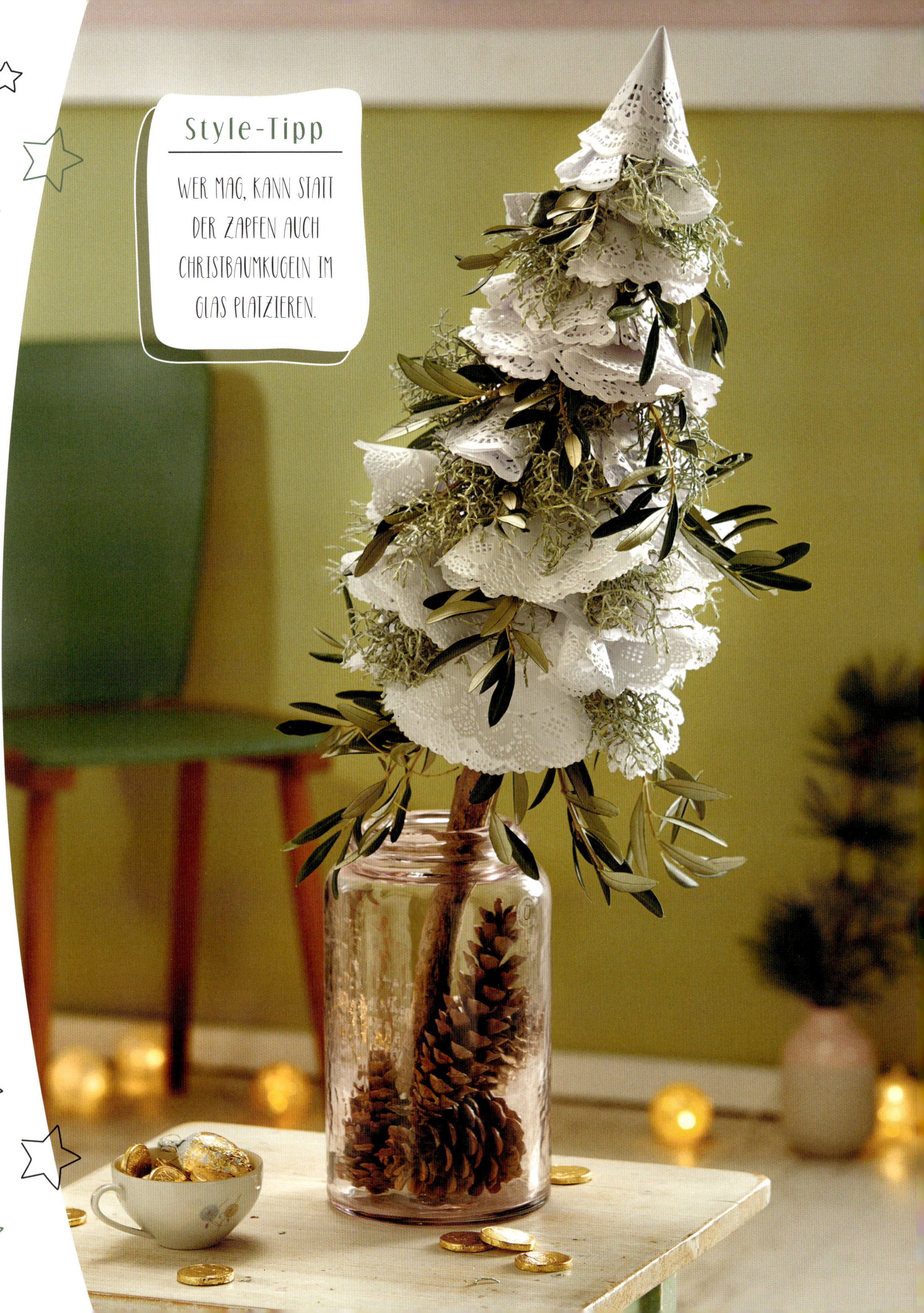

Style-Tipp

WER MAG, KANN STATT DER ZAPFEN AUCH CHRISTBAUMKUGELN IM GLAS PLATZIEREN.

Das wird benötigt

Olivenzweige ☆ Stacheldrahtpflanze ☆ Zapfen ☆ Ast ☆ Glasgefäß ☆ Tortenspitze ☆ Steckdraht ☆ Myrtendraht ☆ Haften ☆ Styropor-Kegel

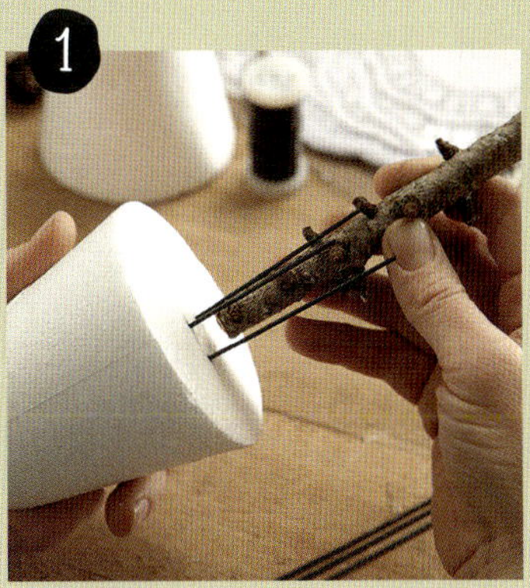

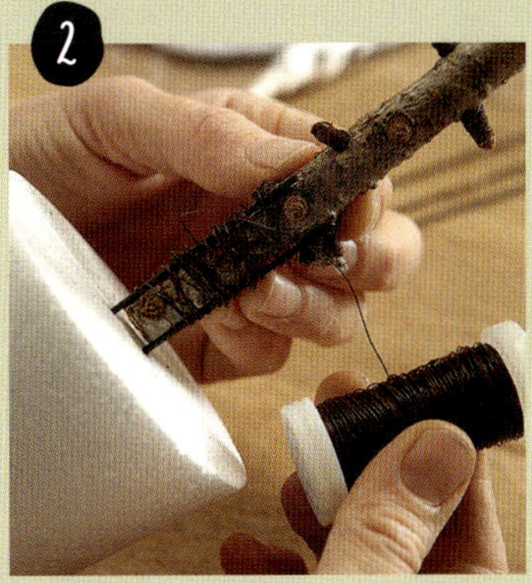

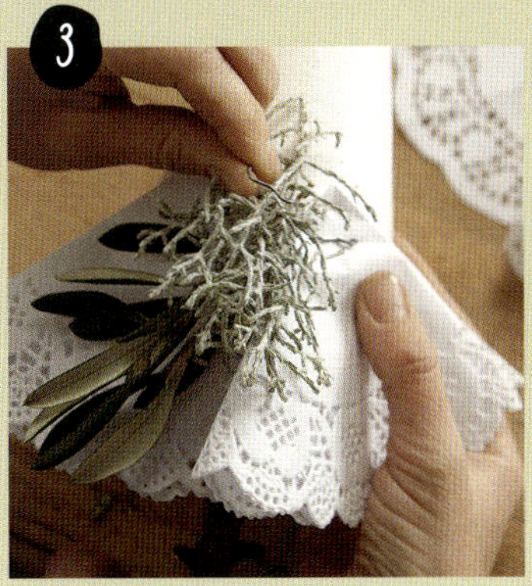

So wird's gemacht

1. Einen Ast in die Unterseite eines Styropor-Kegels stecken. Rechts und links je eine aus Steckdraht gebogene Hafte zur Stabilisierung einstecken.

2. Die Steckdrahtstabilisierung samt Ast mit Myrtendraht umwickeln.

3. Die Tortenspitze zu Dreiecken falten und immer abwechselnd diese sowie die Olivenzweige und die Triebe der Stacheldrahtpflanze mit Haften am Kegel befestigen. Dabei von unten nach oben arbeiten, bis die Spitze des Kegels erreicht ist. Diese mit einem kleinen Hütchen aus Tortenspitze schmücken. Ein Glas mit Zapfen füllen und das Bäumchen einstellen.

SCHICHTARBEIT

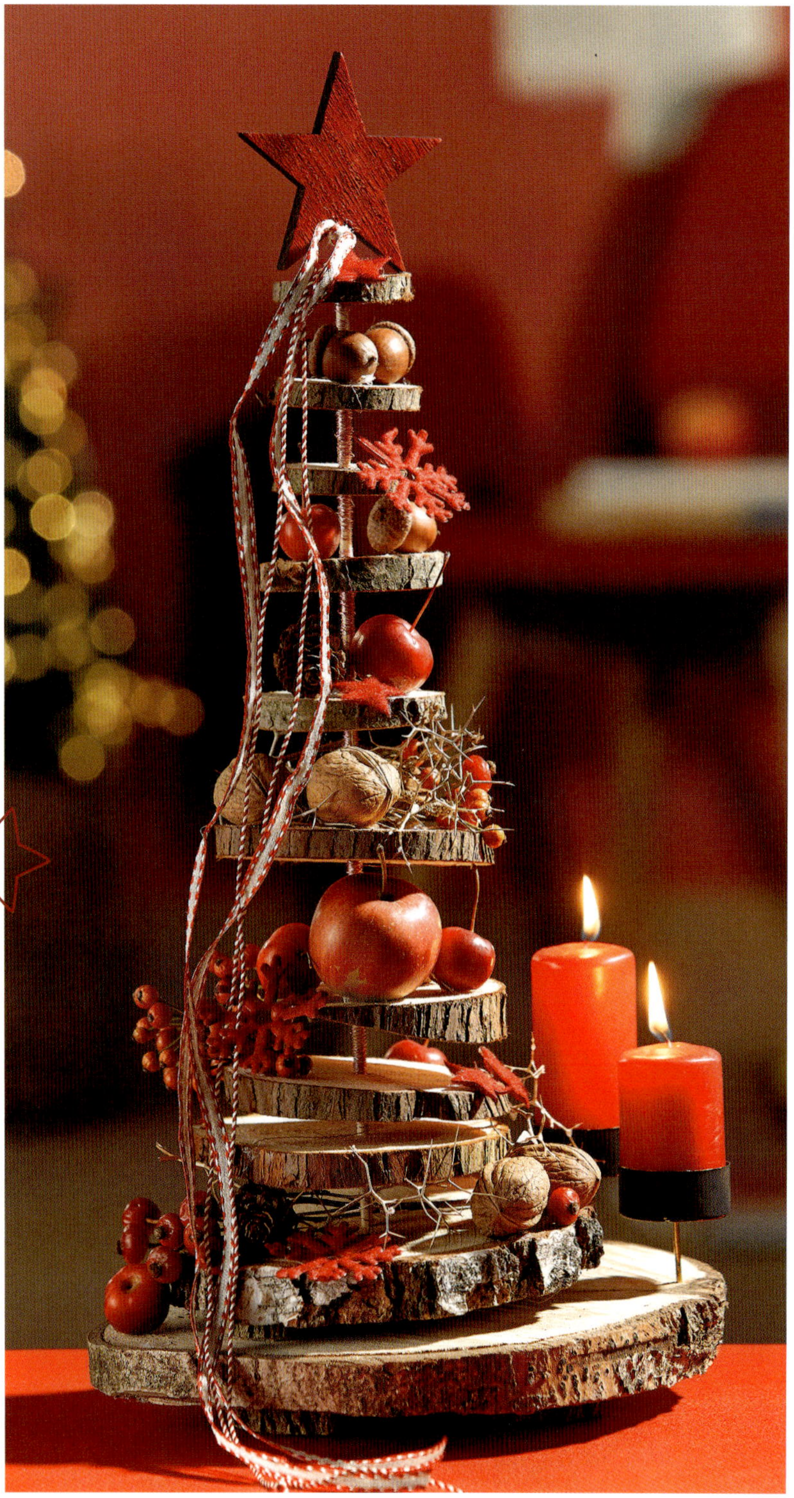

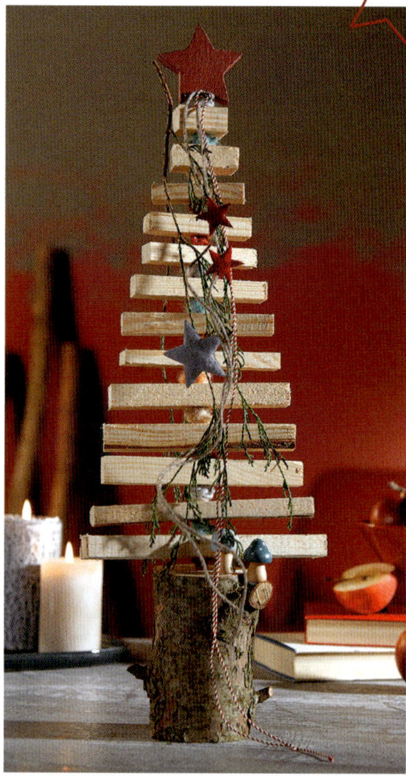

Oben: Das es auch ohne Grün geht, zeigt dieses Exemplar. Der Größe nach vorgebohrte Brennholzscheite auf einem in einem Baumstammstück fixierten Stab stapeln. Die Zwischenräume mit Wolle umwickeln. Mit Koniferenstücken an einer Schnur dekorieren.

Links: Wie eine Etagere ist diese Version eines Baums aufgebaut. Dafür in eine große Astscheibe in ein vorgebohrtes Loch einen dünnen Holzsstab einkleben. Nach und nach immer kleinere Holzscheiben auffädeln. Damit nichts verrutscht, den Holzstab mit Zierdraht bewickeln. Dekorationen wie Zieräpfel und Nüsse festkleben.

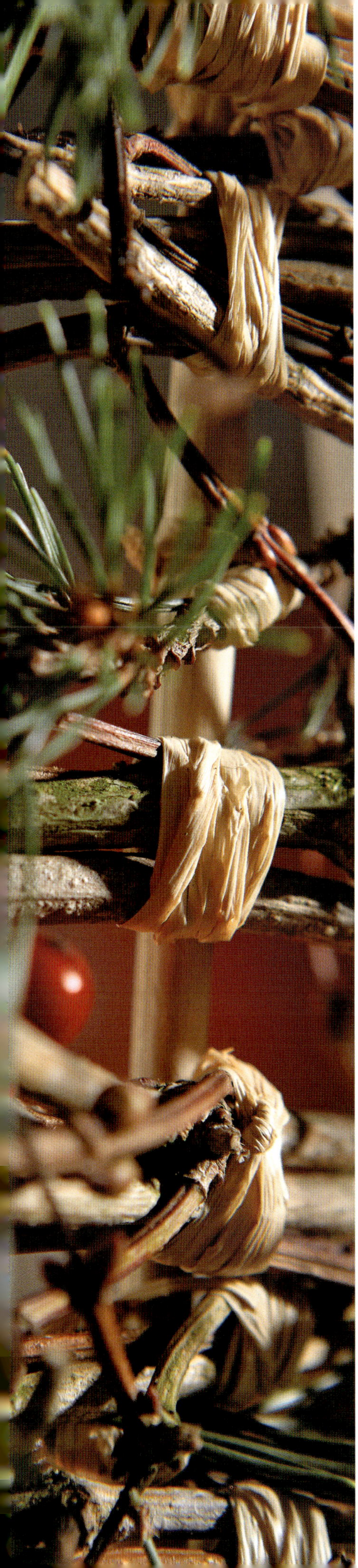

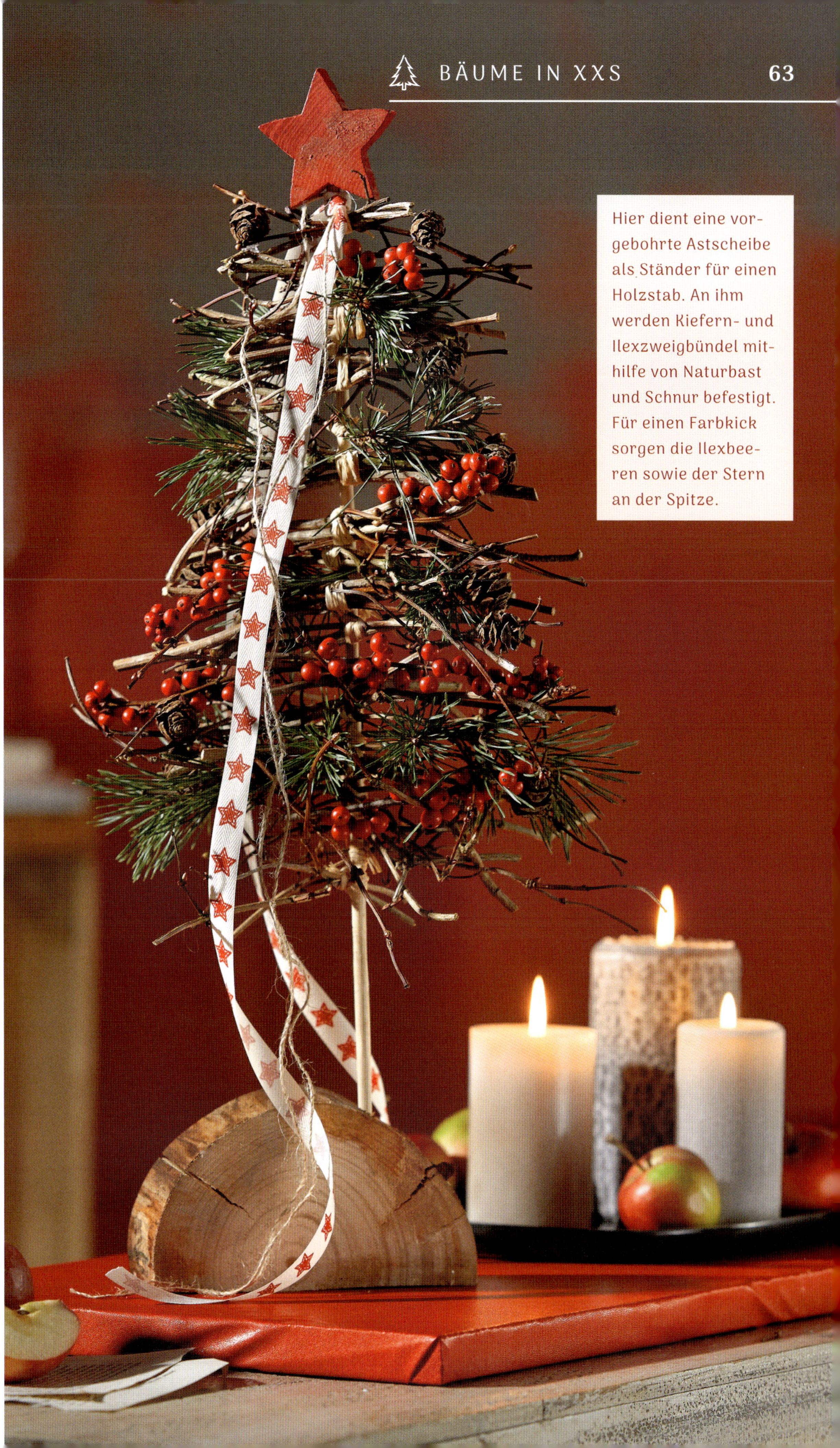

Hier dient eine vorgebohrte Astscheibe als Ständer für einen Holzstab. An ihm werden Kiefern- und Ilexzweigbündel mithilfe von Naturbast und Schnur befestigt. Für einen Farbkick sorgen die Ilexbeeren sowie der Stern an der Spitze.

SILHOUETTEN-SPIEL

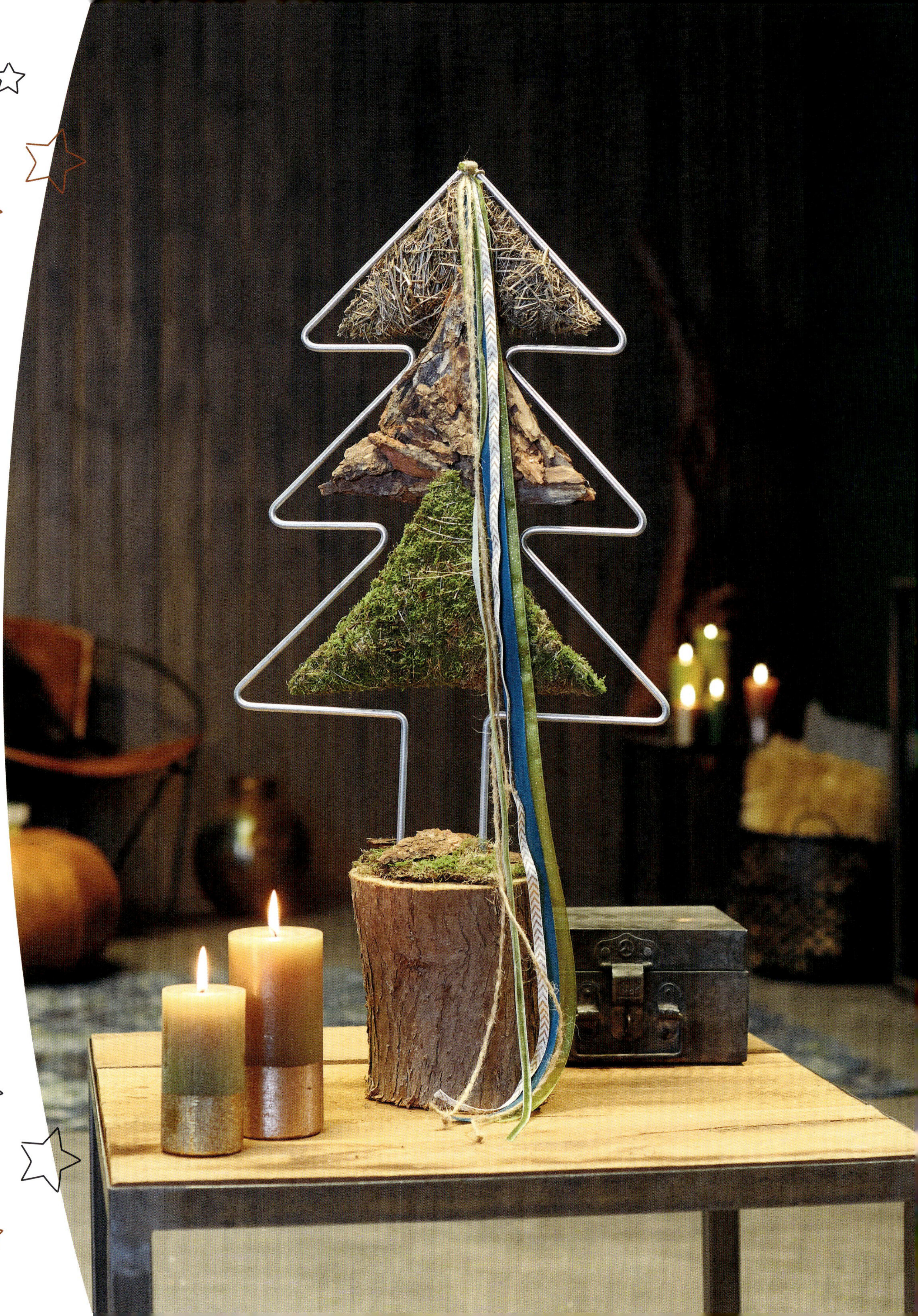

Das wird benötigt

Klettenranken ✩ Moos ✩ Rindenstücke ✩ Baumstammstück ✩ Draht-Tannenbaum ✩ Bänder ✩ Wollkordel ✩ Pappe ✩ Heißkleber ✩ Aluminiumdraht ✩ Wickeldraht ✩ Stift ✩ Bohrer

1
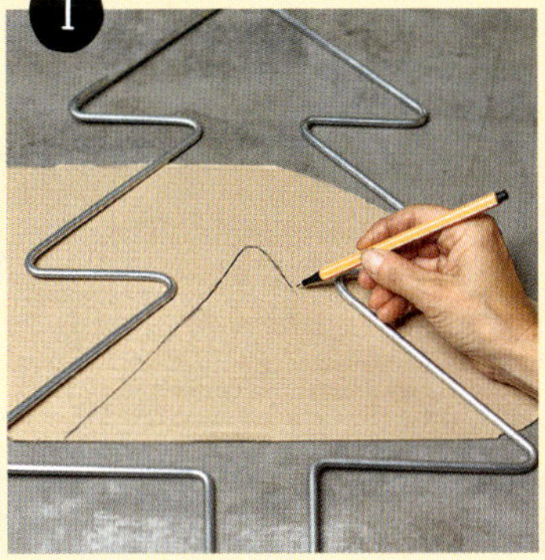

2
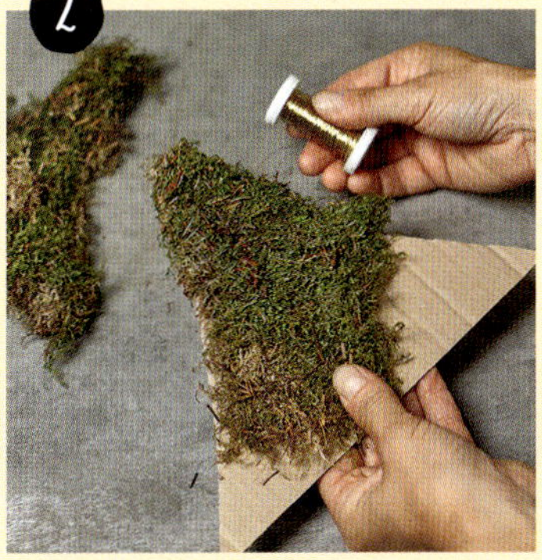

3
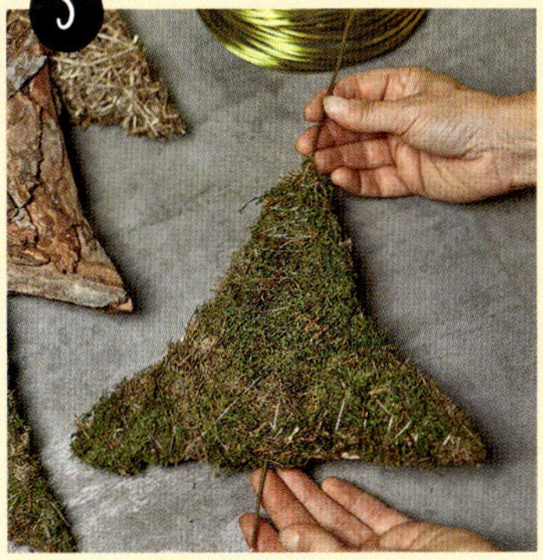

So wird's gemacht

1. Zunächst den Draht-Tannenbaum als Formvorgabe auf die Pappe legen und die Konturen von drei Dreiecken aufzeichnen.

2. Diese ausschneiden und mittels Wickeldraht einmal mit Moos und einmal mit Ranken bewickeln. Das dritte Dreieck mit Rinde bekleben.

3. Aluminiumdraht von oben nach unten durch die Dreiecke schieben, um diese miteinander zu verbinden. Dann werden sie oben an der Tannenbaumsilhouette befestigt.

Zum Schluss Löcher in das Baumstammstück bohren und in die Baumform einstecken. Mit Bändern und Kordel schmücken.

TON IN TON

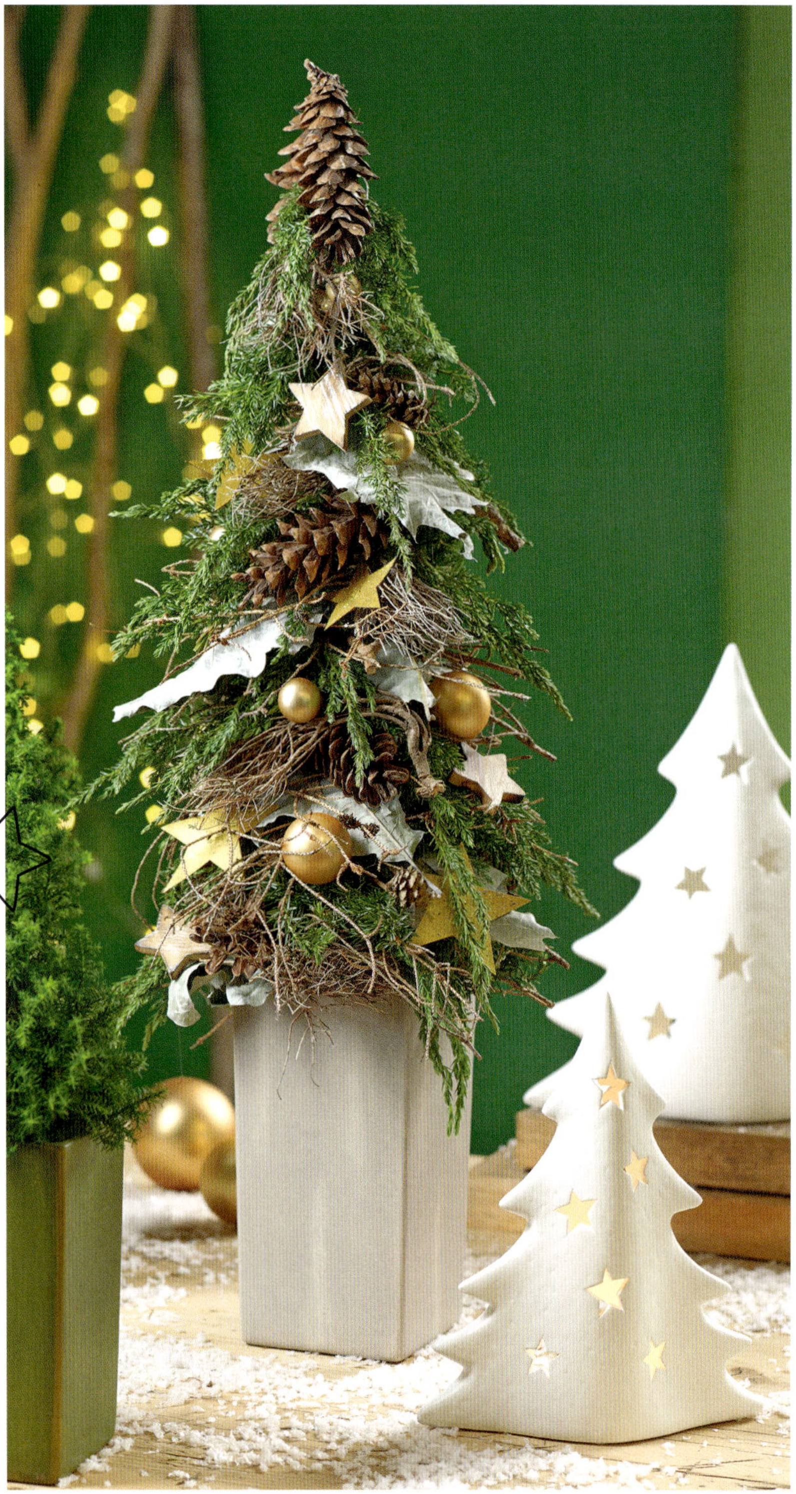

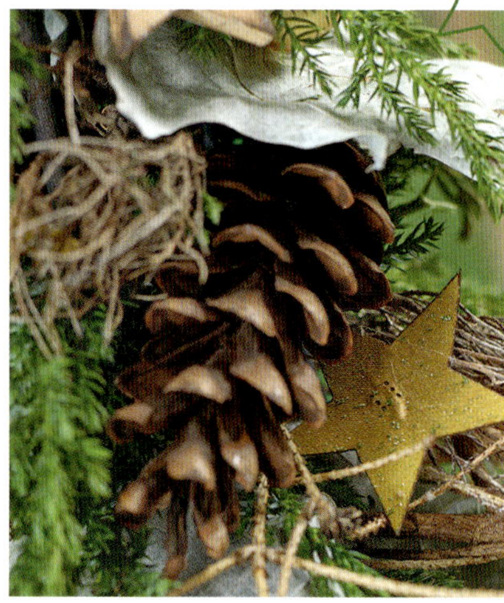

Links: Ein mit Trockenblumensteckschaum gefülltes Gefäß ist die Basis für diesen struppigen Baum. Darin werden hochkant Holzstäbe eingesteckt, die den aufgeschichteten und nach oben hin kürzer werdenden, trockenen Zweigen, dem Laub und dem Wacholder als Stütze dienen. Sterne, Weihnachtskugeln und Zapfen ankleben.

Rechts: Kiefernzweige und Misteln an einem Holzstab mit Wickeldraht befestigen. Darauf achten, dass die Form unten üppiger gestaltet und nach oben immer schmaler wird. Das Stück des Stabes, das als „Baumstamm" fungiert, mit Band abwickeln und in das vorgebohrte Loch eines Baumstammstücks stecken. Mit Schlagmetall veredelte Zapfen zieren den kleinen Gesellen. Übrigens: Damit die Drahtwicklung an der Spitze nicht zu sehen ist, wird diese mit Band und einem Stern kaschiert.

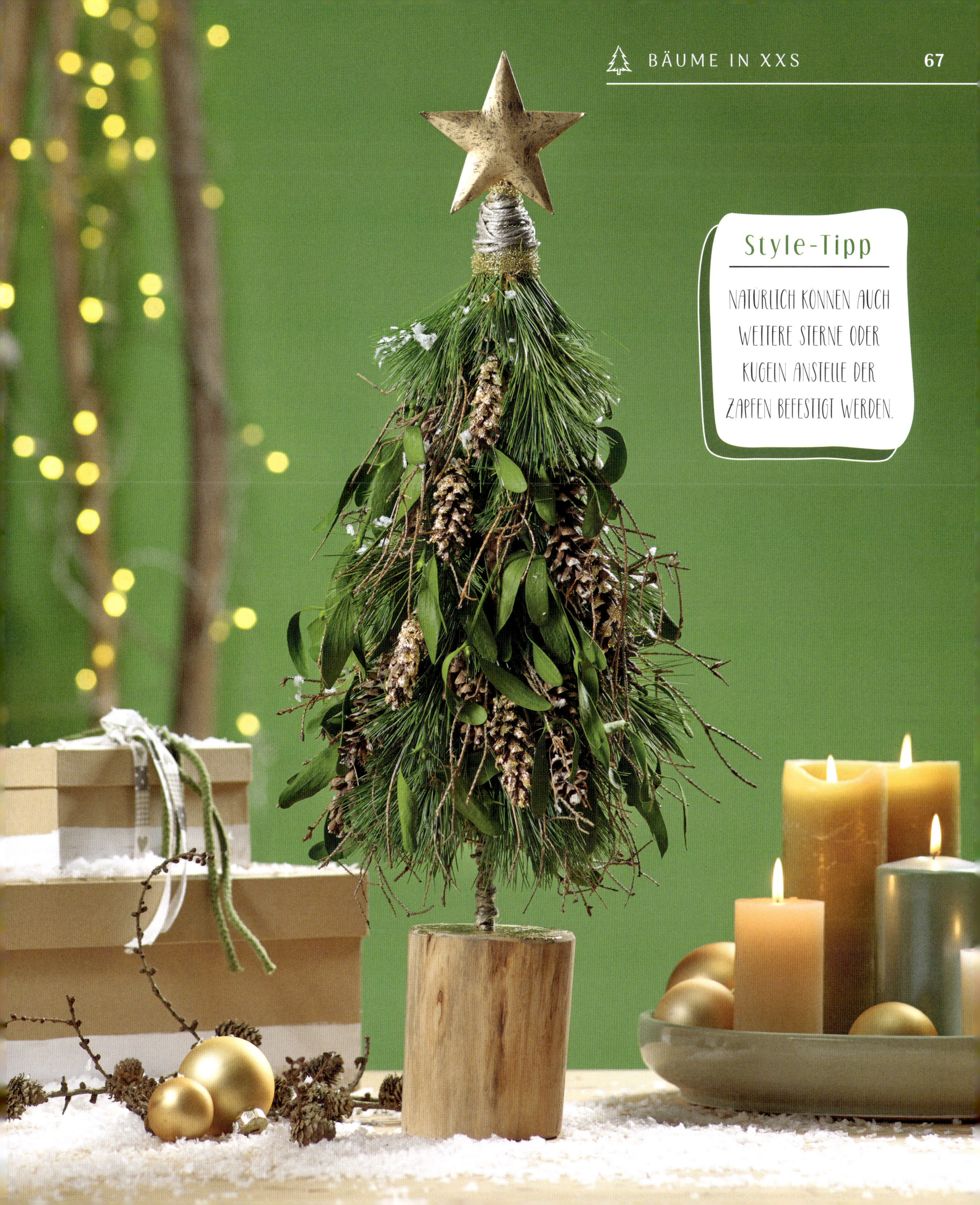

Style-Tipp

NATURLICH KONNEN AUCH WEITERE STERNE ODER KUGELN ANSTELLE DER ZAPFEN BEFESTIGT WERDEN.

GEBILDE AUS DRAHT

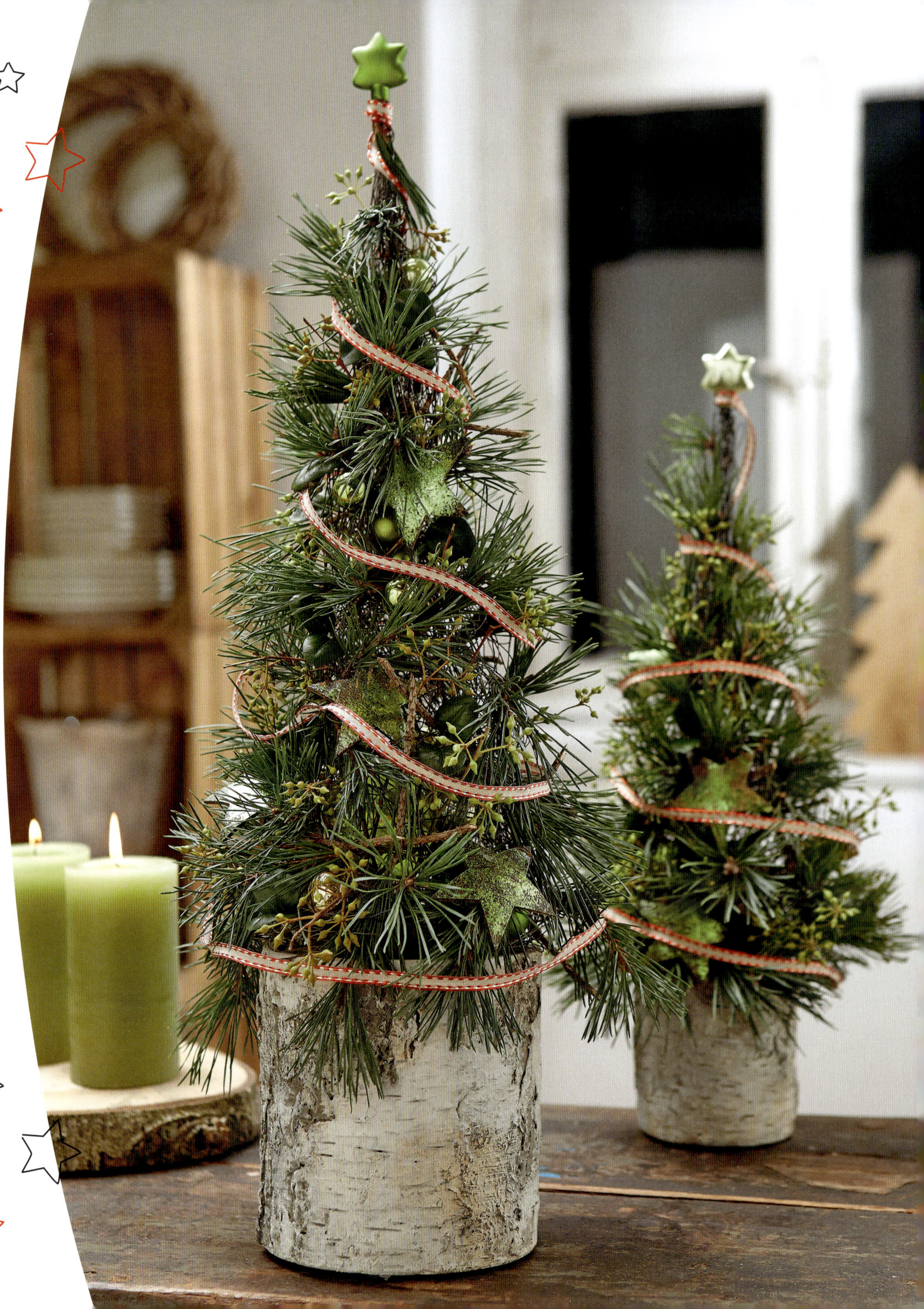

Das wird benötigt

Kiefernzweige ☆ Buchsbaum ☆ Eukalyptusfruchtstände ☆ Gefäß ☆ Christbaumkugeln ☆ Sterne ☆ Band ☆ Wickeldraht ☆ Stützdraht ☆ Trockenblumensteckschaum ☆ Heißkleber

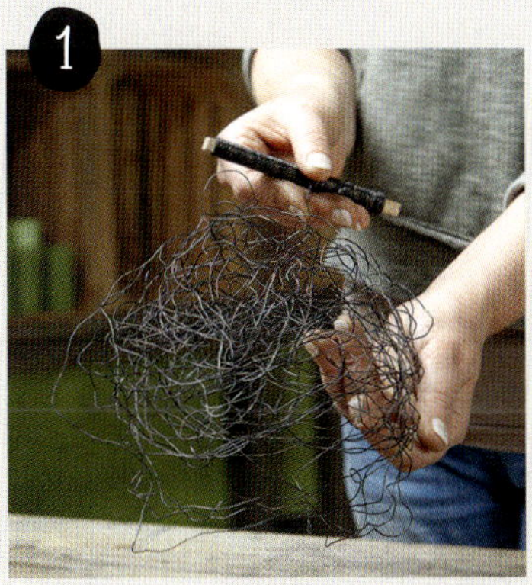

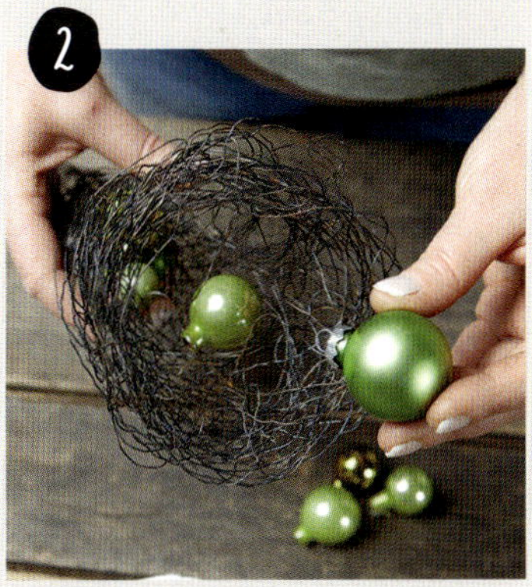

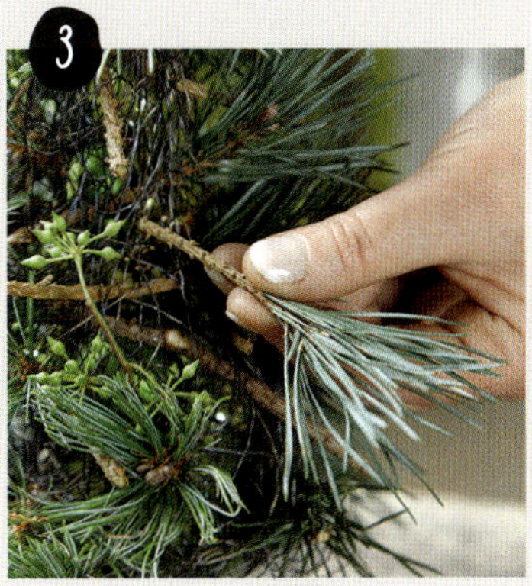

So wird's gemacht

1. Wickeldraht von der Rolle nach und nach abrollen und zu einem Kegel formen.

2. Die dabei entstandene, hohle Form mit Christbaumkugeln füllen.

3. Ein Gefäß mit Trockenblumensteckschaum füllen. Den Baum an Stützdraht befestigt einstecken. Verschiedene Grünzweige und Fruchtstände in das Drahtgeflecht einarbeiten. Zum Schluss Band locker in Spiralform um den Baum legen und Sterne aufkleben.

SCHICK GESTAPELT

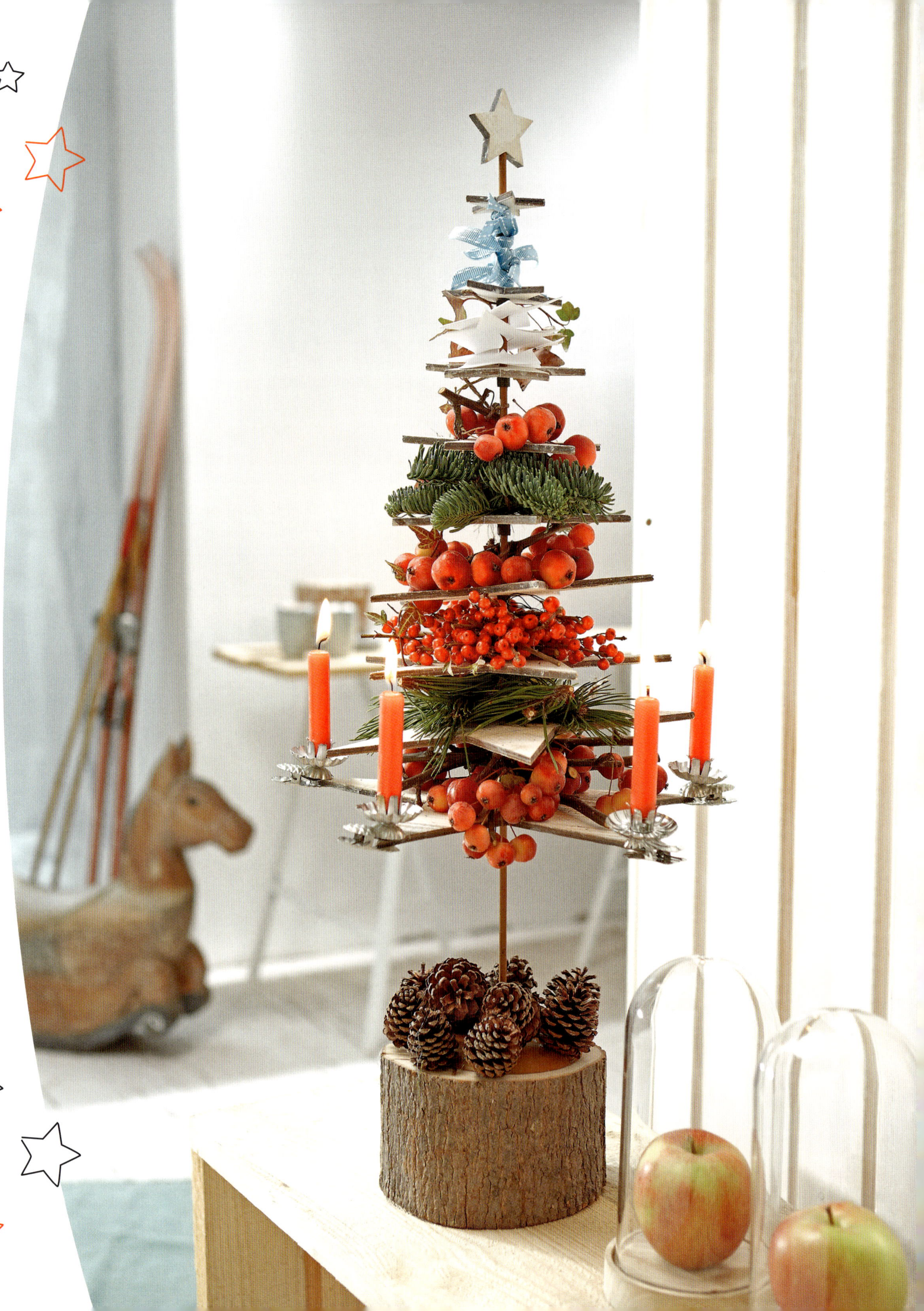

Das wird benötigt

Nobilis-Tannenzweige ✩ Efeu ✩ Korallen-Stechpalmenzweige ✩ Baumstammstück ✩ Apfelzweige ✩ Schwarz-Kiefernzweige ✩ Kiefernzapfen ✩ Zieräpfel ✩ Baumgestell mit sternförmigen Platten ✩ Kerzenhalterklips ✩ Kerzen ✩ Band ✩ Papiersterne ✩ Heißkleber

1

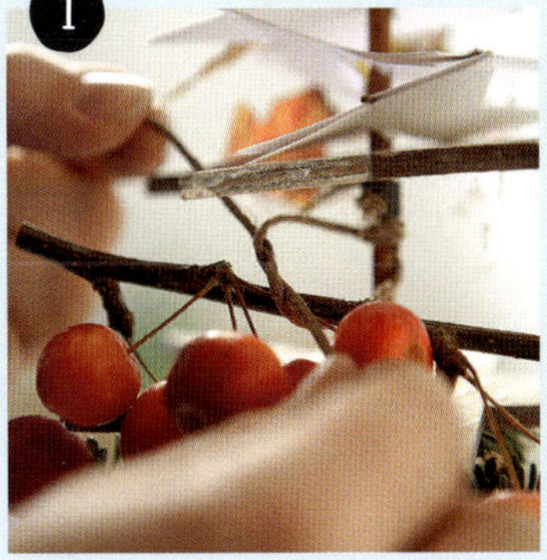

2

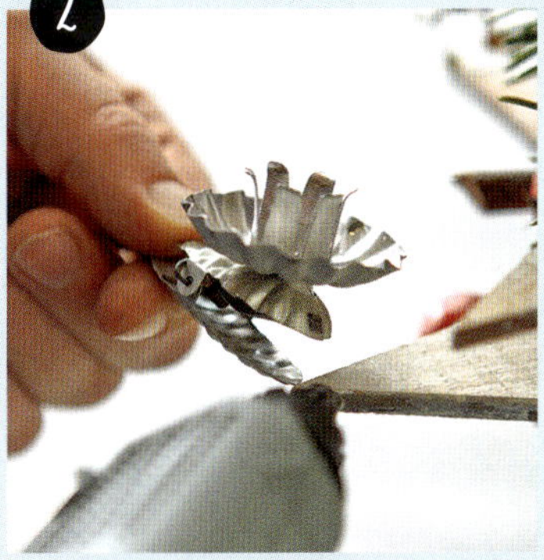

3

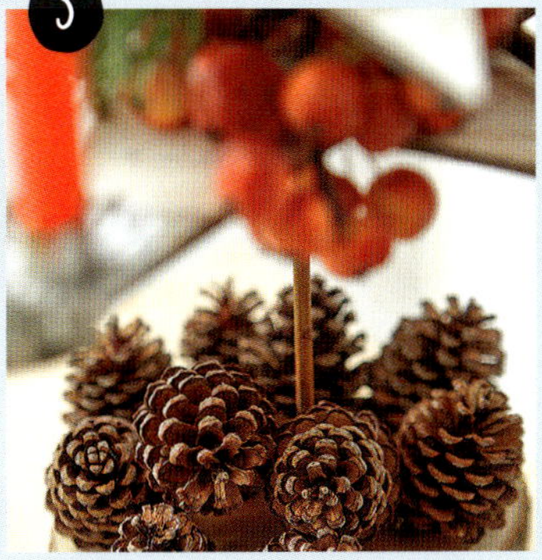

So wird's gemacht

1. In ein vorgebohrtes Baumstammstück das Baumgestell einkleben. Dieses Gestell hat unterschiedlich große Platten in Sternform, die nach oben hin immer kleiner werden. Jede dieser Platten wird entweder mit verschiedenen Floralien wie Kiefernzweigen und Zieräpfeln oder mit Materialien wie Papiersternen und Schmuckband versehen.

2. Die Kerzenhalterklips mithilfe von Heißkleber an den Spitzen der untersten Sternplatte festkleben und Kerzen einsetzen.

3. Die Oberseite des Baumstamms mit Kiefernzapfen bekleben.

GLANZVOLLER AUFTRITT

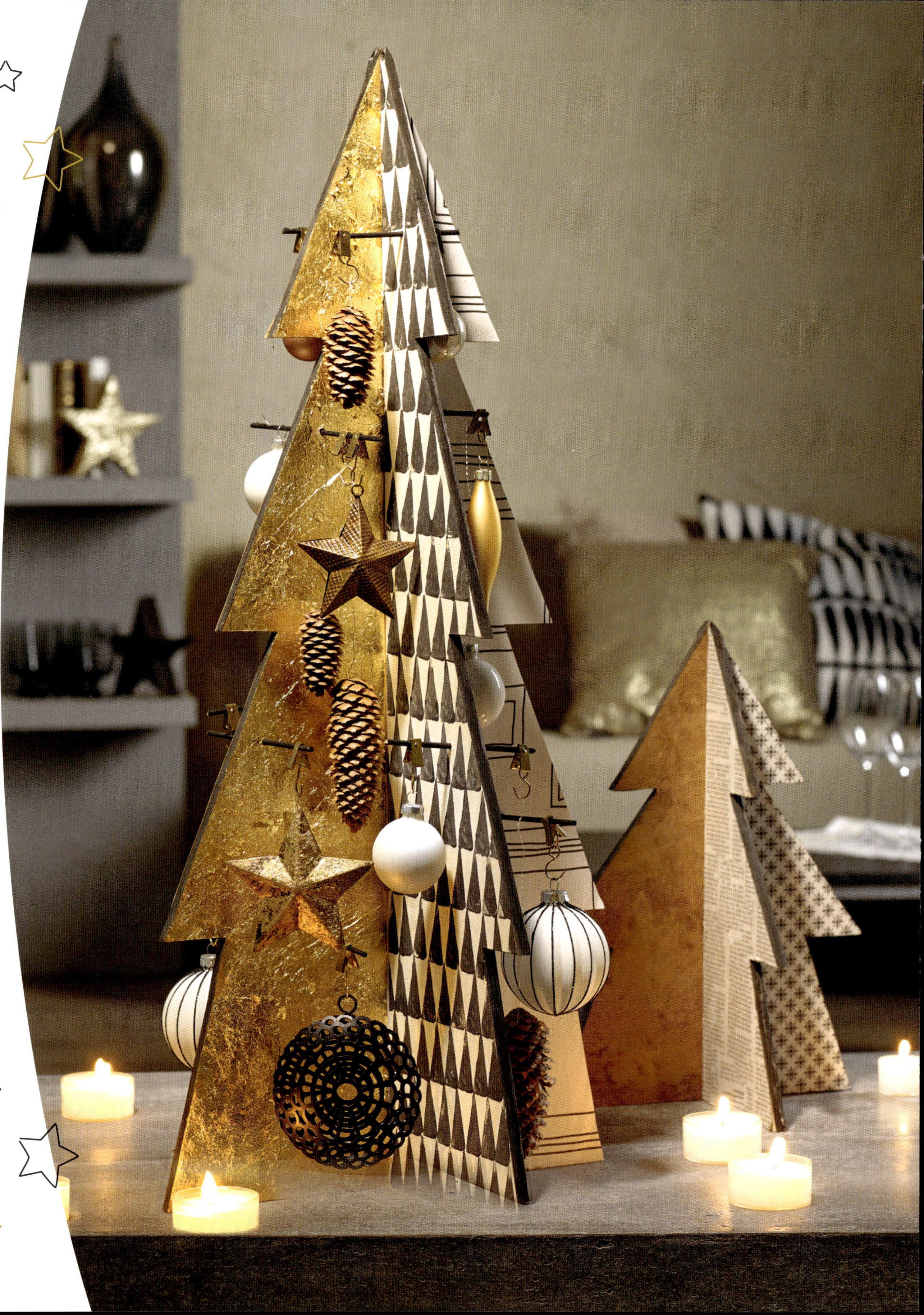

Das wird benötigt

Sperrholzplatten ☆ Schlagmetall ☆ Sprühkleber ☆ Gardinenhaken ☆ Stempel ☆ Tapete oder Papier ☆ Tapetenkleister ☆ Abtönfarbe ☆ Holzstäbe ☆ Christbaumschmuck ☆ Zapfen ☆ Stift ☆ Säge ☆ Bohrer

1
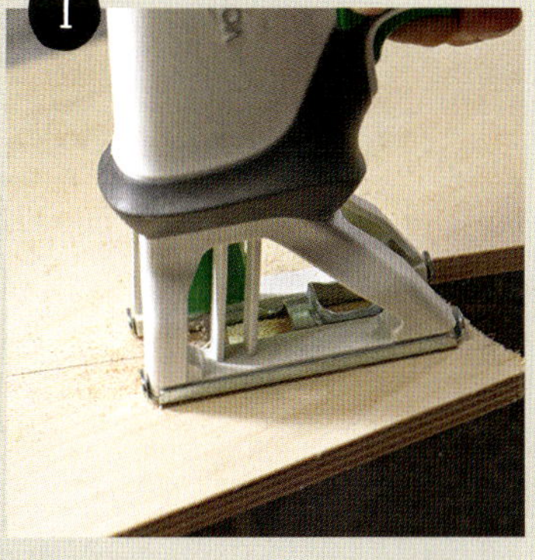

2
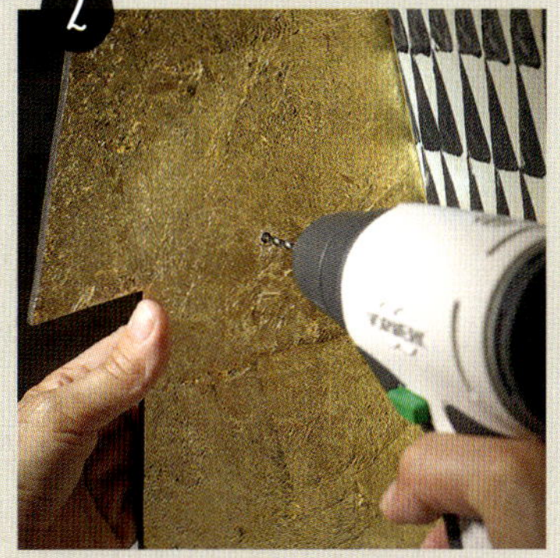

3
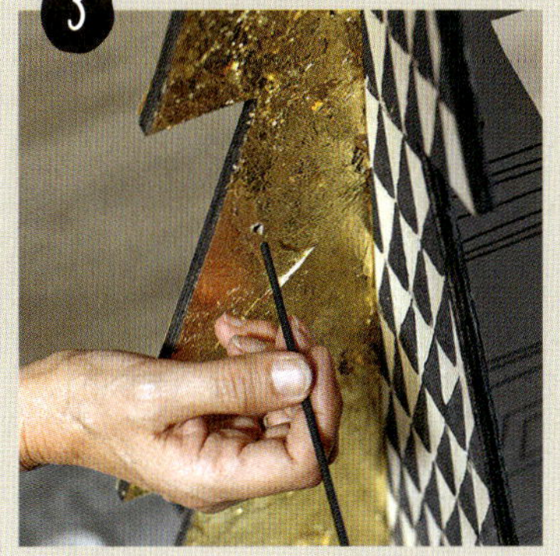

So wird's gemacht

1. Zwei Baumformen auf eine Sperrholzplatte vorzeichnen, dann mit einer Säge ausschneiden. Tapete oder Papier mithilfe von Tapetenkleister aufkleben. Mittels Sprühkleber mit Schlagmetall veredeln und nach Belieben Muster mithilfe von Stempeln aufbringen. Eine Baumform längs in der Mitte zerteilen und je eine Hälfte gegenüberliegend an der anderen Form anbringen, damit das Exemplar stehen kann.

2. An einigen Stellen die Baumform durchbohren.

3. Mit Abtönfarbe schwarz bemalte Holzstäbe durch die Löcher schieben. Daran werden Gardinenhaken befestigt, die mit weihnachtlichen Accessoires wie zum Beispiel Christbaumkugeln und Zapfen dekoriert werden.

Verspielte Zweigkunst

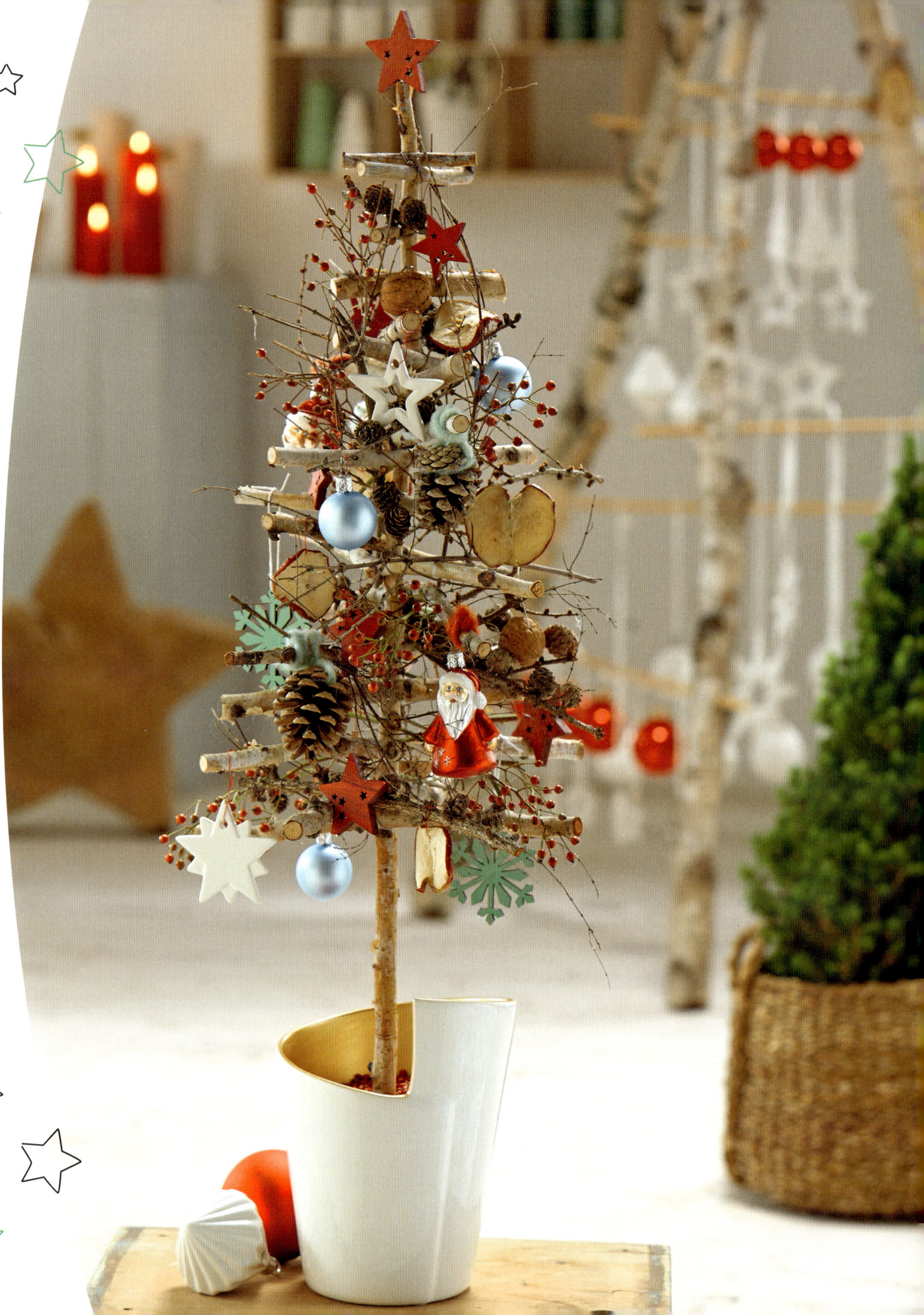

Das wird benötigt

Kiefernzapfen ☆ Hagebuttenzweige ☆ Lärchenzweige ☆ Walnüsse ☆ getrocknete Apfelscheiben ☆ trockene Beeren ☆ Birkenäste ☆ Keramikgefäß ☆ Keramiksterne ☆ Glasschmuck ☆ Holzschneekristalle ☆ Holzsterne ☆ Dochtfaden ☆ Drilldraht ☆ Drillapparat ☆ Heißkleber ☆ Trockenblumensteckschaum

1

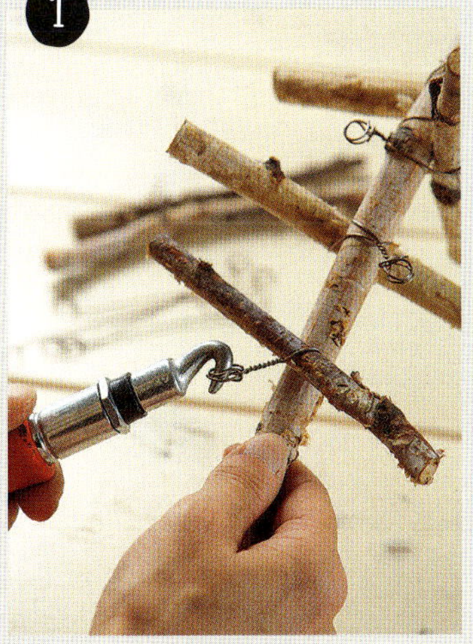

2

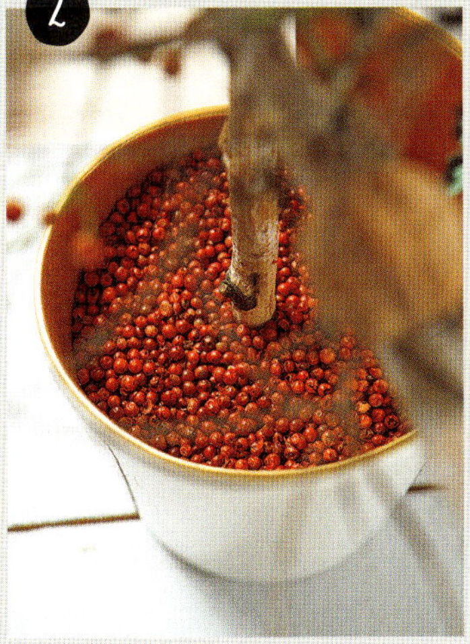

So wird's gemacht

1. An einen langen Birkenast mehrere kürzere Äste waagerecht und dabei in die verschiedenen räumlichen Richtungen weisend mithilfe von Drilldraht anbringen.

2. Trockenblumensteckschaum in das Gefäß geben, das entstandene Baumgerüst hineinstecken und mit aufgestreuten, trockenen Beeren kaschieren.

Dann die Zwischenräume des Gerüstes mit dünnen Zweigen, Zapfen und Holzsternen bekleben und verschiedene Accessoires wie Keramiksterne, Apfelscheiben und Glasschmuck aufhängen. Hier und da die Äste dekorativ mit farbigem Dochtfaden umwickeln.

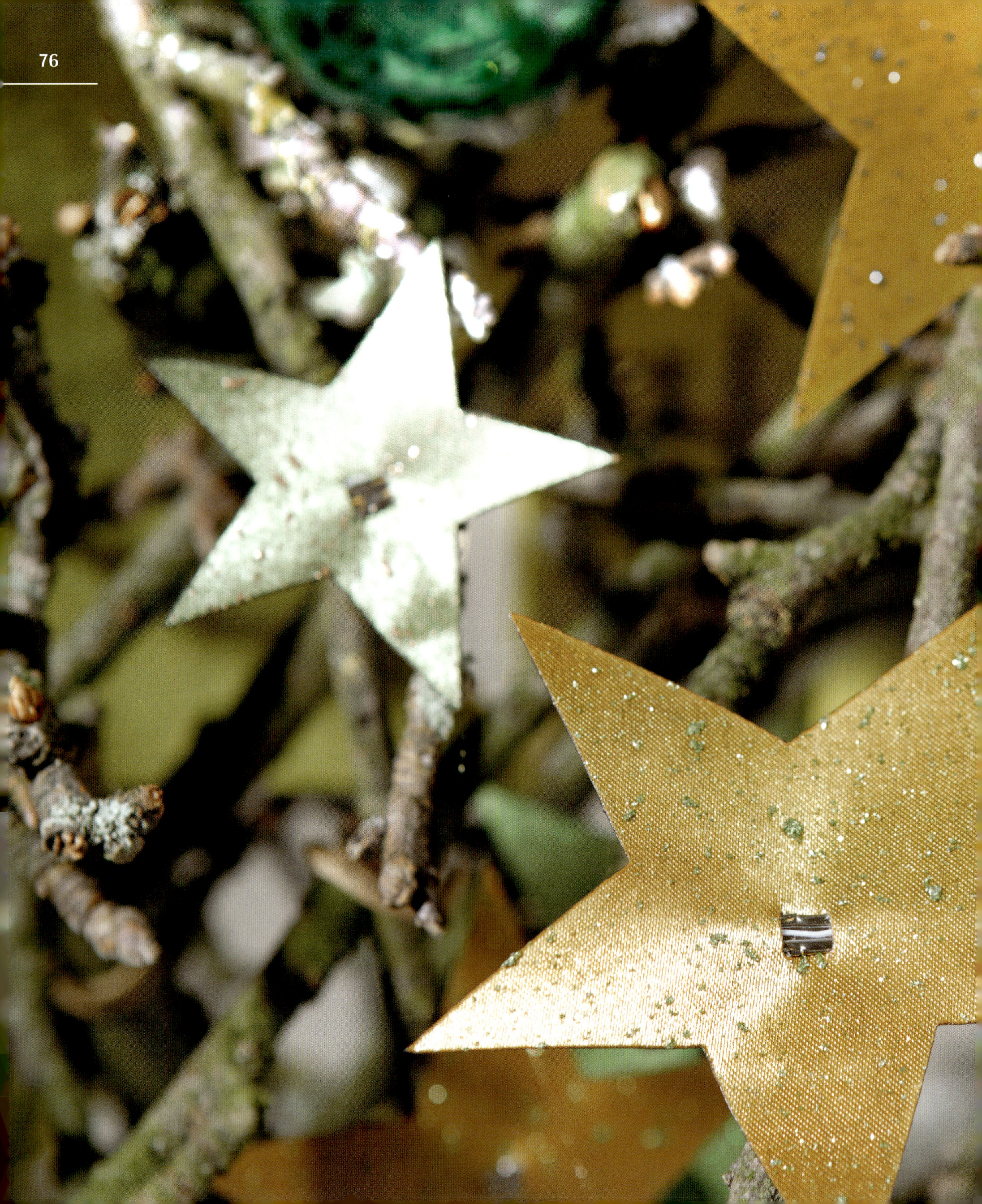

XXL-GESELLEN

So schön können alternative Bäume sein.

Wer mal Lust auf eine abstrakte Version statt eines klassischen Weihnachtsbaums hat, aber nicht auf ein großes Exemplar verzichten will, der ist bei unseren extravaganten Kameraden genau richtig. Mal aus Zweigen drapiert, mal aufgehängt, ganz schmal oder richtig üppig: Wichtig ist nur, dass genügend Platz vorhanden ist, dann steht der Kreativität nichts mehr im Wege, um seinen Baum von Grund auf selbst zu gestalten. Neben zahlreichen natürlichen Materialien nutzen wir selbstverständlich auch verschiedene Christbaumkugeln, Kerzen und Lichterketten, um so richtig in Weihnachtsstimmung zu kommen.

AUSLADENDE VERÄSTELUNG

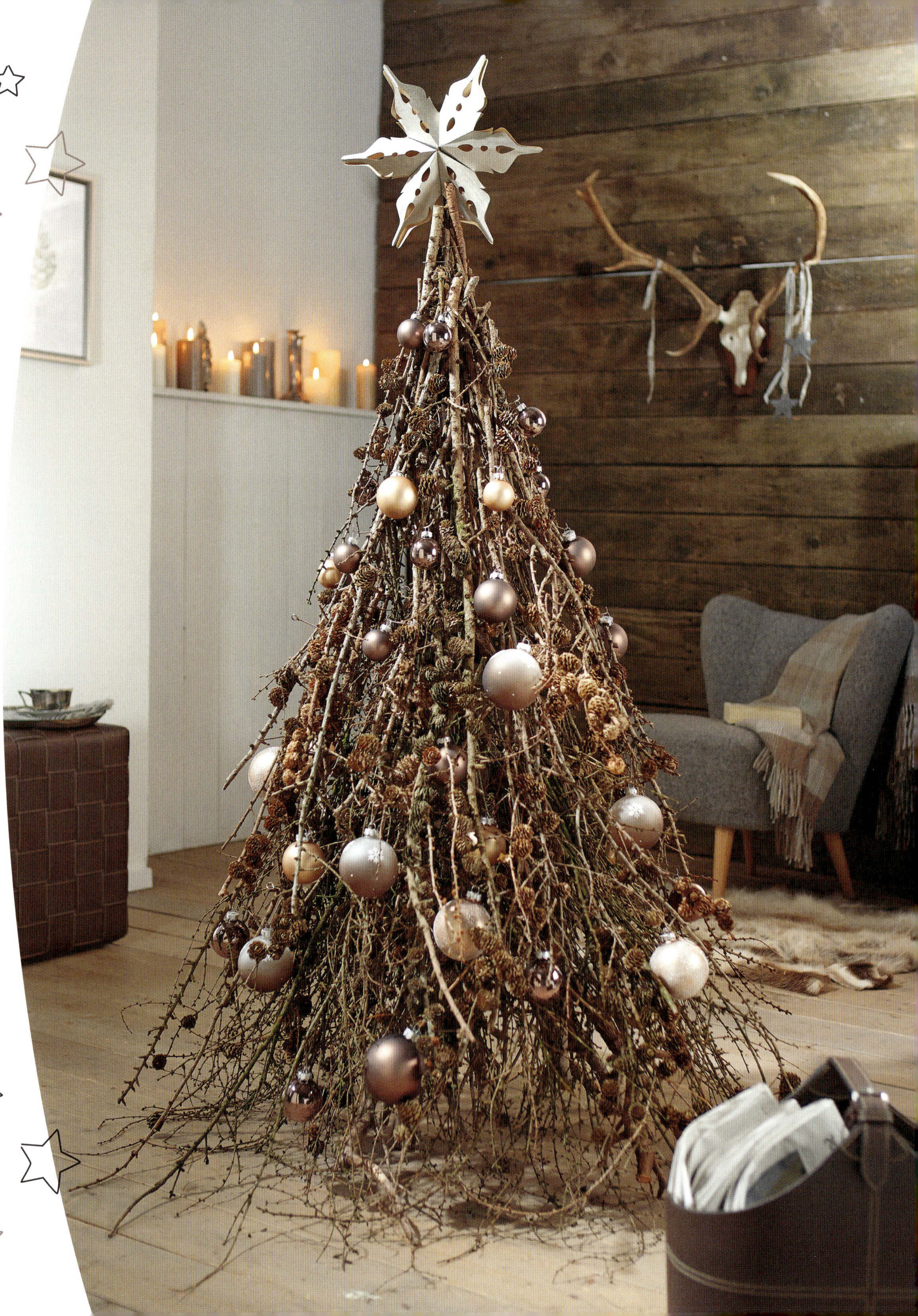

Das wird benötigt

Lärchen- und Lebensbaumzweige ☆ Lärchenzapfen ☆ Drilldraht ☆ Drillapparat ☆ Schrauben ☆ Bohrer ☆ Stern ☆ Christbaumkugeln

1

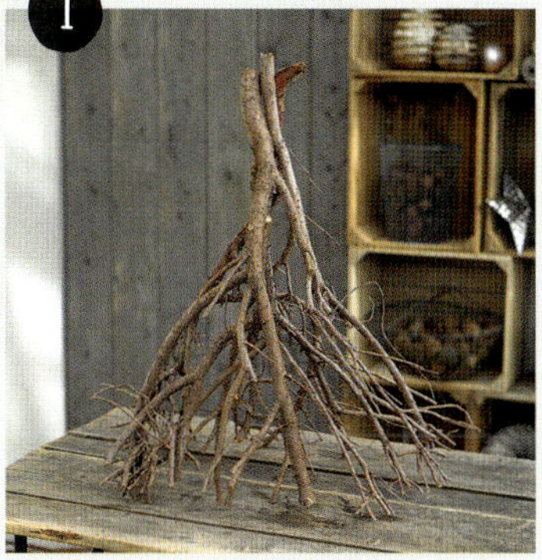

2

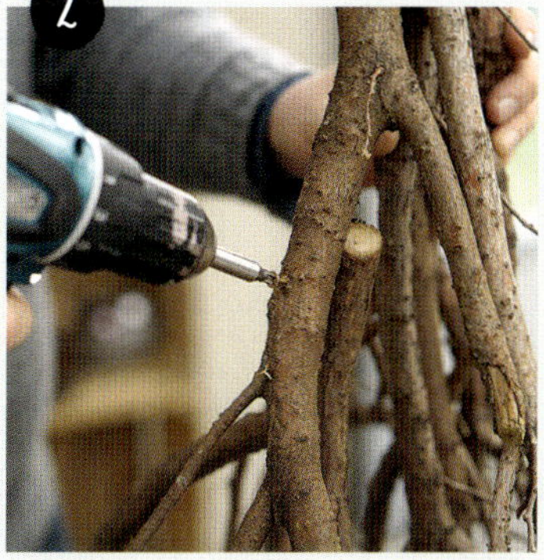

3

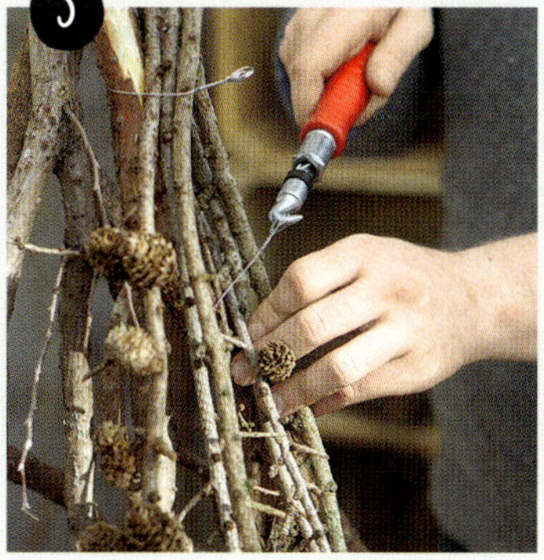

So wird's gemacht

1. Zuerst aus stabileren Zweigen eine Unterkonstruktion fertigen. Dafür die Lebensbaumzweige kopfüber aneinander stellen, sodass eine Kegelform entsteht.

2. Dann die Zweige aneinander schrauben.

3. Nach und nach die Lärchenzweige kopfüber mithilfe von Drilldraht an dem Gerüst befestigen. Damit die sich nach oben hin verjüngende Baumform entsteht, zunächst unten beginnen und die weiteren Zweige nach oben hin dachziegelartig übereinanderliegend an der Grundkonstruktion fixieren.

Die Kugeln ebenfalls mit Drilldraht anbringen und den Stern auf die Baumspitze setzen.

NORDISCHES AMBIENTE

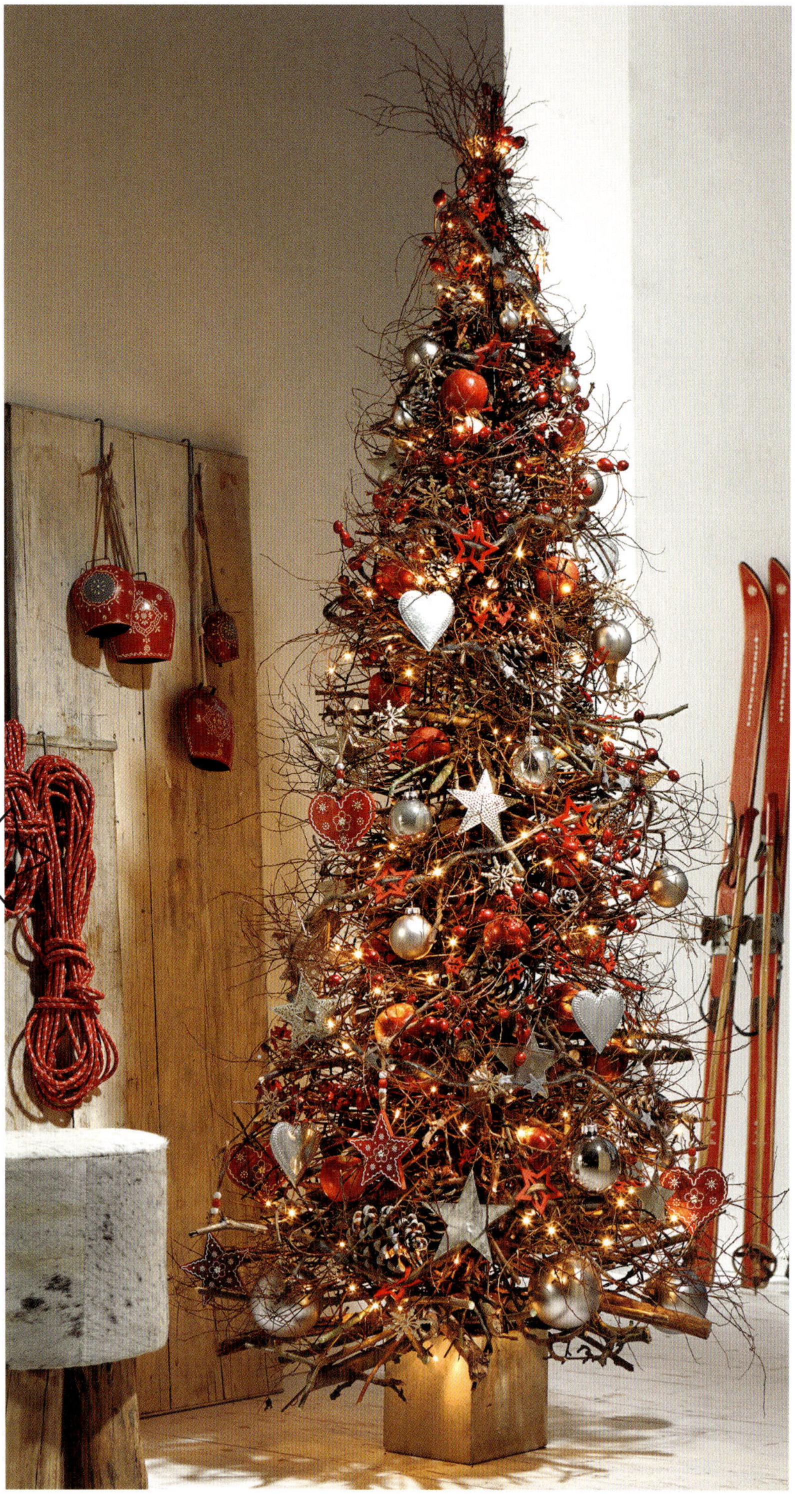

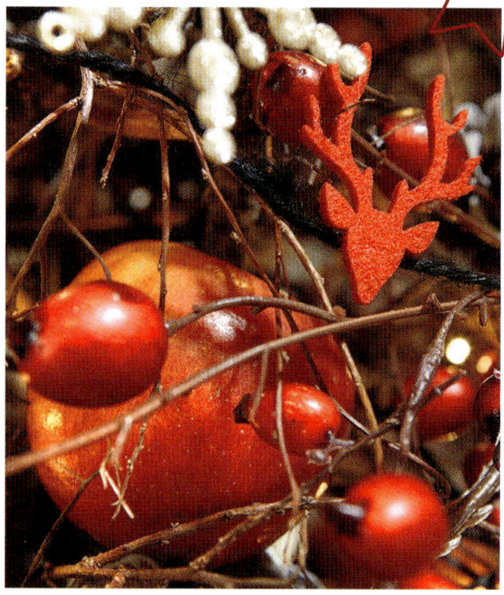

Links: Ein Baum aus trockenen Zweigen wird zu einem wahren Hingucker. Dazu die Zweige nach und nach von unten nach oben immer schmaler werdend waagerecht an einem mittigen Stamm befestigen. Eine Lichterkette zwischen die Äste fädeln und mit weißen und roten Elementen wie Sternen, Zieräpfeln, geweißten Zapfen und Kugeln schmücken.

Rechts: Dieser Nadelbaum ist eine Besonderheit! Dafür ein Moniereisen in einem Baumstammstück befestigen. Trockene Mühlenbeckie als Unterkleid anbringen. Zweige von Olive, Stechpalme und Kiefer zu Bündeln zusammenfassen und diese kopfüber von unten beginnend nach oben hin an der Eisenstange festbinden. Mit Accessoires wie Zieräpfeln, Filzkreisen, Sternen und Co. dekorieren.

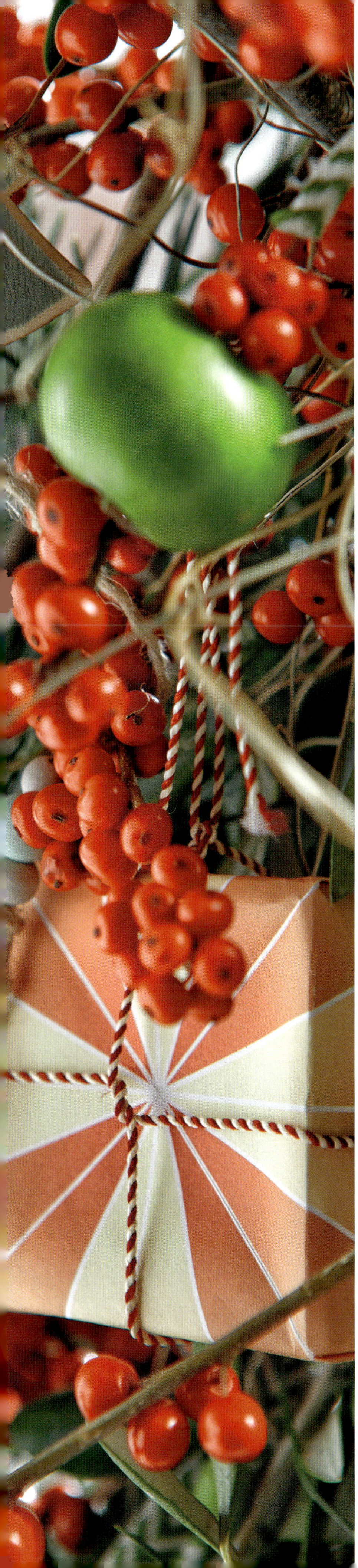

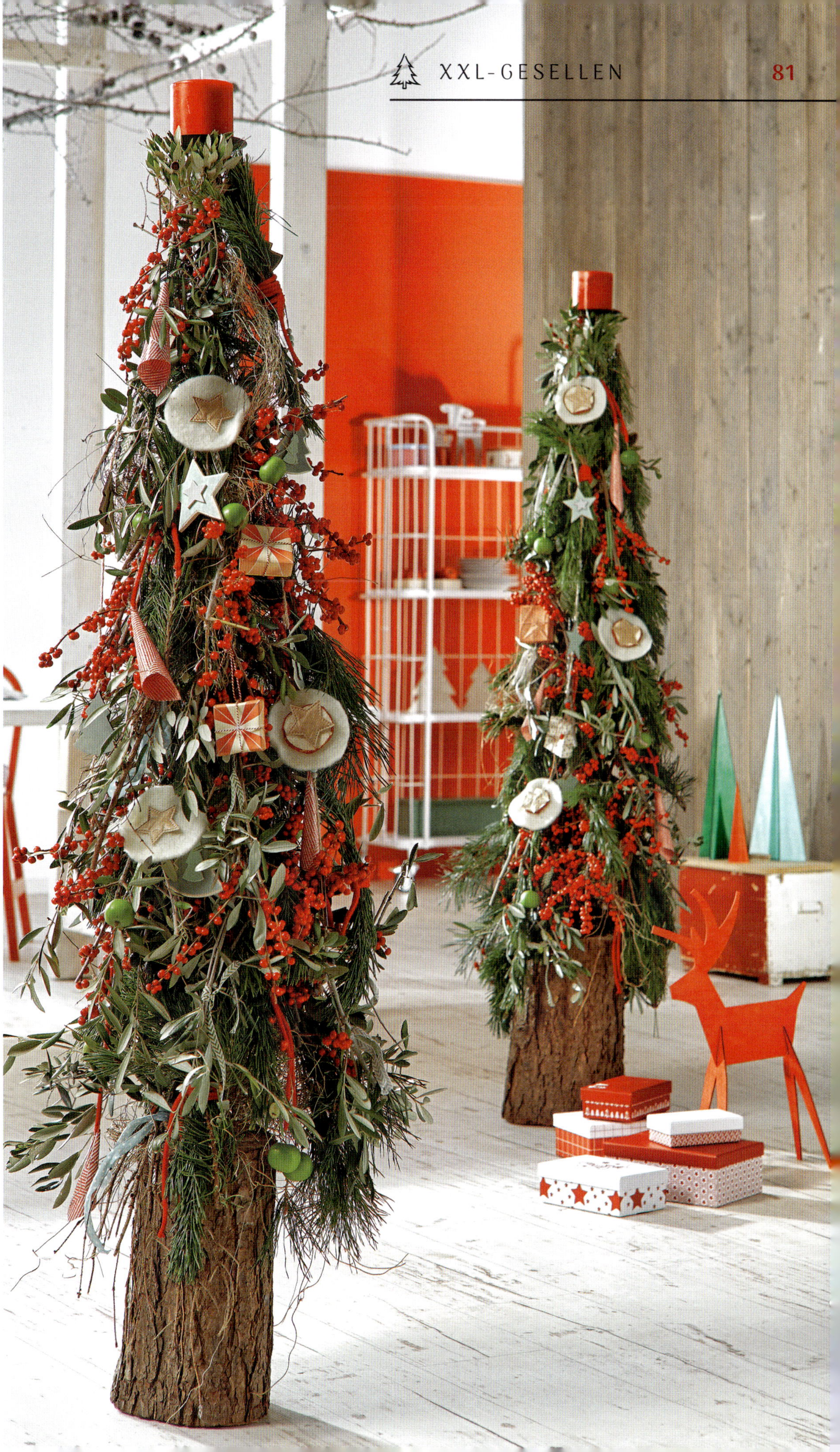

GEZÄHMTE WILDHEIT

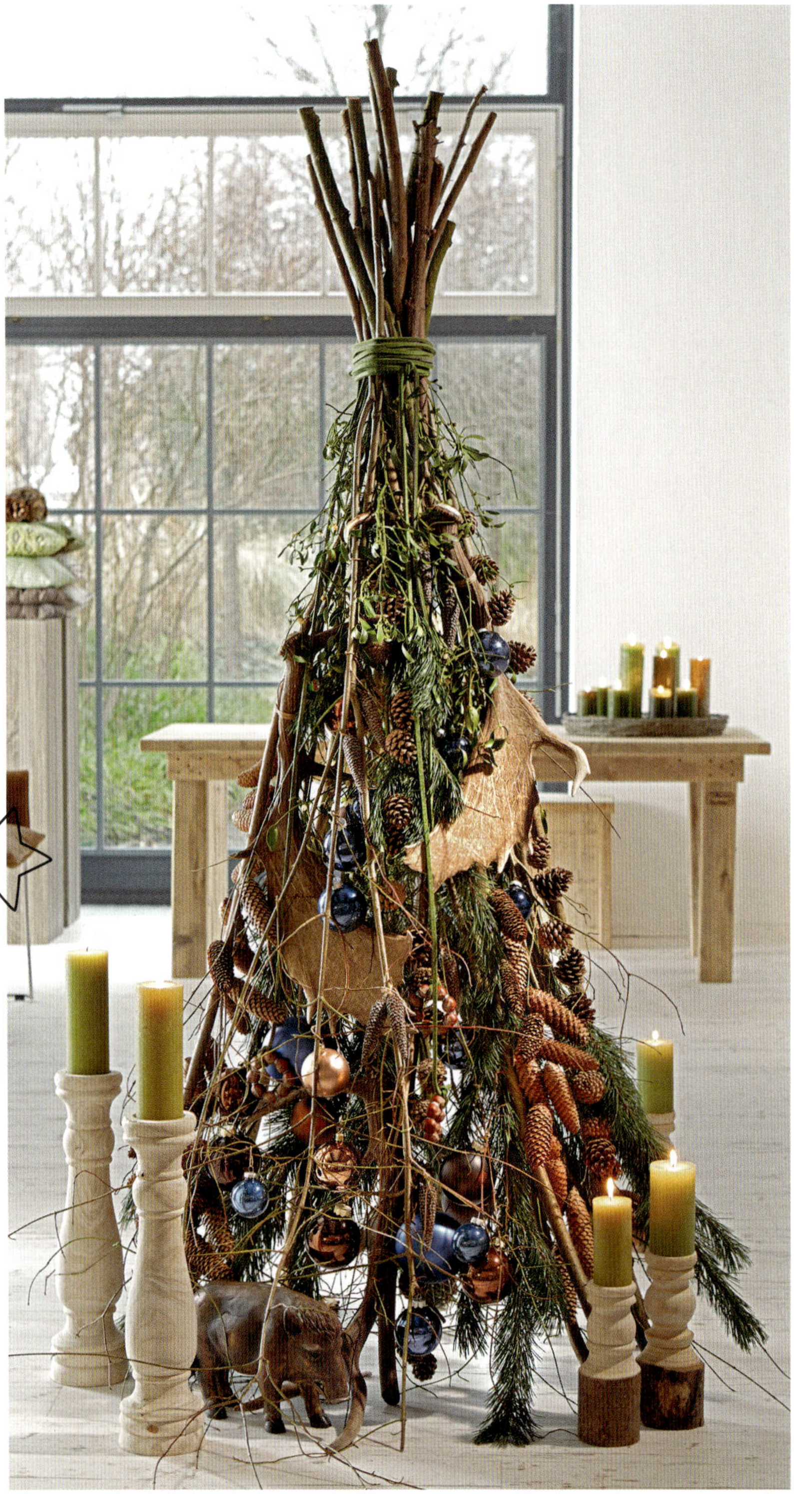

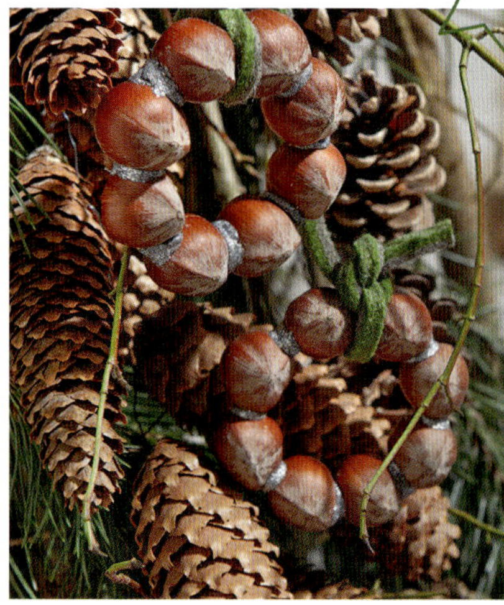

Links: Ein bisschen erinnert dieser Geselle an ein Tipi. Dafür die Essigbaumzweige an einem Ende mit Draht zusammenfassen, mit dem offenen Ende gespreizt kopfüber aufstellen und Cornuszweige einarbeiten. Alles zusammen mit Wickeldraht fixieren und die Bindestelle mit Wollfäden kaschieren. Immer wieder Zapfen, Kiefernzweige und Glasschmuck dazwischen drapieren, vielleicht auch ein Geweih.

Rechts: Das dreieckige Gestell verwandelt sich mit wenigen Handgriffen in eine Baumalternative. Dazu innerhalb des Rahmens Apfelzweige mit Wollfäden befestigen. Eine Lichterkette anbringen, Sterne mit Heißkleber fixieren und Christbaumkugeln aufhängen.

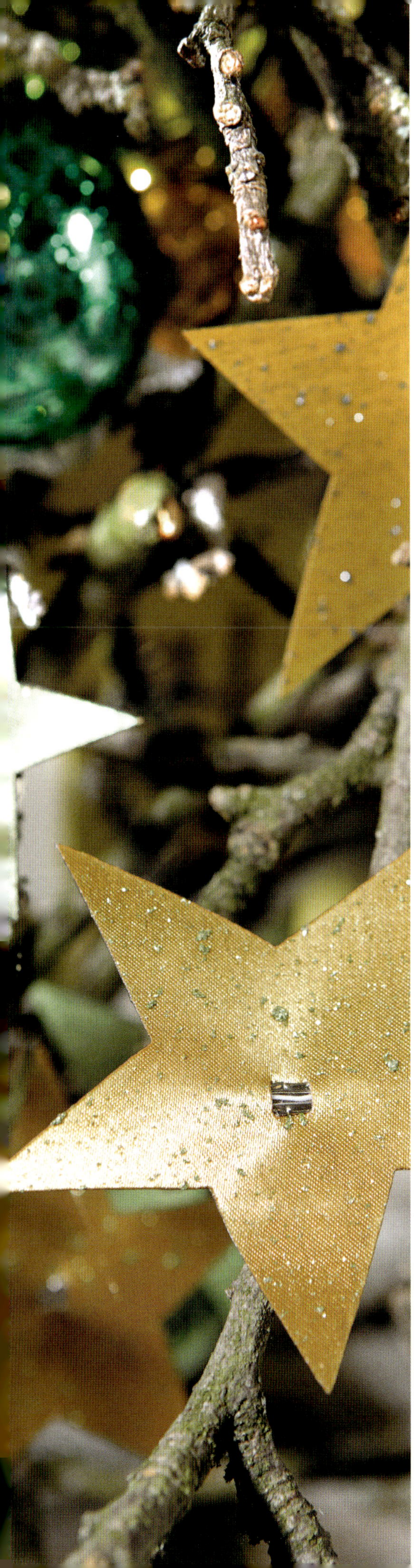

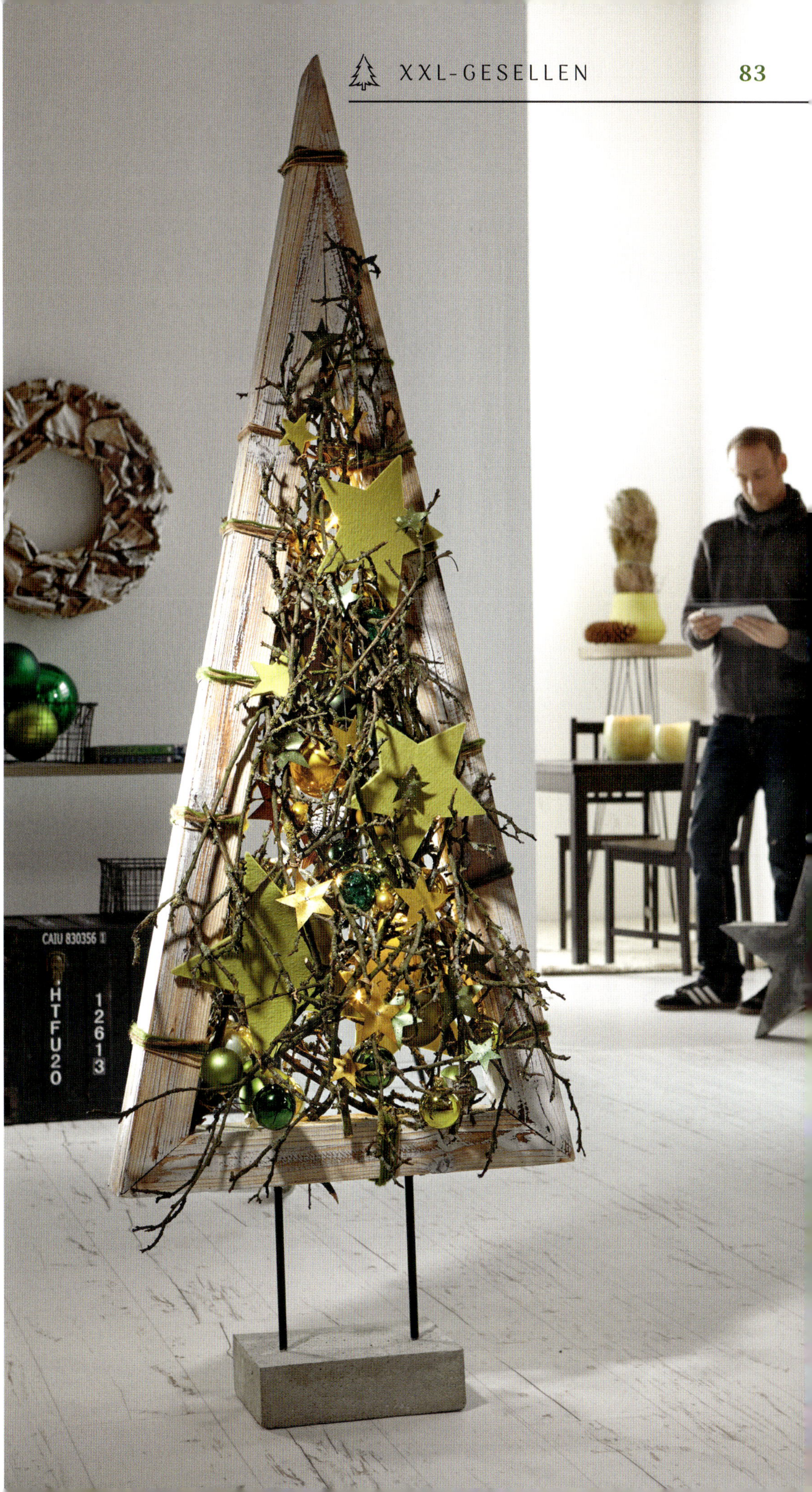
HTFU20
12613

FARBENFROHE KUGELKUNST

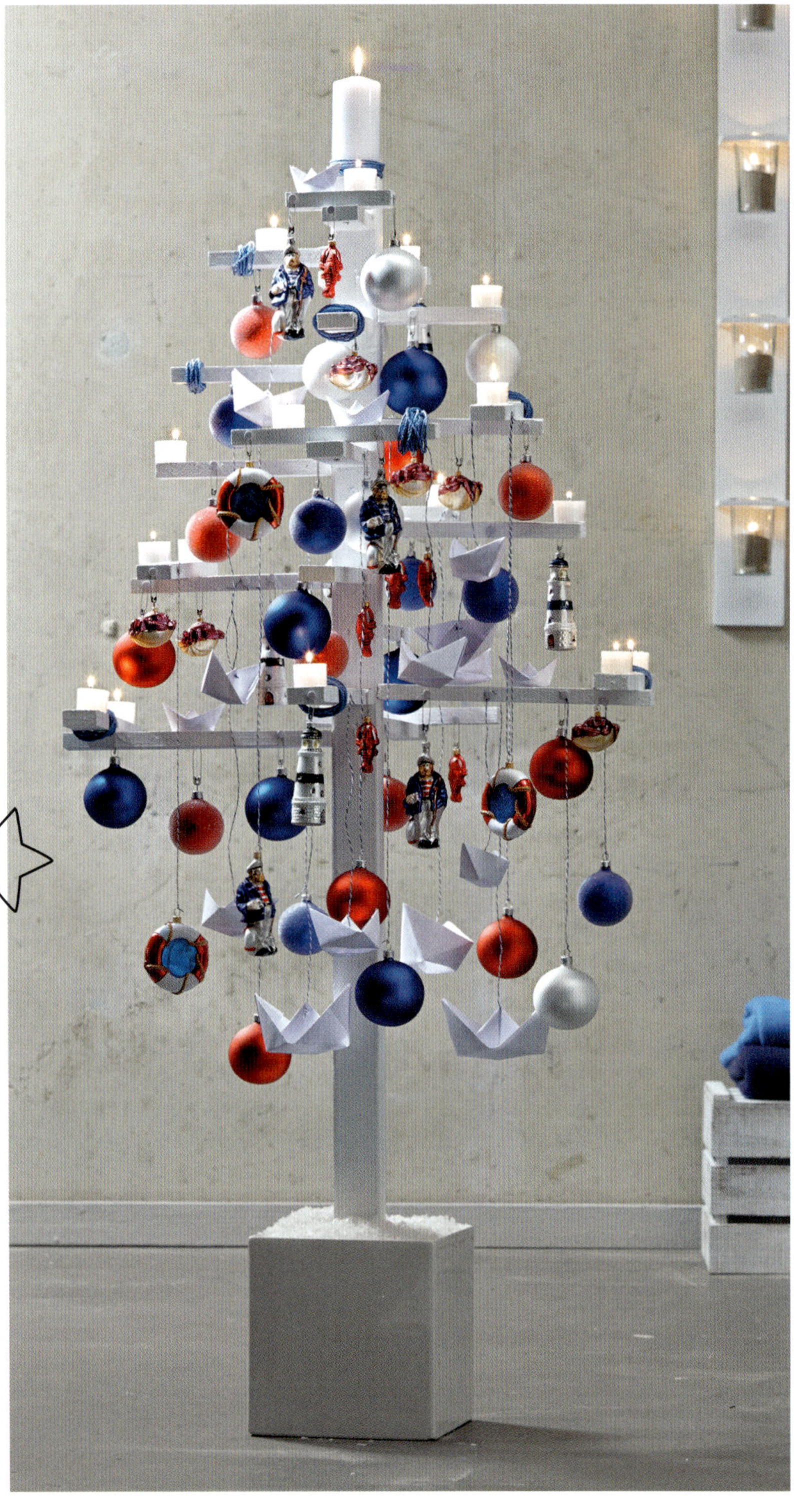

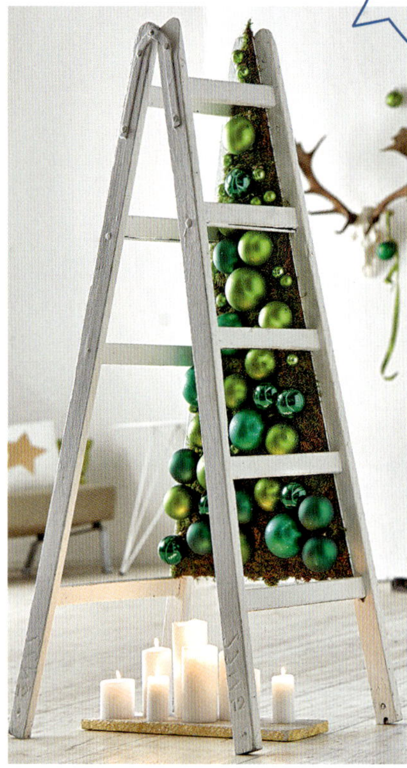

Oben & Rechts: Eine Leiter wird hier zu einem Weihnachtsbaumersatz. Dabei bieten sich gleich zwei Deko-Möglichkeiten: Für Version eins ein Holzdreieck zuschneiden, mit Moos bekleben und mit Kugeln schmücken. Bei Version zwei den Glasschmuck einfach hängend befestigen.

Links: „Seefahrer auf Weihnachtsurlaub" könnte man diesen Gesellen aus geweißten, zu einer Baumform zusammengeschraubten Latten nennen. Rote und blaue Kugeln sowie Glasschmuck im Rettungsring-, Leuchtturm- und Seemannsdesign anhängen und Teelichter dazustellen.

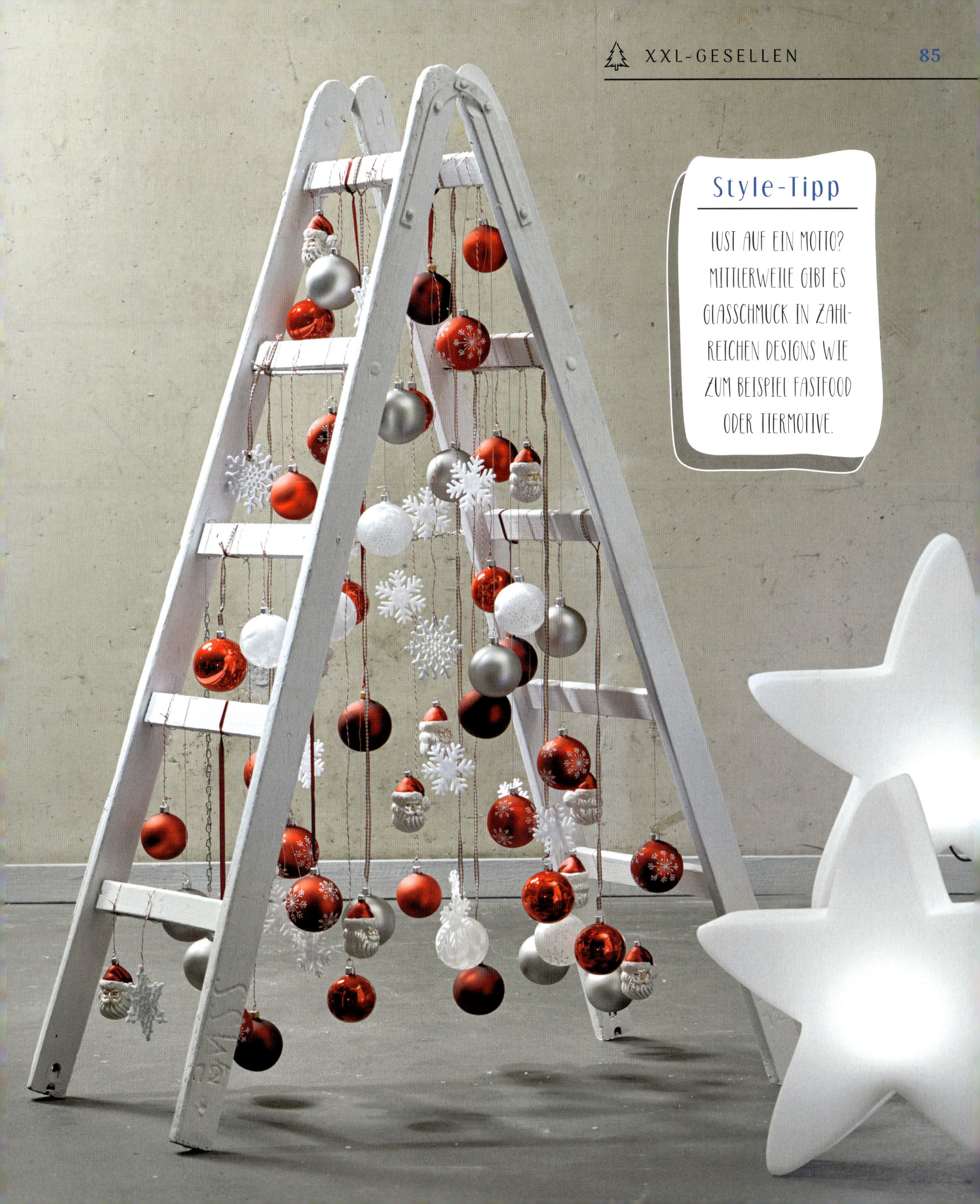

Style-Tipp

LUST AUF EIN MOTTO? MITTLERWEILE GIBT ES GLASSCHMUCK IN ZAHLREICHEN DESIGNS WIE ZUM BEISPIEL FASTFOOD ODER TIERMOTIVE.

STILVOLLES NATURWERK

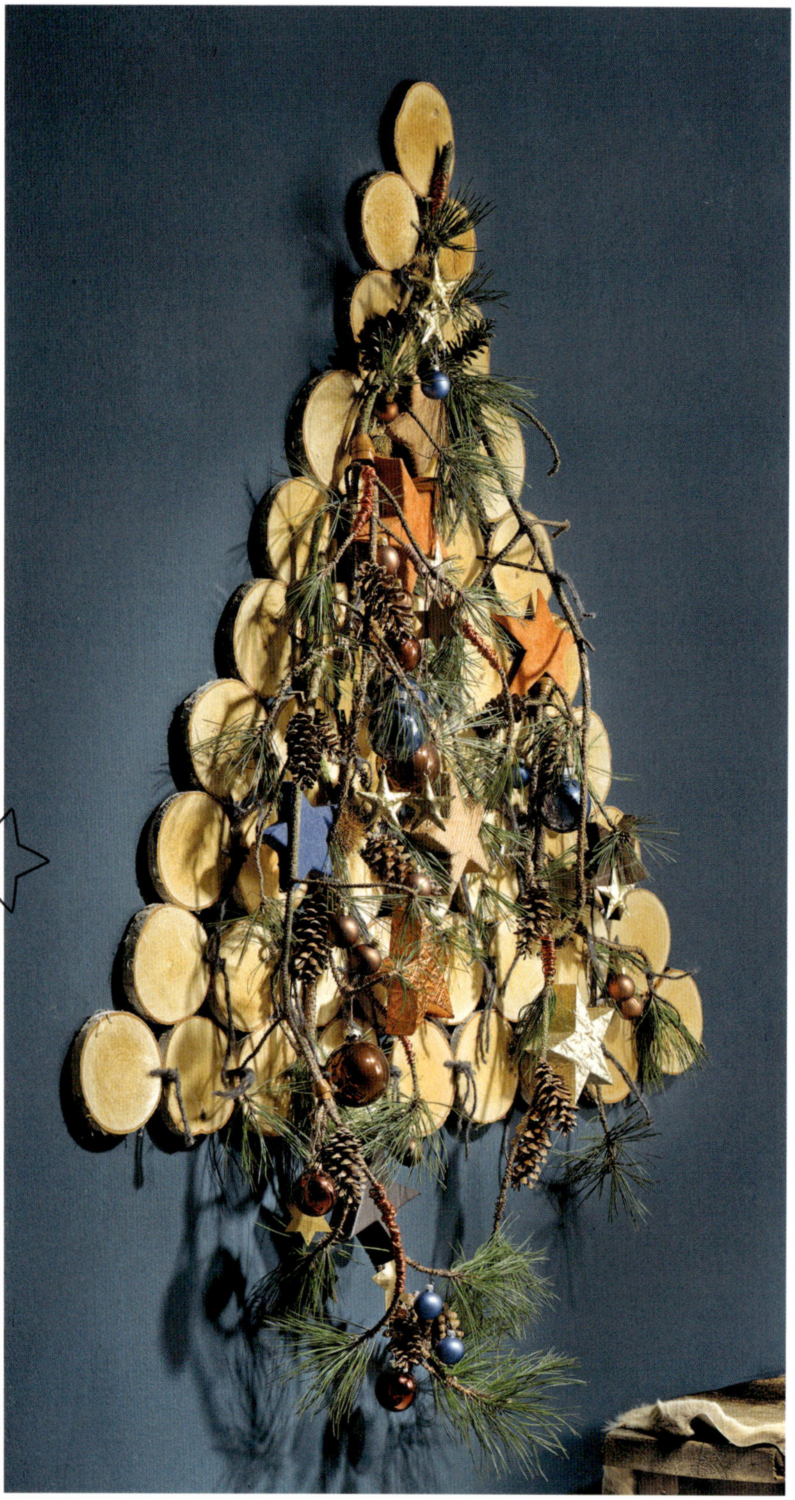

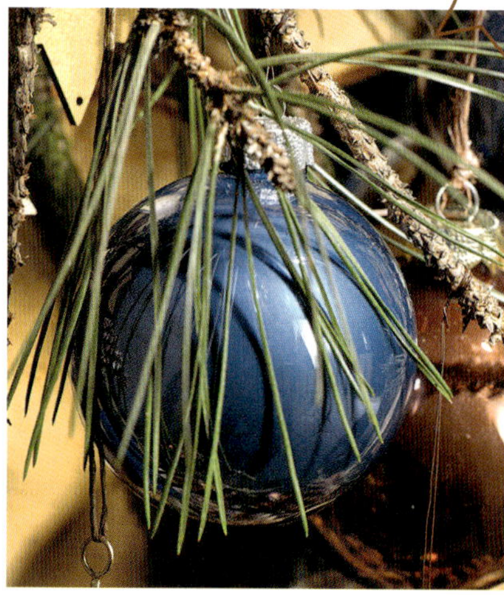

Links: Auch eine leere Wand kann ein Platz für einen Weihnachtsbaum sein. Baumscheiben mit Bandeisen verbinden und verschrauben, sodass eine Tannenbaumform entsteht. In einige Scheiben Löcher hineinbohren, durch die Wollfäden gezogen werden. Um den Baum zu stabilisieren, von hinten eine Aluminiumstange anschrauben und aufhängen. Mit Kiefernzweigen schmücken, die mit Wolle und Wickeldraht fixiert werden. Zudem Zapfen andrahten sowie Holzsterne ankleben und Christbaumkugeln aufhängen.

Rechts: Als gezähmte Wildheit könnte man dieses Prachtstück bezeichnen. Die verschiedenen trockenen Äste werden nacheinander so bündelartig miteinander verdrillt, dass dadurch, auf den Kopf bzw. gespreizt aufgestellt, die Form eines üppigen Baumes entsteht. Sterne und ein von der Spitze hinabfließendes Band umspielen die Zweige.

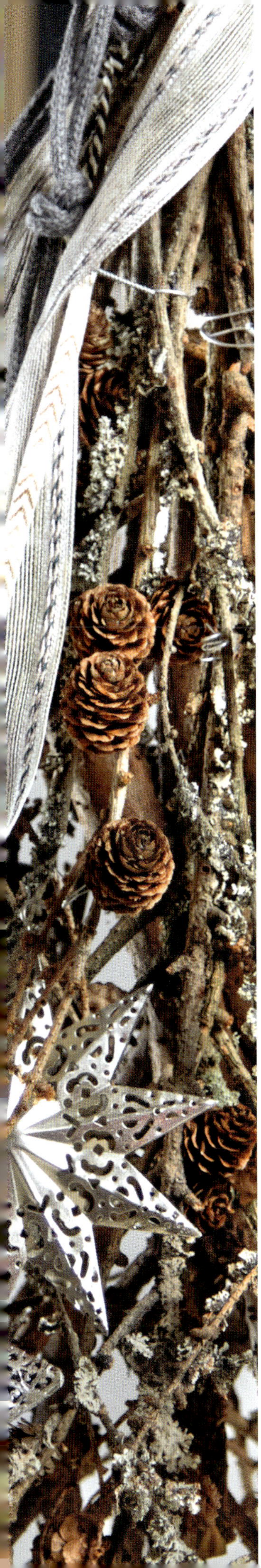

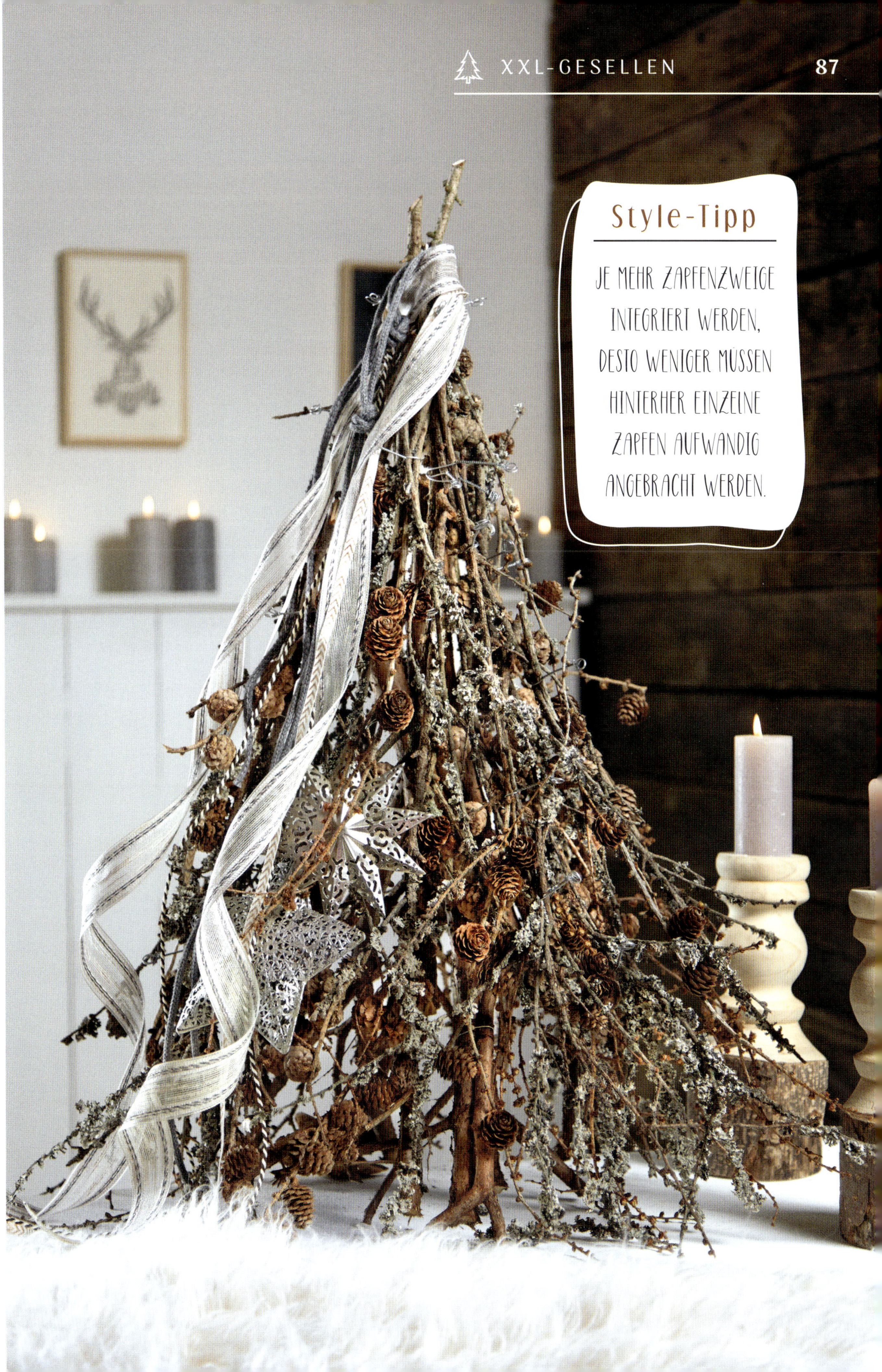

Style-Tipp

JE MEHR ZAPFENZWEIGE INTEGRIERT WERDEN, DESTO WENIGER MÜSSEN HINTERHER EINZELNE ZAPFEN AUFWANDIG ANGEBRACHT WERDEN.

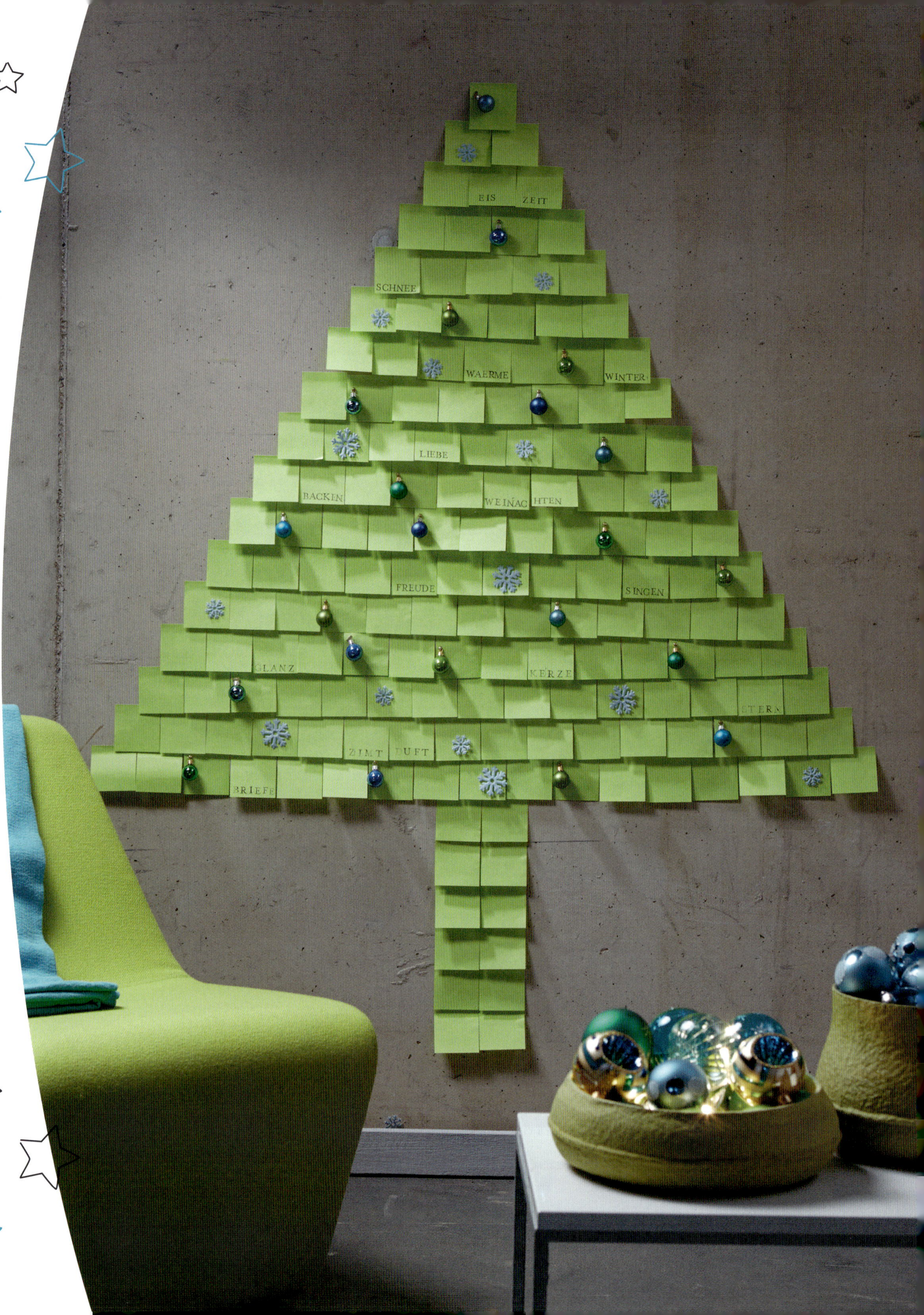
EIS
ZEIT
SCHNEE
WAERME
WINTER
LIEBE
BACKEN
FREUDE
SINGEN
GLANZ
KERZE
ZIMT
BRIEFE

Das wird benötigt

Stempel ☆ Stempelkissen ☆ selbstklebende Notizzettel ☆ Deko-Schneeflocken ☆ kleine Christbaumkugeln ☆ Briefklammern ☆ doppelseitiges Klebeband

1

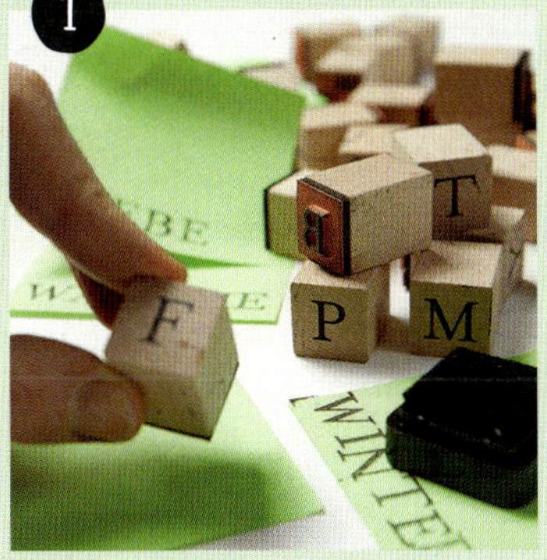

2

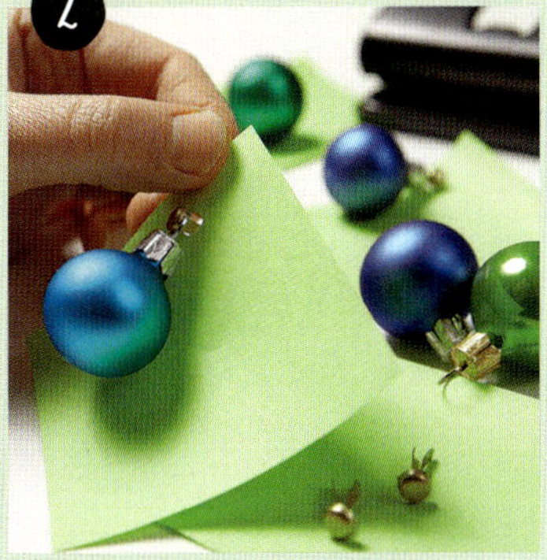

3

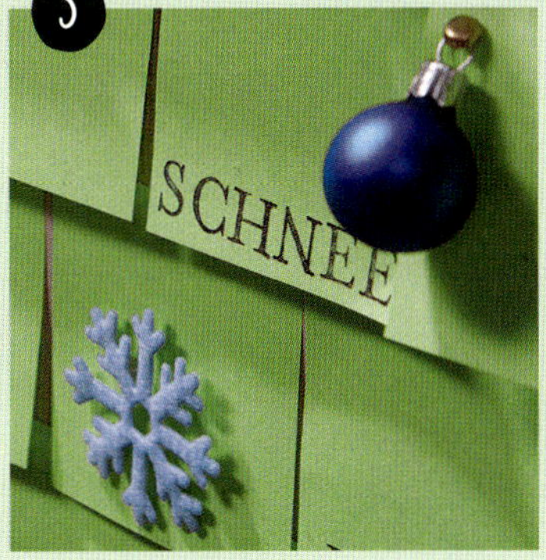

So wird's gemacht

1. Einige der Notizzettel mit einem Wort oder einer Botschaft wie zum Beispiel „Winter" oder „Frohe Weihnachten" bestempeln.

2. Dann mithilfe von Briefklammern kleine Christbaumkugeln an einigen der Notizzettel befestigen.

3. Die Notizzettel in einer Baumform an die Wand kleben und zwischendurch Deko-Schneeflocken anbringen. Damit die Zettel nicht von der Wand fallen, bietet es sich an, sie zusätzlich noch mit etwas doppelseitigem Klebeband an der Rückseite zu fixieren.

SCHWEBENDE EXEMPLARE

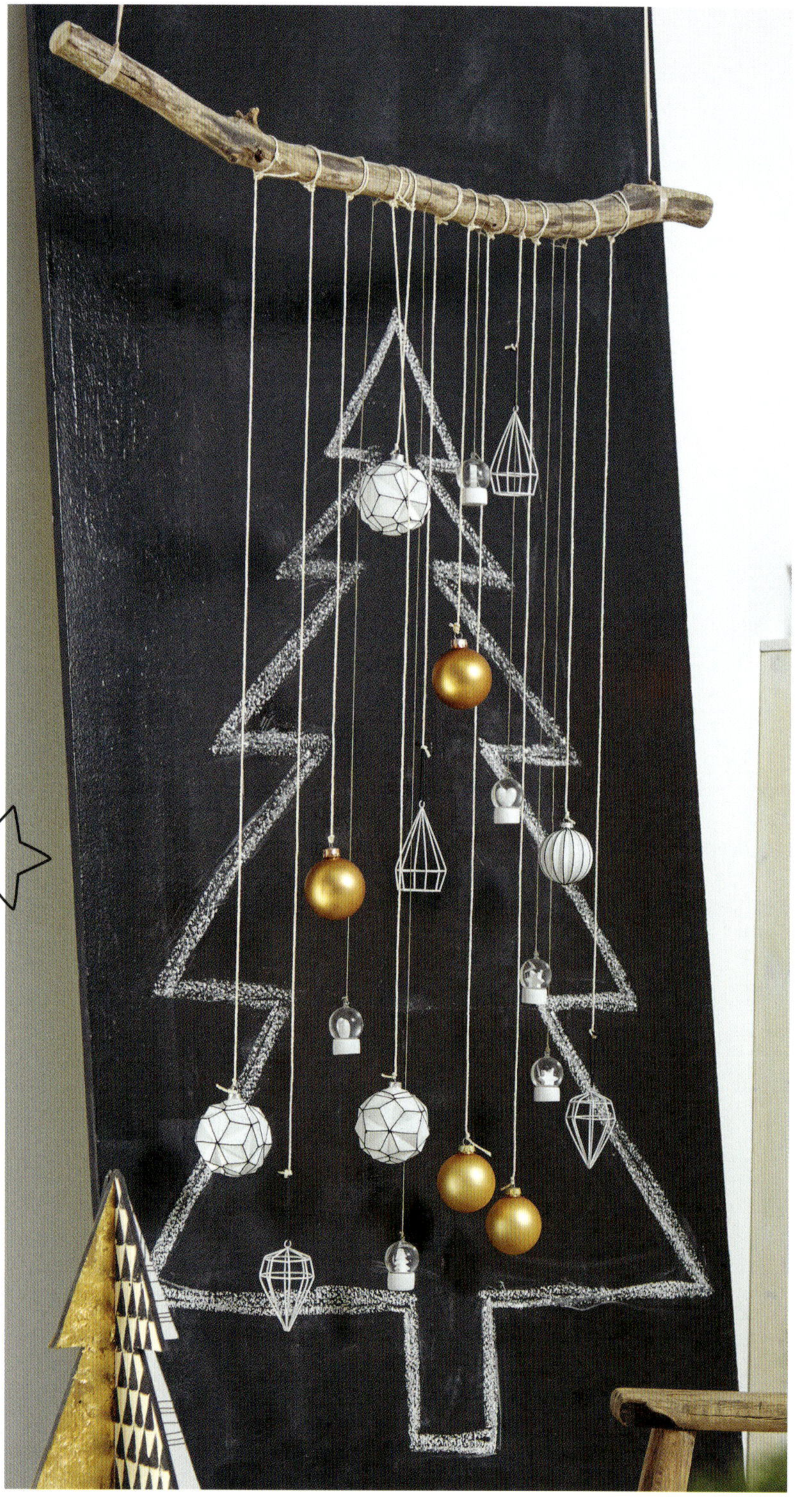

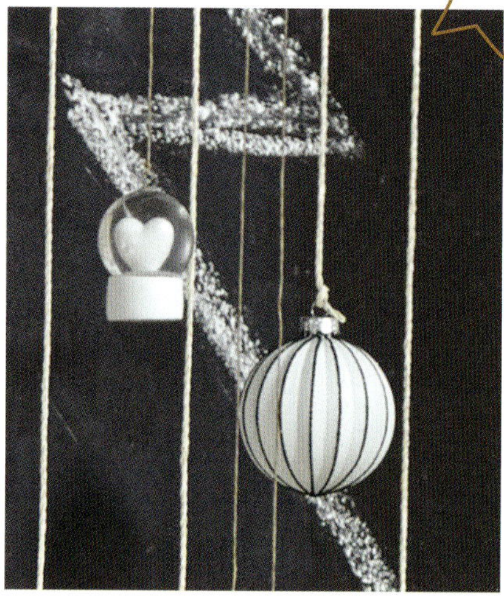

Links: Im Nu entsteht dieser Wandschmuck. Der Baum wird mit Kreide auf ein mit Tafellack bemaltes Holzbrett gezeichnet. Davor schwebt ein an der Decke befestigter Ast, woran mit Kordel in verschiedenen Längen aufgehängter Weihnachtsschmuck baumelt. Im Kontrast zur schwarzen Tafel und dem weißen Schmuck stehen die goldenen Christbaumkugeln.

Rechts: Die schwebende Baummetallform zieht alle Blicke auf sich. Ihr Inneres ist mit waagerechten Zweigen durchzogen, die an den Seiten mithilfe von Drilldraht fixiert werden. Daran werden nach Belieben geweißte Zapfen, Kugeln, Bänder sowie eine Lichterkette befestigt.

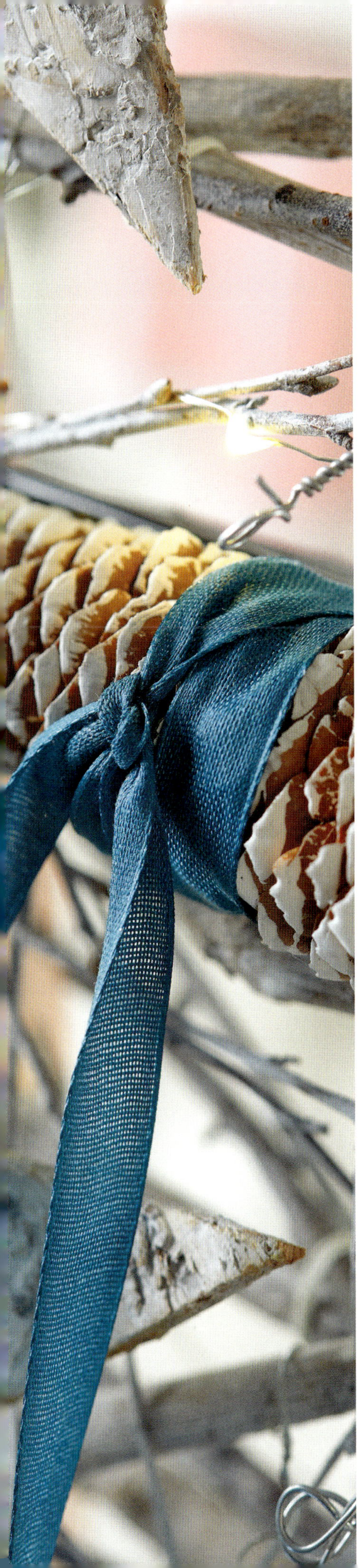

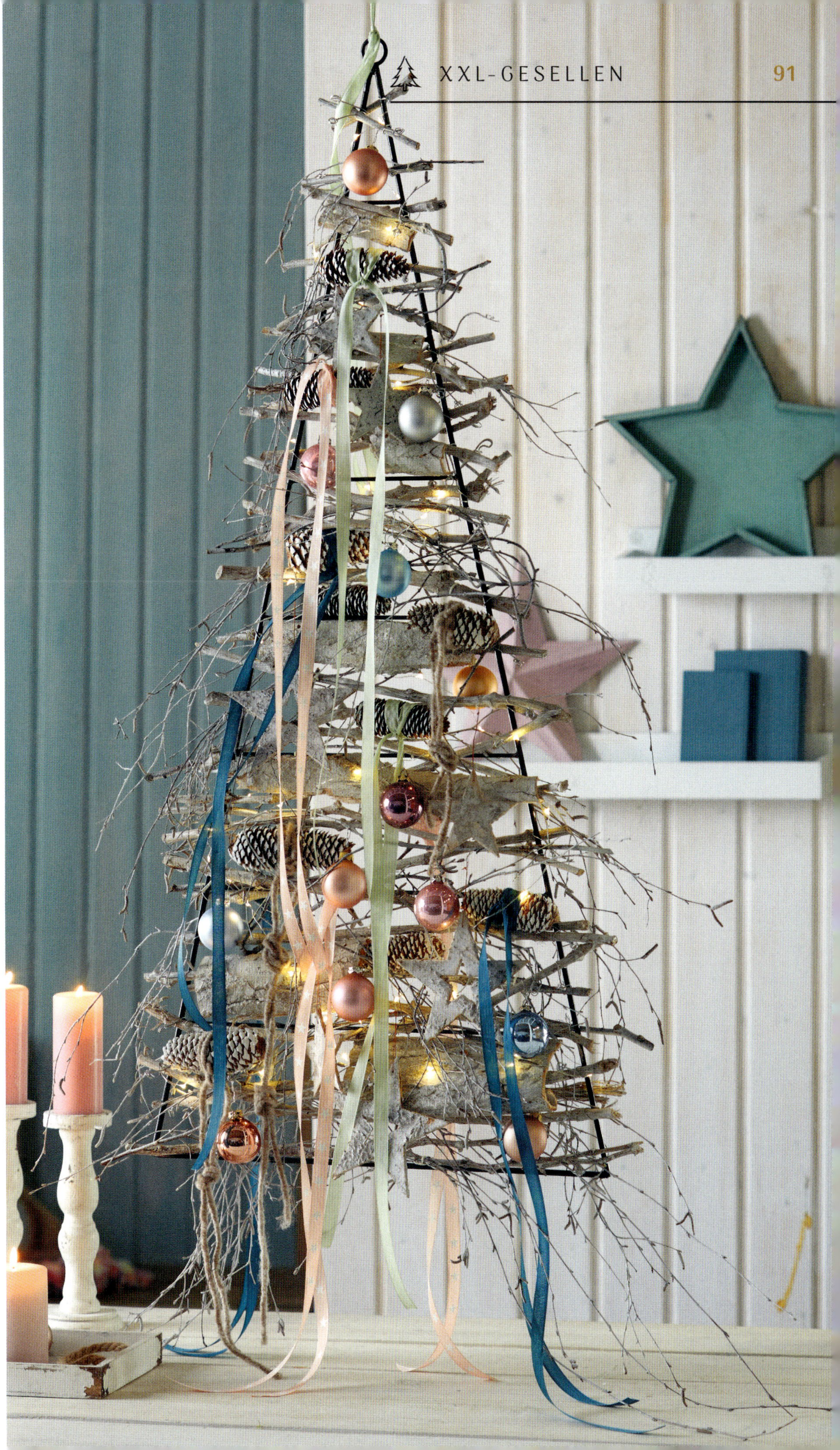

OPULENTER WANDSCHMUCK

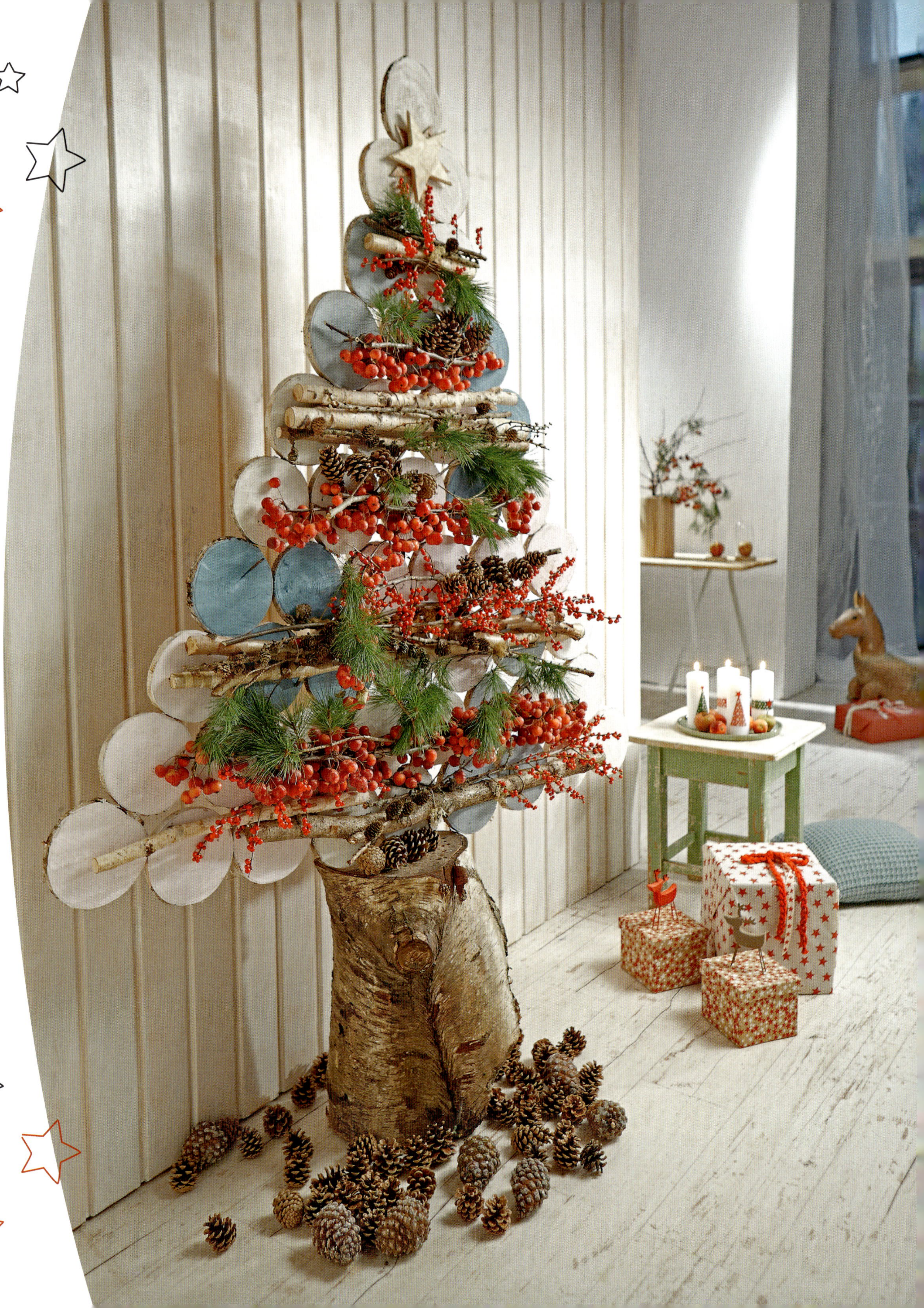

Das wird benötigt

Birkenzweige ✩ Korallen-Stechpalme ✩ Lärchenzapfen ✩ Apfelzweige ✩ Schwarz-Kiefernzweige ✩ Baumstammscheiben ✩ Baumstammstück ✩ Stern ✩ Band ✩ Abtönfarbe ✩ Schrauben ✩ Metallverbinder ✩ Gewindestange ✩ Bohrer

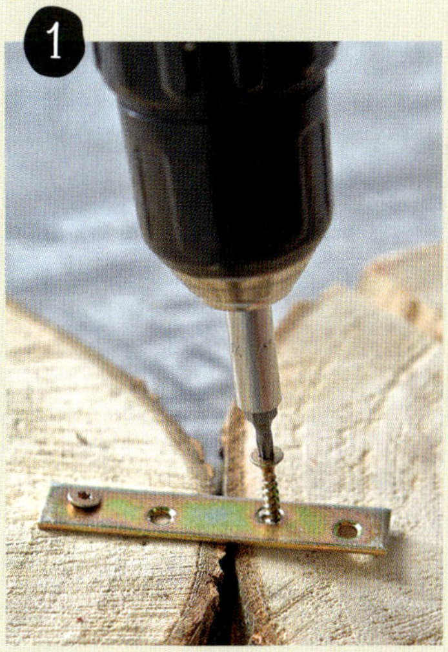

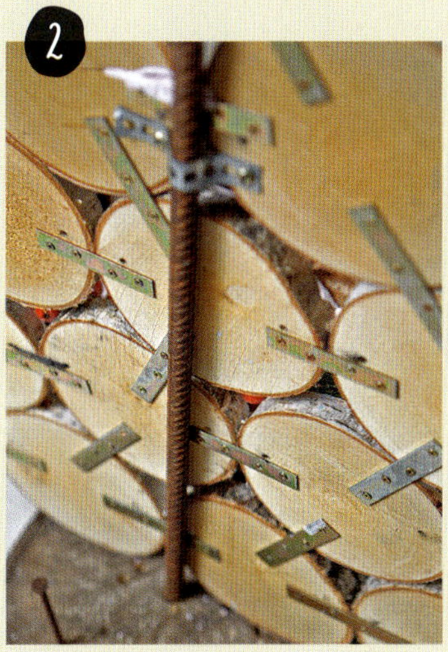

So wird's gemacht

1. Zunächst die einzelnen Baumstammscheiben mit Abtönfarbe streichen und trocknen lassen. Dann mit den Metallverbindern aneinander fixieren, sodass eine Tannenbaumform entsteht.

2. In eine Baumstammscheibe ein Loch hineinbohren und darin eine Gewindestange befestigen, die zur Stabilisierung der aneinander geschraubten Baumstammscheiben dient.

Die verschiedenen Zweige samt Beeren und Zapfen waagerecht an den Baumstammscheiben befestigen und einen Stern an der Spitze anbringen.

ÄSTE IN DER HAUPTROLLE

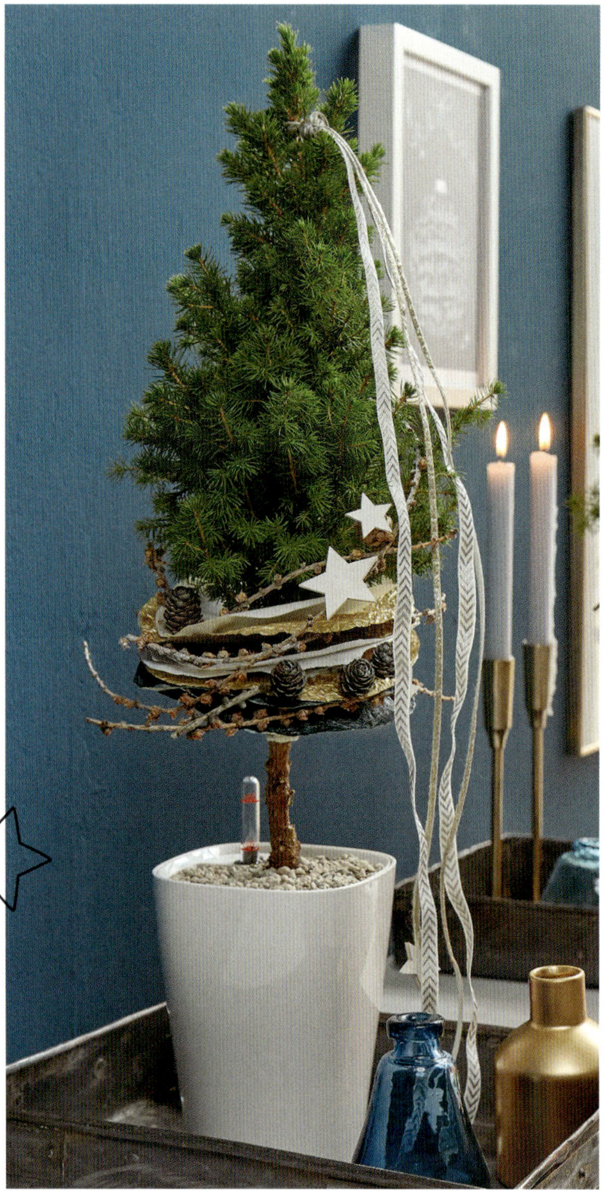

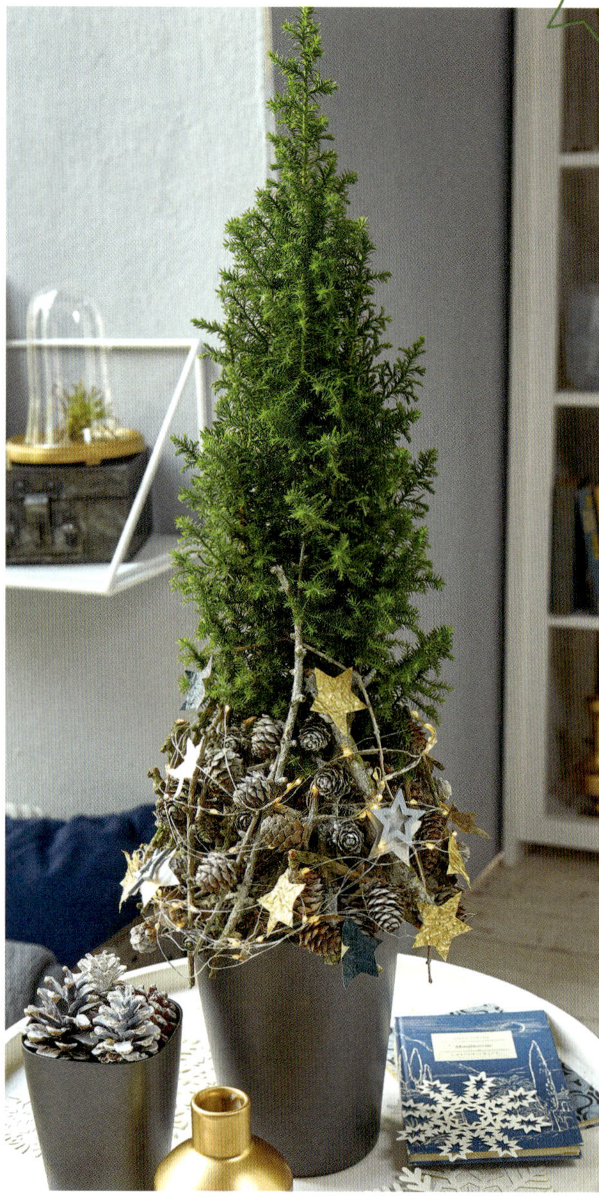

Oben links: Mit wenigen Handgriffen ist diese Bepflanzung in eine weihnachtliche Dekoration gehüllt. Mehrere Ringe aus Papier ausschneiden, um den Fichtenstamm schichten und mit Tackerklammern befestigen. Dazwischen Lärchenzweige, Zapfen und Sterne mit Heißkleber einkleben und an der Spitze des Baumes Band befestigen, das locker hinabfällt.

Oben rechts: Hier bekommt die kleine Scheinzypresse ein besonders festliches Unterkleid. Geweißte Lärchenzweige rund um die Pflanze einstecken und mit Zierdraht aneinander befestigen. Eine Lichterkette dazwischen einweben und Sterne aus Holz sowie Goldpapier nach Belieben rundum aufkleben.

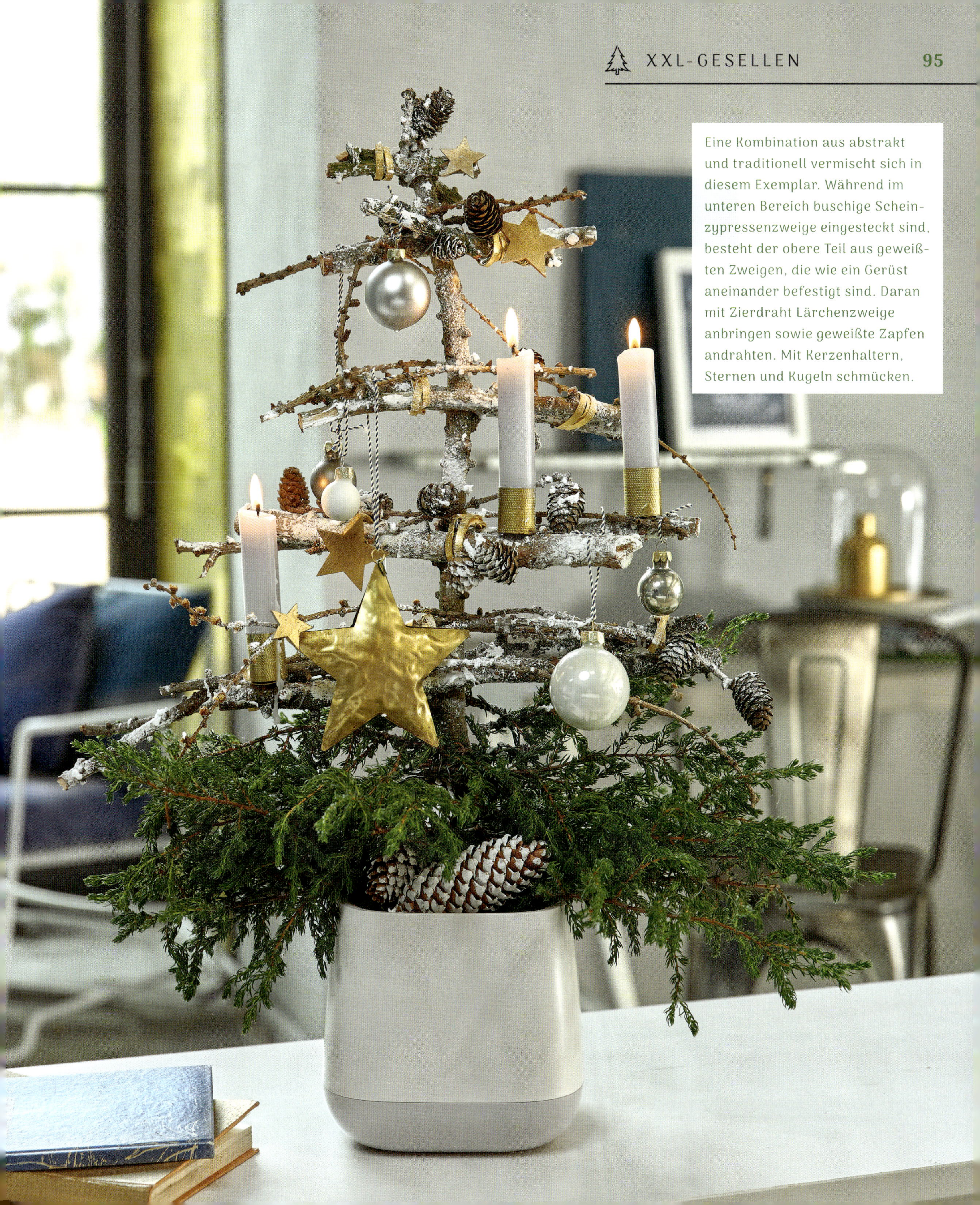

Eine Kombination aus abstrakt und traditionell vermischt sich in diesem Exemplar. Während im unteren Bereich buschige Scheinzypressenzweige eingesteckt sind, besteht der obere Teil aus geweißten Zweigen, die wie ein Gerüst aneinander befestigt sind. Daran mit Zierdraht Lärchenzweige anbringen sowie geweißte Zapfen andrahten. Mit Kerzenhaltern, Sternen und Kugeln schmücken.

PASST IN JEDE ECKE

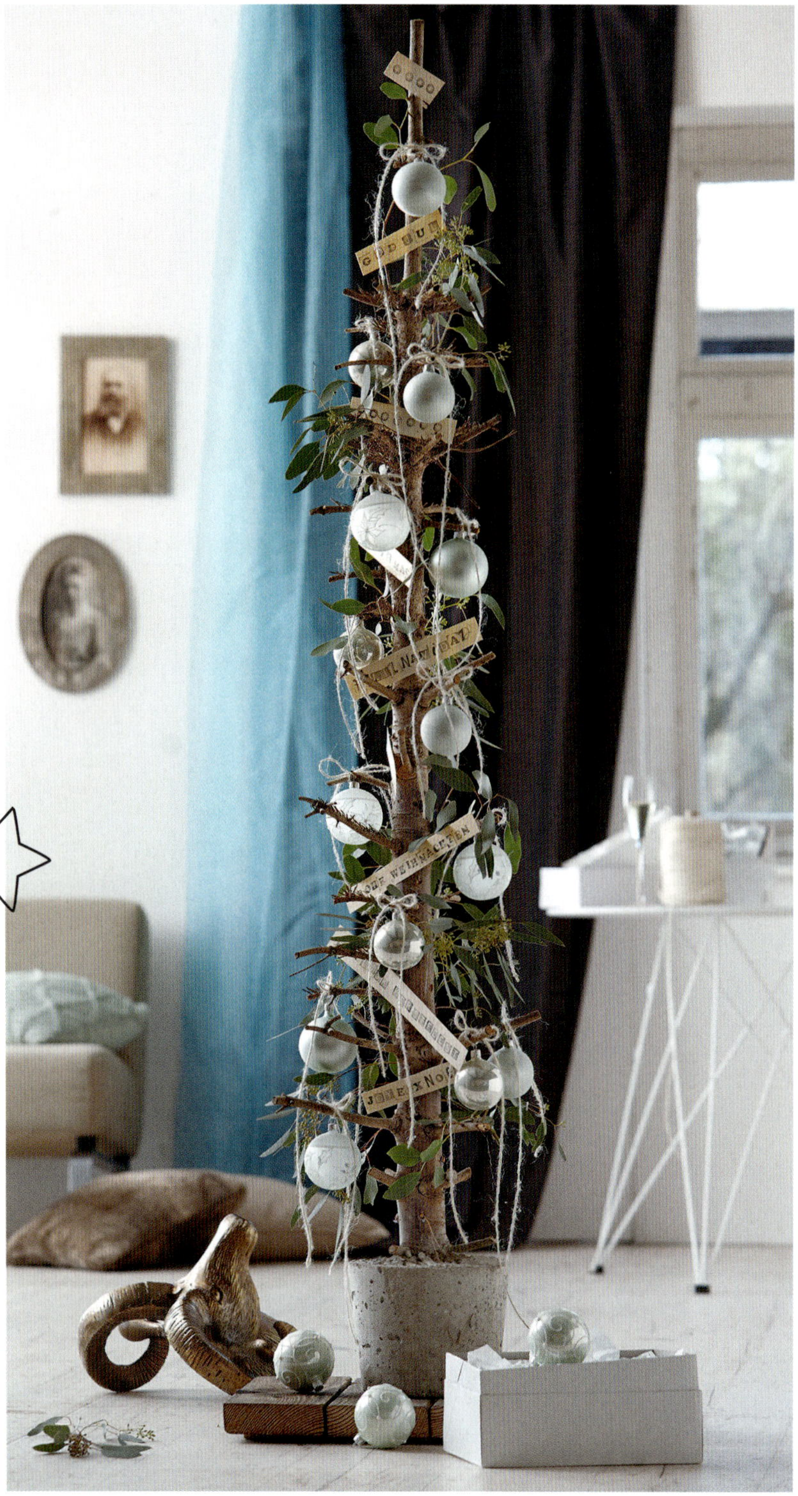

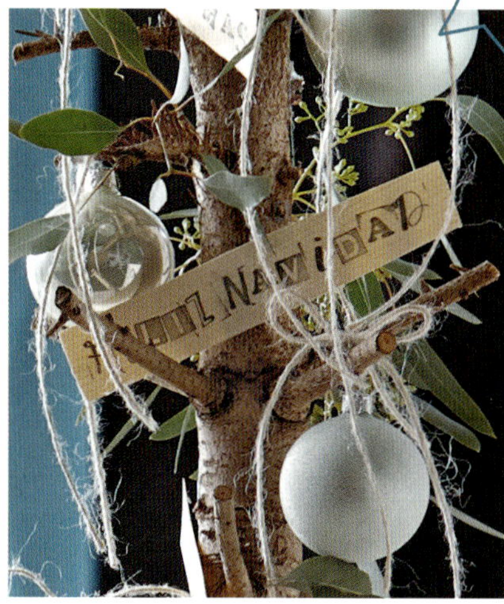

Links: Schmal, aber oho! Dieser Baum bringt die kleinste Ecke zum Strahlen. Der einbetonierte Baumstamm in Form eines mehr oder weniger entasteten Fichtenstammes wird mit Eukalyptuszweigen und Kugeln behängt. Zudem Holzfurniere mit Sprüchen bestempeln und ankleben.

Rechts: Das pyramidale, aus einzelnen Brettetagen bestehende Gestell wird zum alternativen Weihnachtsbaum, indem die einzelnen Latten mit unterschiedlichen Dekorationen bestückt werden, wie zum Beispiel Zapfen, Gläschen für Teelichter und Glasschmuck. Einige kopfüber angebrachte Schlehenzweige sind das einzige Baumattribut.

Style-Tipp

NATÜRLICH KANN DER BAUM DURCH ANDERE DEKORATIONEN EINEN INDIVIDUELLEN FARBAKZENT BEKOMMEN.

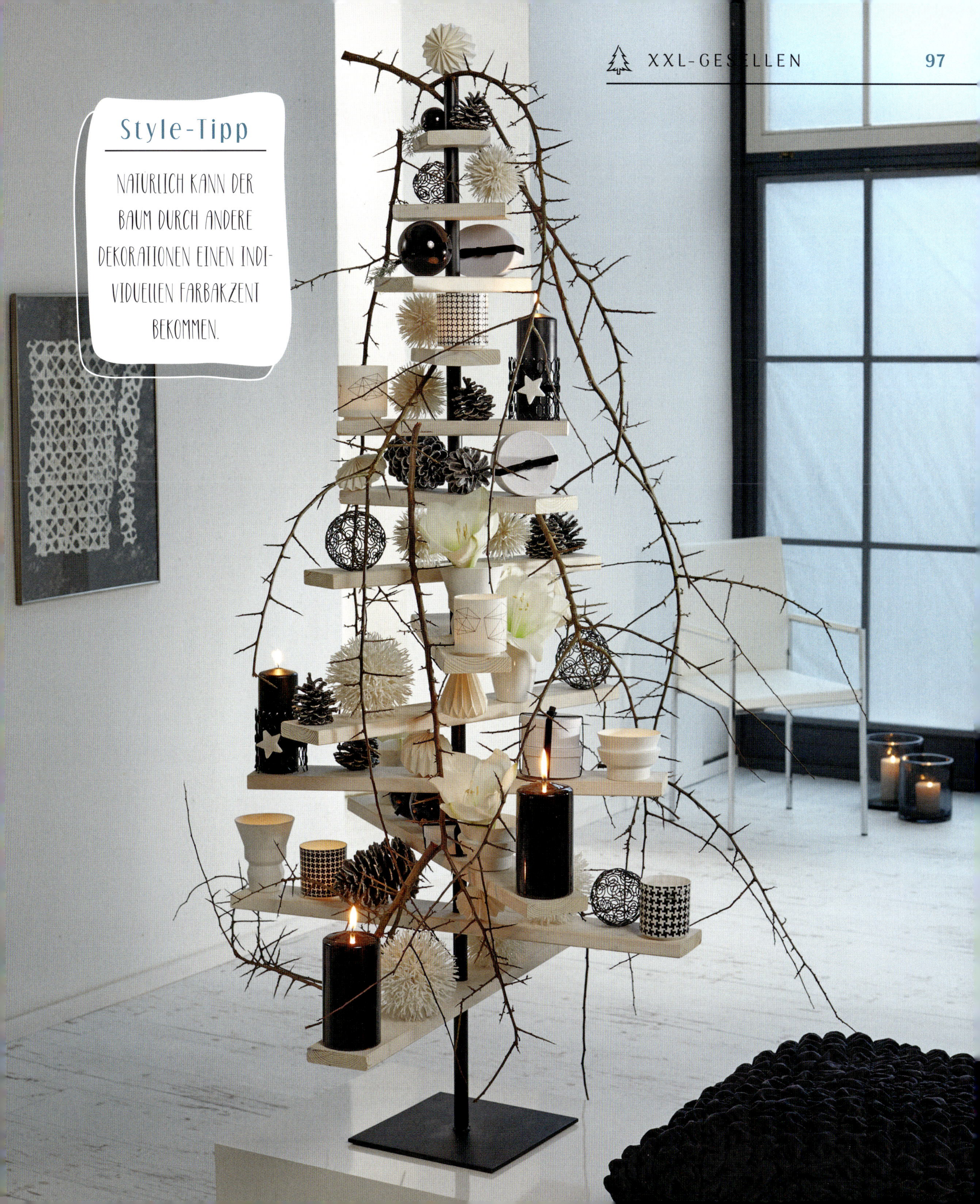

ZWILLINGE AN DER WAND

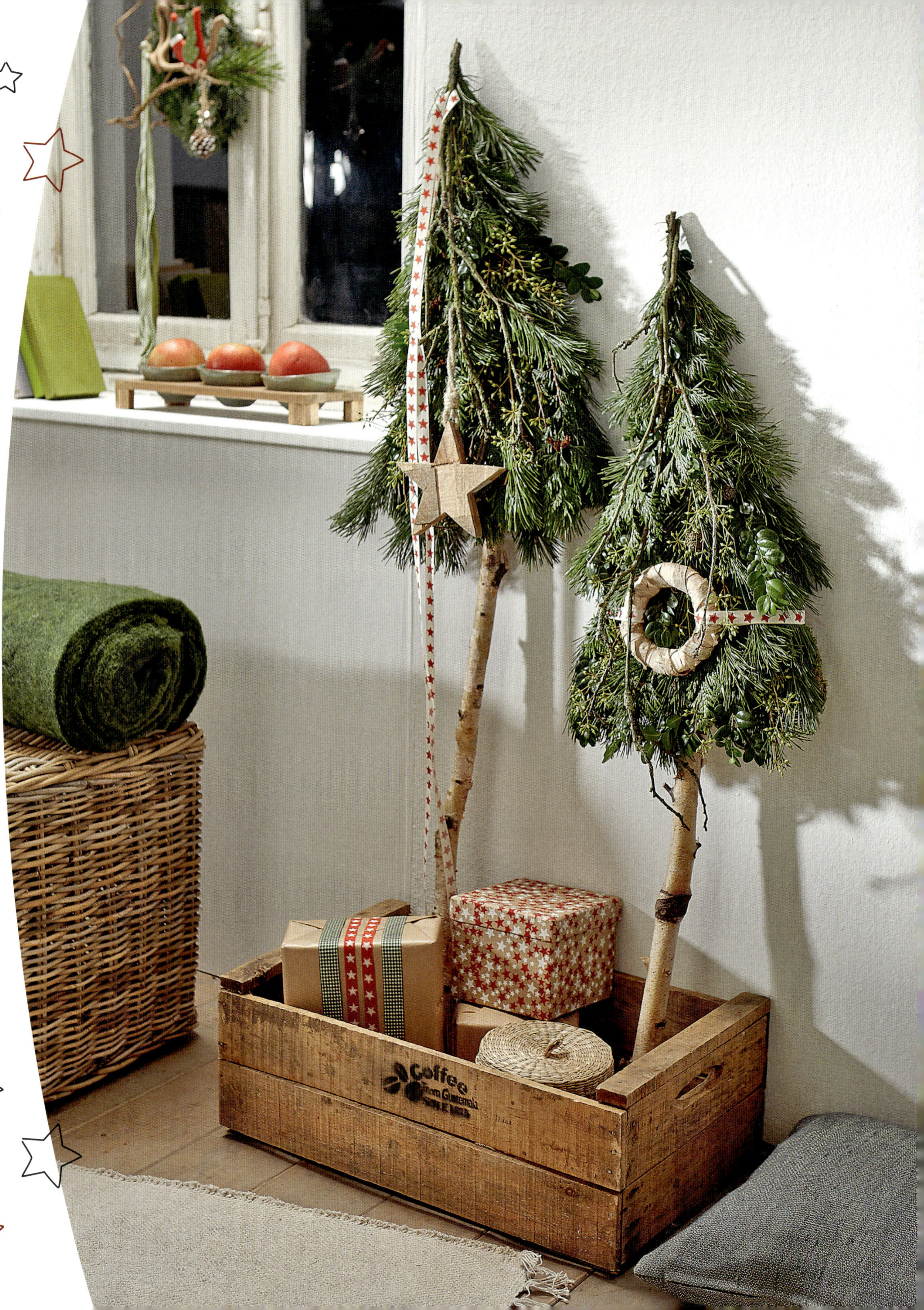

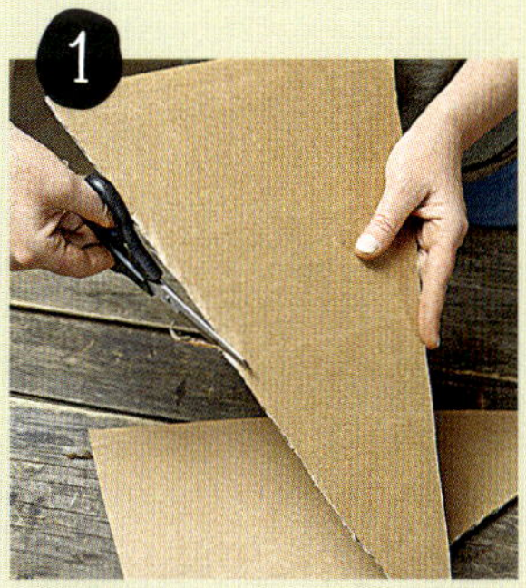

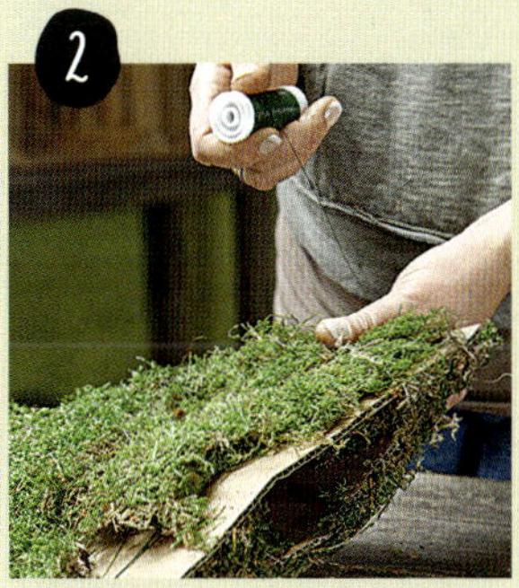

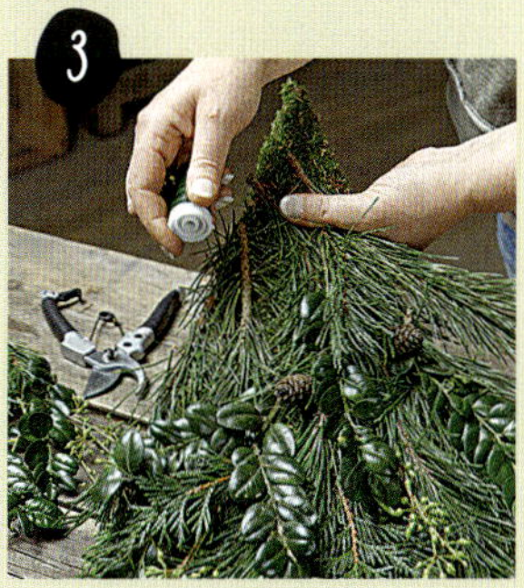

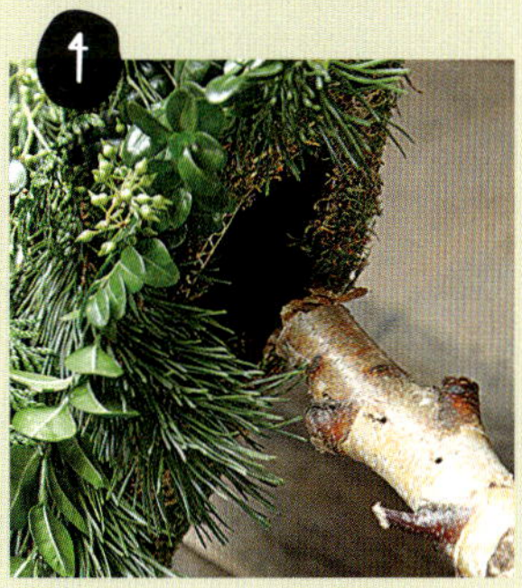

Das wird benötigt

Buchsbaum ✩ Birkenäste ✩ Eukalyptusfrüchte ✩ Apfelzweig ✩ Kiefernzweige ✩ Lebensbaumzweige ✩ Birkenkranz ✩ Moos ✩ Band ✩ Myrtendraht ✩ Heißkleber ✩ Pappe

So wird's gemacht

1. Jeweils zwei spitze Dreiecke aus Pappe ausschneiden und entlang der beiden schrägen Kanten aneinanderkleben, sodass die untere längste Kante offen bleibt sowie die Mitte, da hier später der Stamm eingeführt wird. So werden die kleinen Wandbäume stabiler.

2. Mithilfe von Myrtendraht die Pappe rundherum mit Moos bewickeln.

3. Verschiedene Grünartenzweige aufwickeln, dabei von der Grundlinie aus beginnen und nach oben hin schmaler in die Spitze hineinarbeiten.

4. Dann einen dickeren Birkenast zwischen die beiden Pappdreiecke von unten einschieben und mit Draht fixieren. Nach Belieben den einen Baum mit einem Birkenkranz und Bändern schmücken, den anderen mit einem Holzstern. Beide in einer Holzkiste stehend an die Wand gelehnt aufstellen.

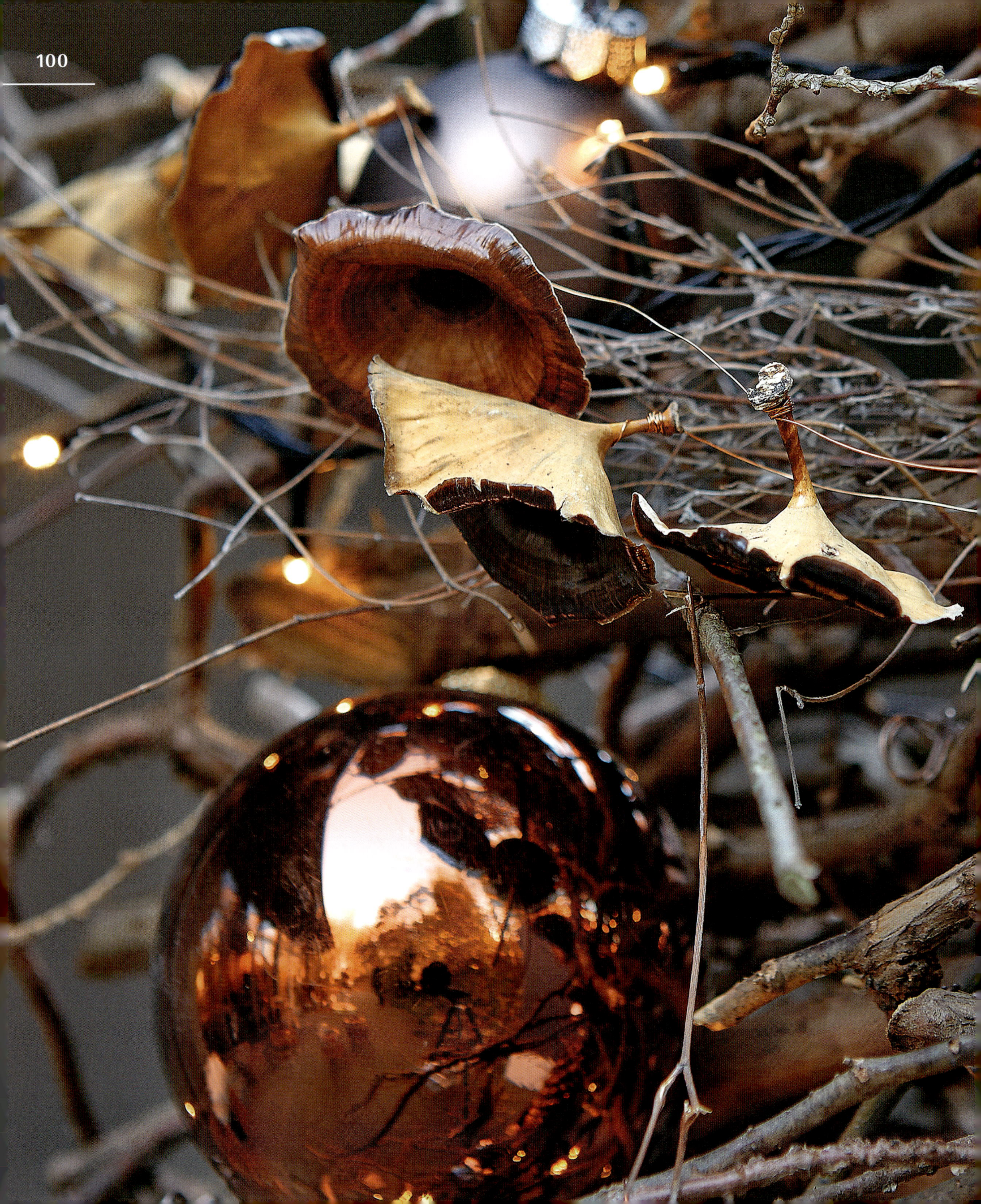

VARIANTEN IM FREIEN

Dekorative Bäume für Balkon und Terrasse

Weihnachten findet nicht nur in unseren eigenen vier Wänden statt, sondern auch auf Balkon und Terrasse, im Garten und im Eingangsbereich. Getreu dem Motto „Weihnachten steht vor der Tür" dekorieren wir auch die Außenflächen und sorgen damit für Glanz in der dunklen Jahreszeit. Mit speziellen Outdoor-Lichterketten, vereinzeltem Schmuck, kleinen und großen Bepflanzungen sowie selbst kreierten Dekorationen verwandeln sich unsere Freilichtwohnzimmer in ein Winterwunderland. Und wenn dann auch noch die ersten Schneeflocken fallen, ist alles perfekt für das schönste aller Feste.

ZAPFENBÄUME IM SCHNEE

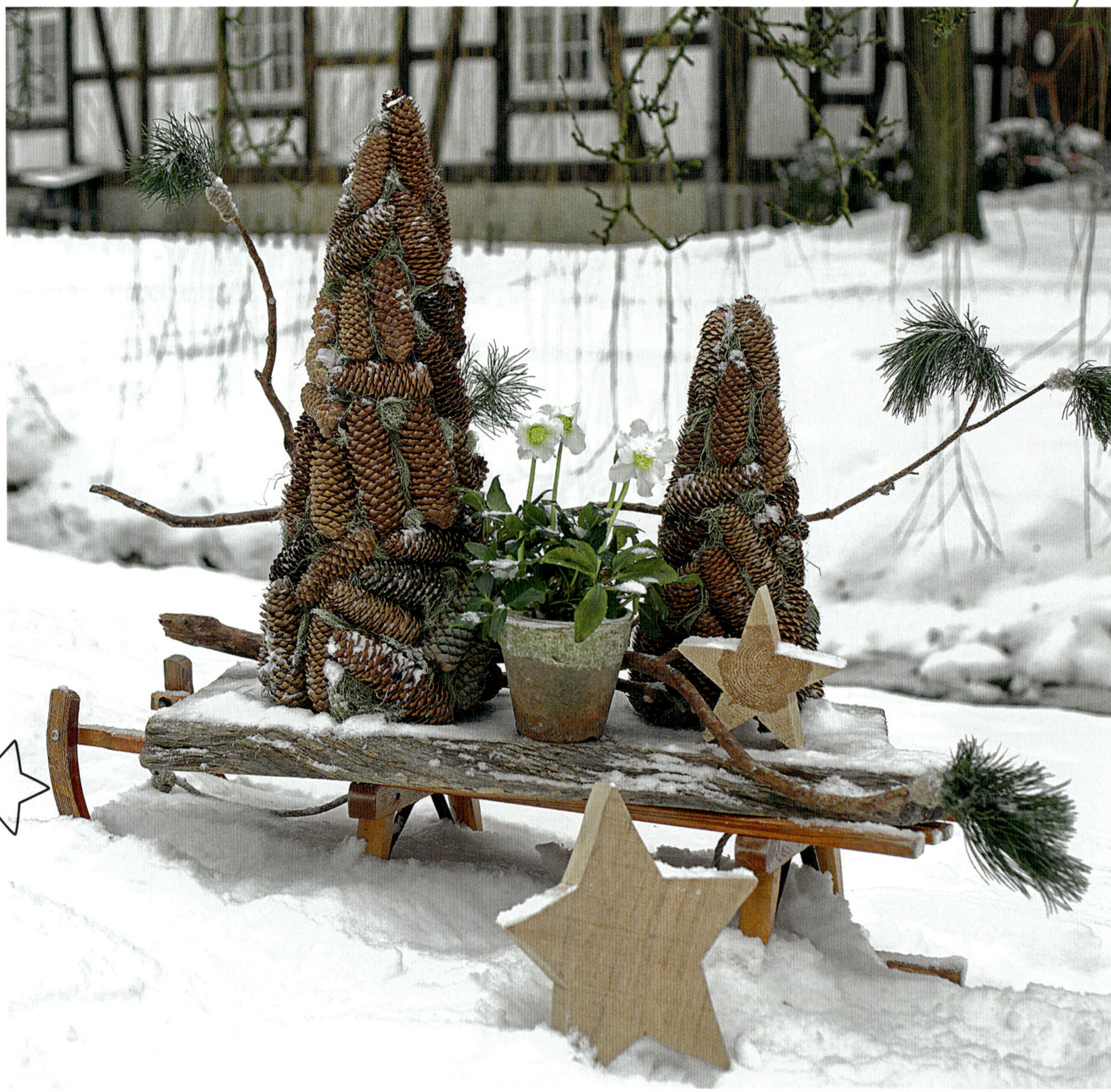

Oben: Für diese Exemplare jeweils einen Trockenblumensteckschaum-Kegel mit Zapfen bekleben und die Lücken mit Moos füllen. Ein Holzschlitten ist das perfekte Podest. Dort finden nicht nur die Bäumchen Platz, sondern auch eine Christrosenpflanze und rustikale Holzsterne.

Rechts: Hier werden ausrangierte Bäume zu Kunstobjekten. Dafür den bis auf kurze Stummel entasteten Stamm jeweils in einen Eimer mit Beton setzen und aushärten lassen. Die Äste nun mit Zapfen oder aber unter anderem mit Meisenknödeln, Sternen, Kiefernzweigen und Beeren schmücken.

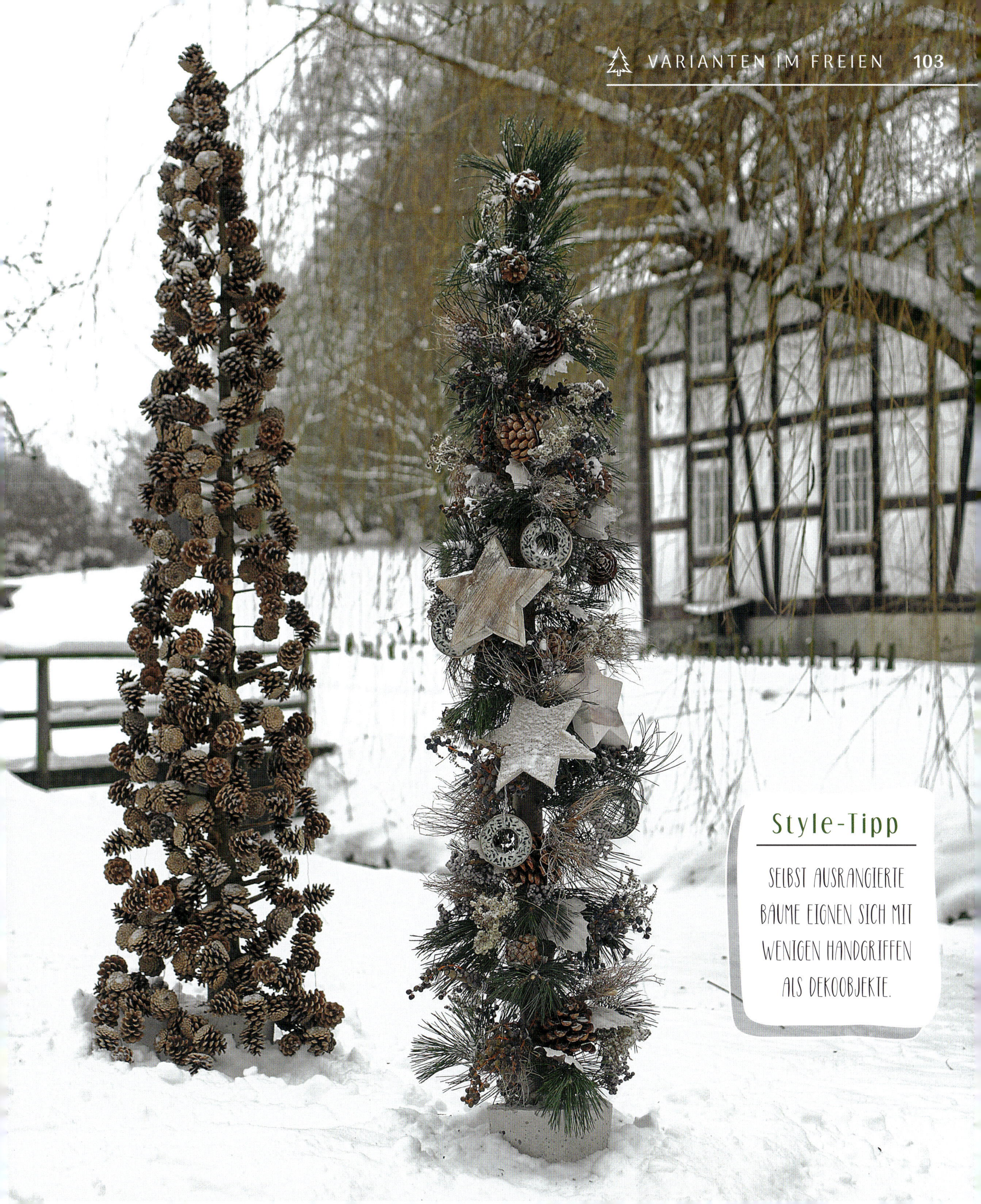

Style-Tipp

SELBST AUSRANGIERTE BÄUME EIGNEN SICH MIT WENIGEN HANDGRIFFEN ALS DEKOOBJEKTE.

ZWEIGE ALS GERÜST

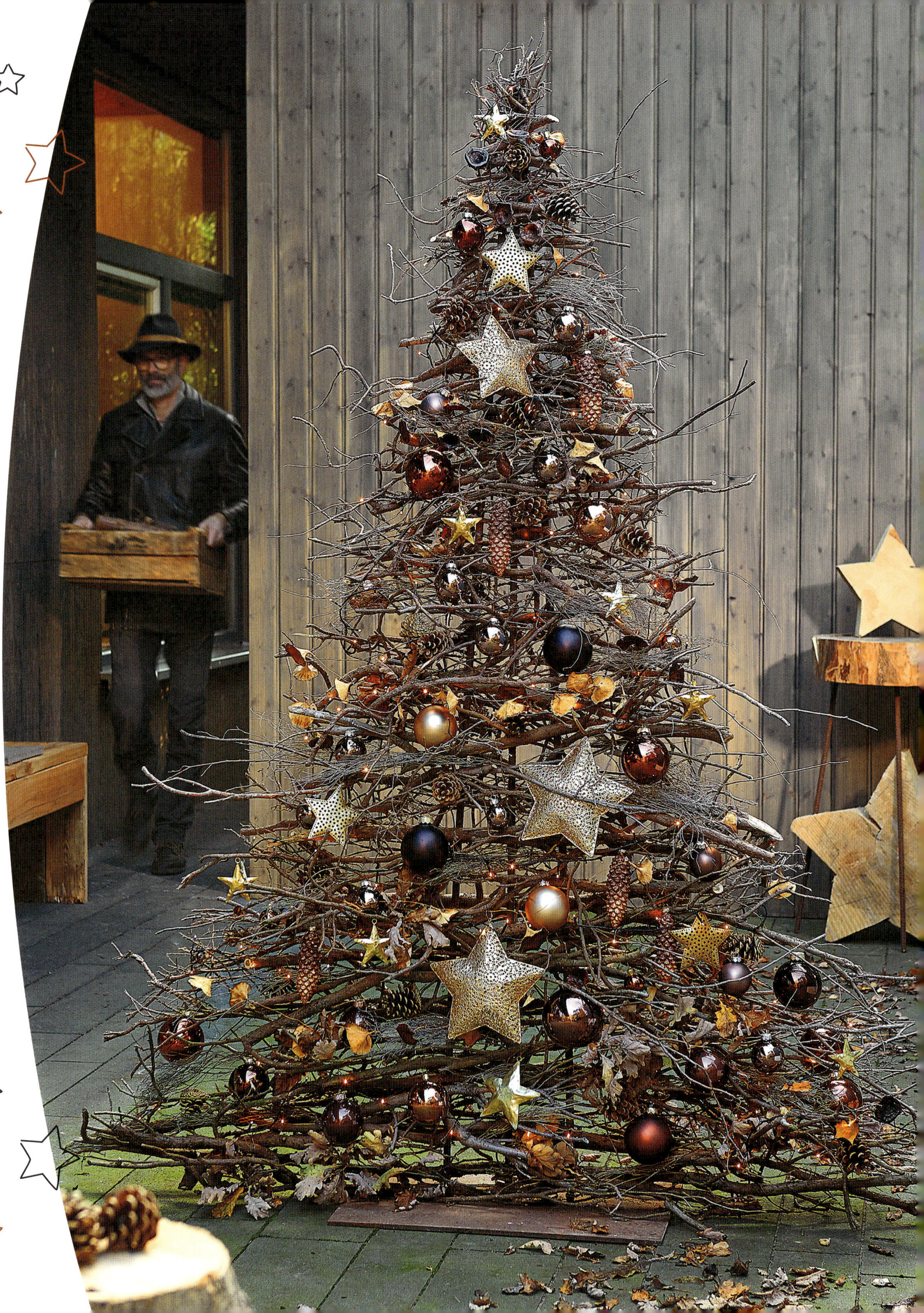

Das wird benötigt

Schwarz-Kiefernzweige ☆ Eichenzweige ☆ Abendländische Lebensbaumzweige ☆ Zapfen ☆ Sterne ☆ Metallständer ☆ Glasschmuck ☆ Drilldraht ☆ Drillapparat ☆ Outdoor-Lichterkette

1
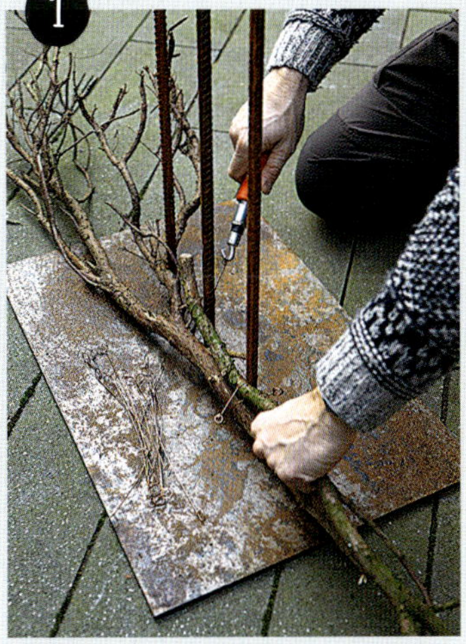

2
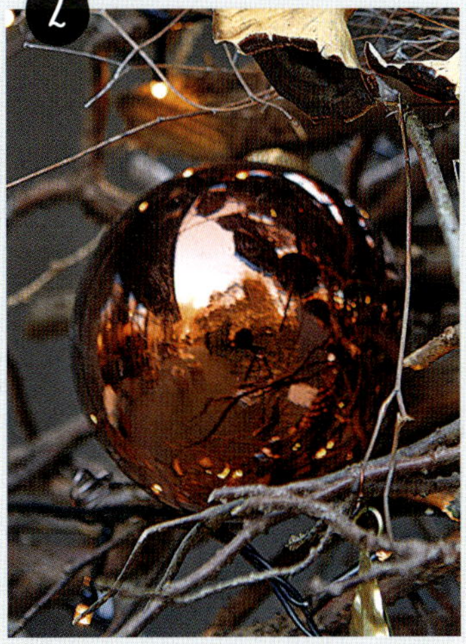

So wird's gemacht

1. Die unterschiedlichen Zweige quer an den Metallständer anlegen und mithilfe von Drilldraht fixieren. Diesen Vorgang mehrmals wiederholen und dabei nach oben hin immer schmaler werden, bis eine Baumform entstanden ist.

2. Die Lichterkette anbringen und verschiedene Glasschmuckelemente, Sterne und Zapfen an die Zweige hängen.

FUTTERQUELLE FÜR VÖGEL

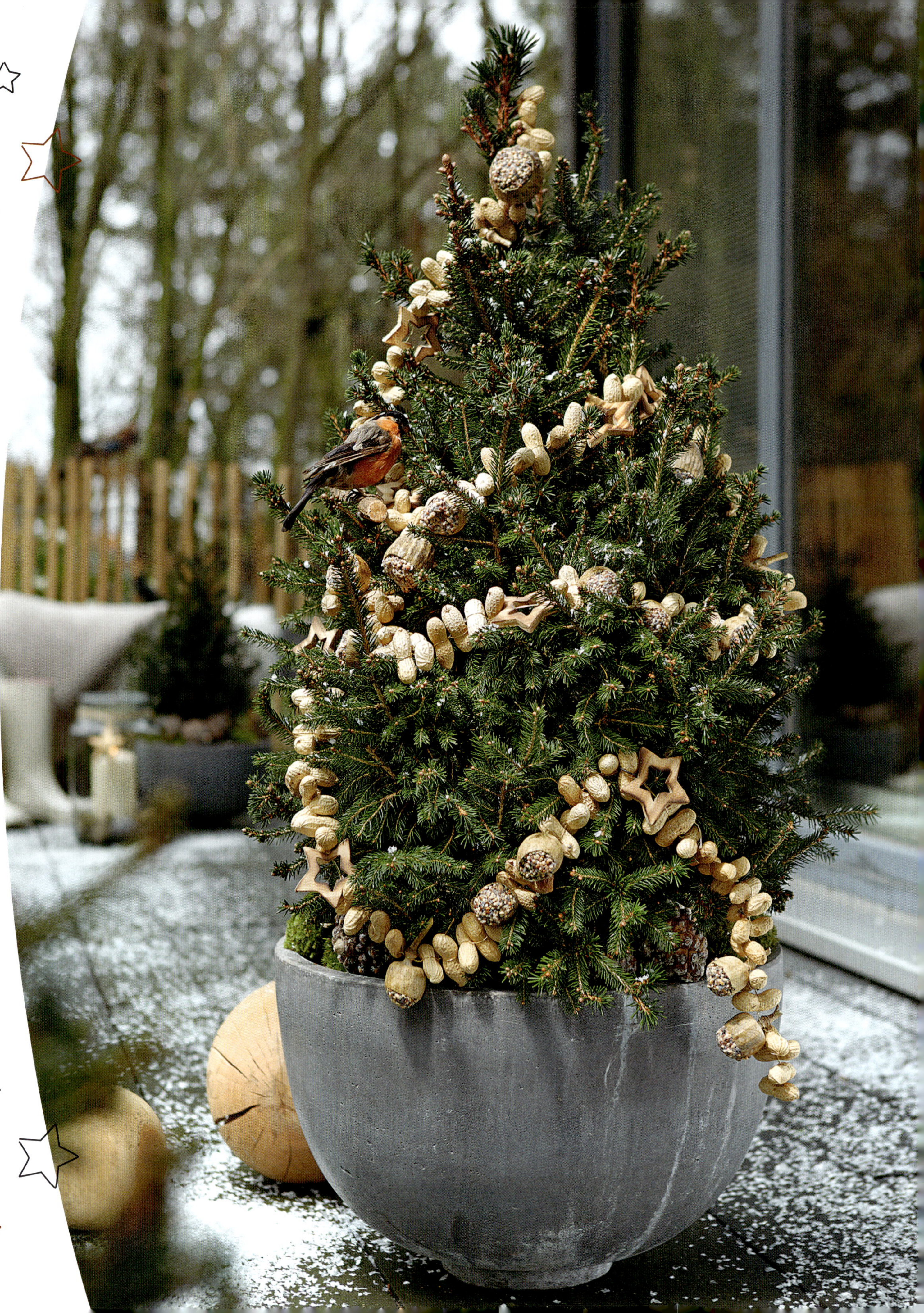

Das wird benötigt

Fichte ✩ trockene Mohnkapseln ✩ Pinienzapfen ✩ Erdnüsse ✩ Zierdraht ✩ Streusterne ✩ Vogelfutter ✩ Kokosfett ✩ Messer

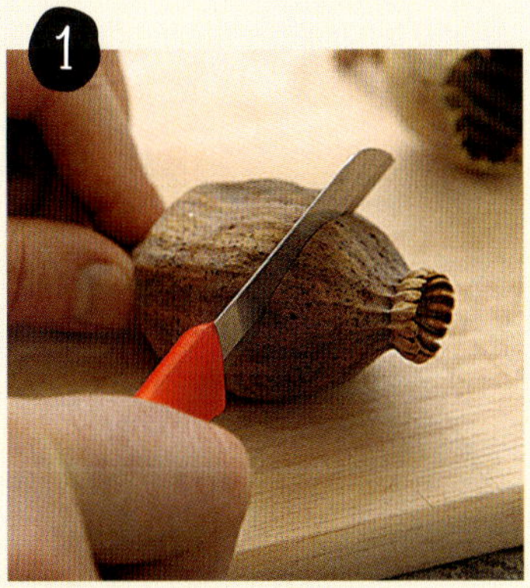

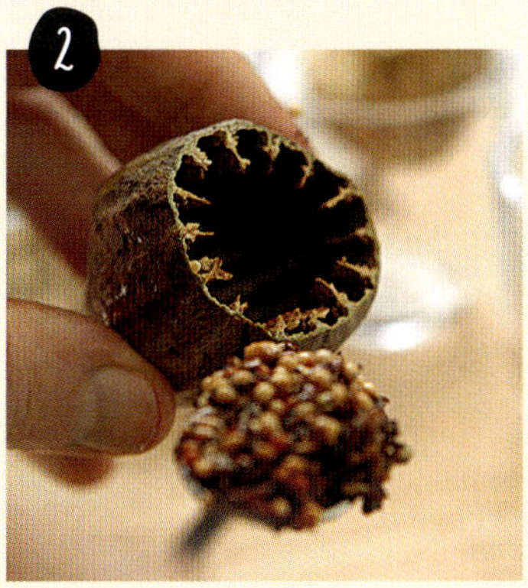

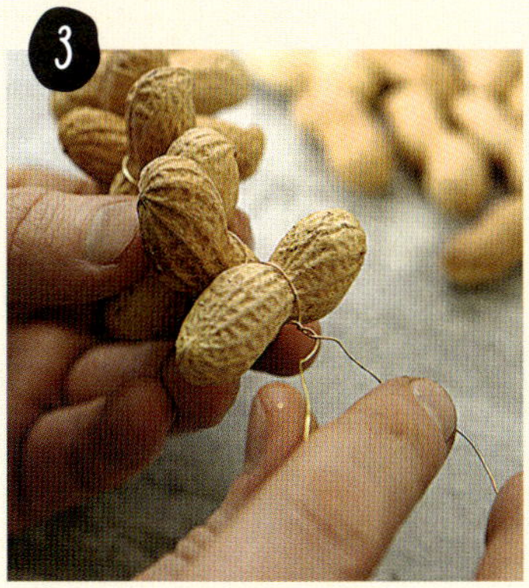

So wird's gemacht

1. Dass Baumschmuck nicht nur schön, sondern auch ein Nahrungsmittel für Vögel sein kann, zeigt dieser Baum. Dafür die getrockneten Mohnkapseln oben aufschneiden.

2. Kokosfett schmelzen und mit Vogelfutter vermengen. Dieses Gemisch in die Mohnkapseln füllen und aushärten lassen.

3. Danach Erdnüsse, Mohnkapseln und Sterne in beliebiger Reihenfolge an Zierdraht befestigen und diesen zu einer Girlande verdrehen. Diese Girlande in die kleine Fichte einarbeiten und Zapfen auf den Topfrand legen.

UMWICKELTE TÖPFE

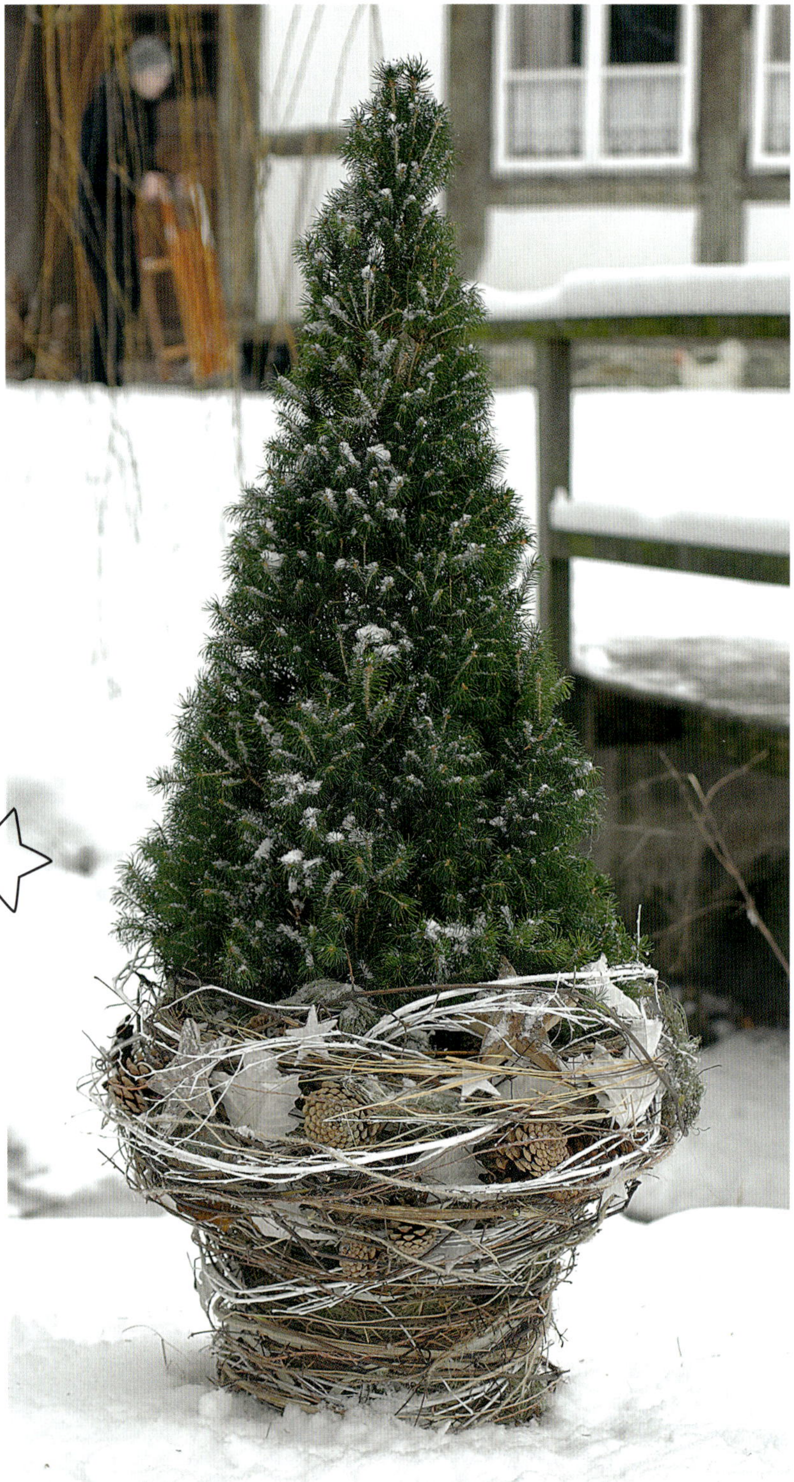

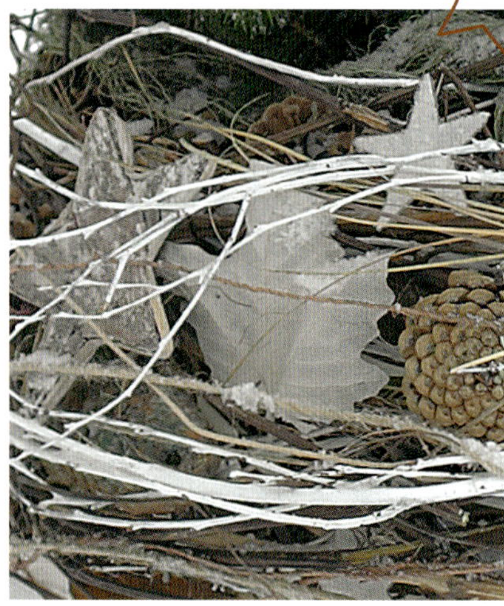

Links: Dieses Bäumchen trägt zwar keinen Schmuck, hat aber einen auffälligen Topf. Dafür das Gefäß mit Maschendraht umwickeln, den Rand wulstig arbeiten und Rebenbindedraht sowie Ranken befestigen. Den unteren Bereich mit Moos und getrockneten Gräsern abdecken. Oben Laub, Sterne und Co. einsetzen. Dann alles mit Rebenbindedraht, Ranken und geweißten Zweigen überziehen.

Rechts: Viel Charme versprüht dieses kleine Kerlchen. Sein Topf ist dabei eine Besonderheit. Er besteht aus zu einem Gefäß geformtem Wickeldraht, der mit Gras, Laub, Zapfen und mehr versehen wird.

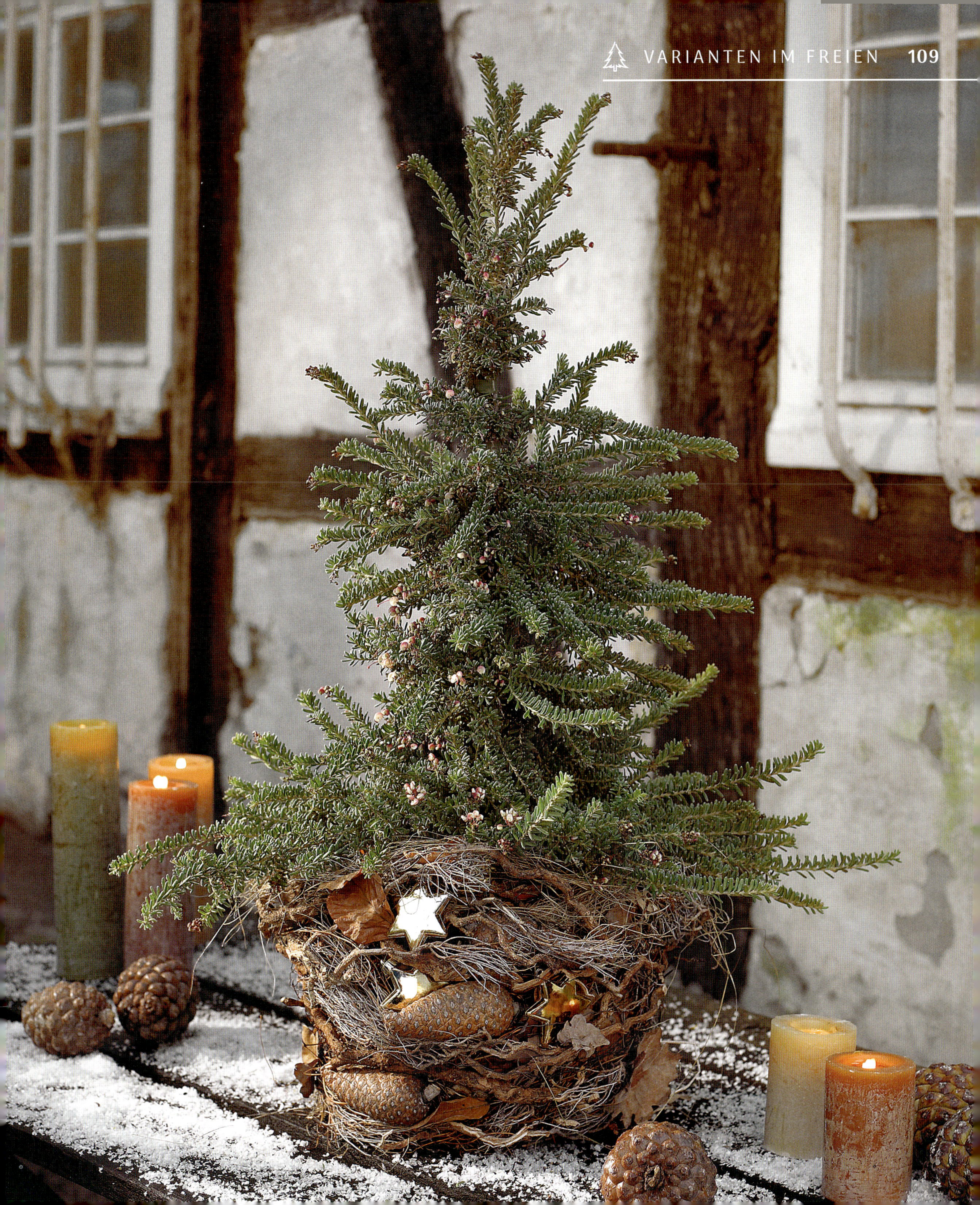

LÄSSIGER GESELLE

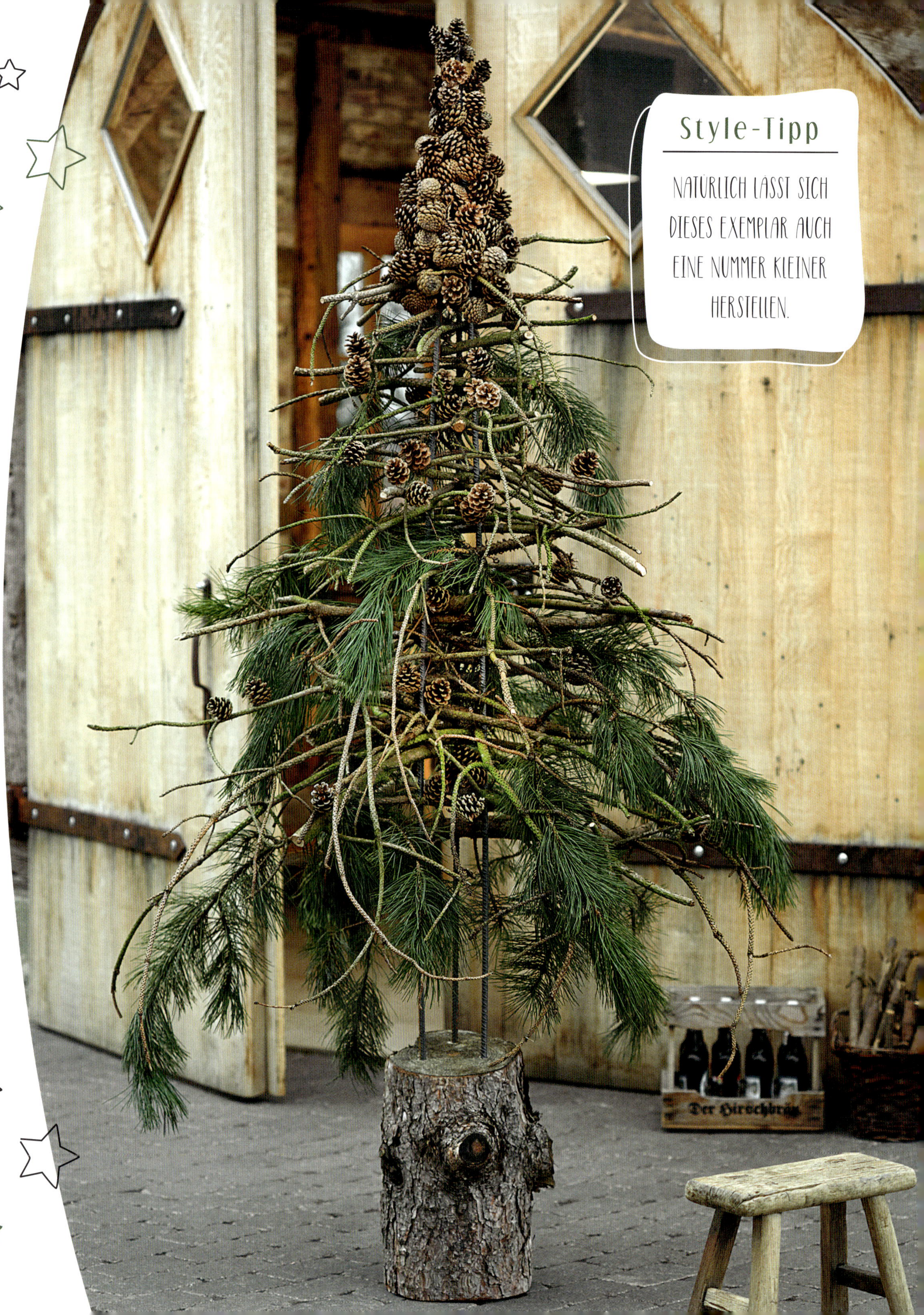

Style-Tipp

NATÜRLICH LÄSST SICH DIESES EXEMPLAR AUCH EINE NUMMER KLEINER HERSTELLEN.

Das wird benötigt

Baumstammstück ✩ Kiefernzweige ✩ Kiefernzapfen ✩ Monireisenstangen ✩ Drilldraht ✩ Drillapparat ✩ Wickeldraht ✩ Holzbohrer

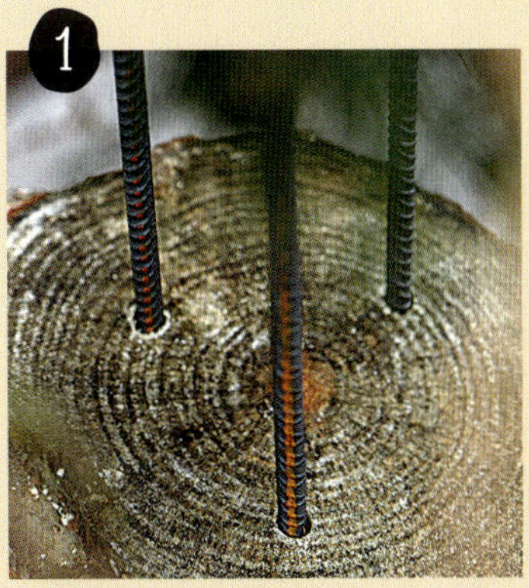

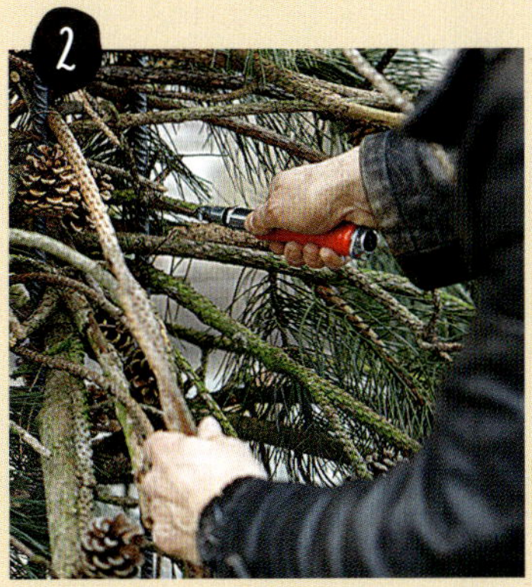

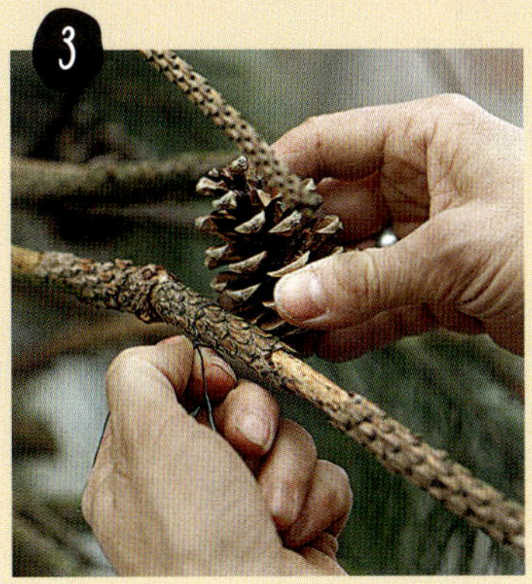

So wird's gemacht

1. Zunächst Löcher für die Monireisen in das Baumstammstück bohren und die Stangen als Gestell einstecken.

2. Zweige in verschiedenen Größen und Längen so miteinander verdrillen, dass sie – zunächst am Gestell und später auch aneinander – Halt bekommen und noch dazu eine Baumform ergeben.

3. Wickeldraht an den Zapfen befestigen und sie als natürlichen Schmuck an den mal langen, mal etwas kürzeren oder herabhängenden Zweigen fixieren. Auch die Baumspitze mithilfe von Draht mit Zapfen schmücken.

ÄSTE MAL ANDERS

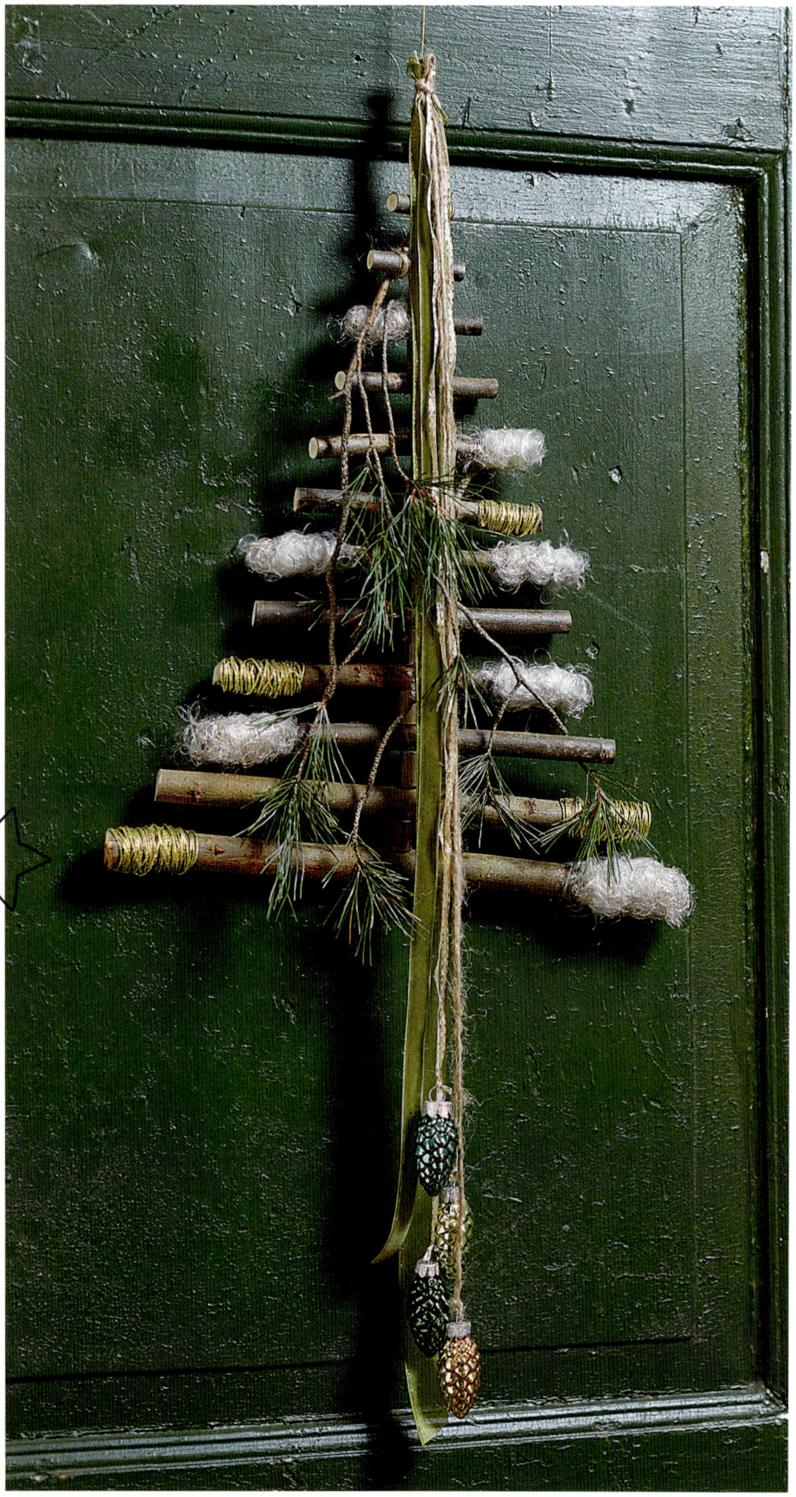

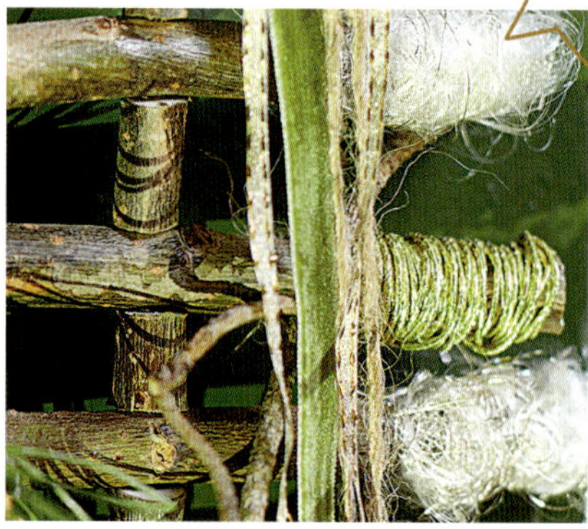

Links: Schon an der Tür empfängt uns ein Weihnachtsbaum. Dafür Äste so zuschneiden, dass die Stücke nach und nach immer kürzer werden. Jeweils mittig durchbohren. Des Weiteren in der Anzahl der waagerechten „Äste" kurze, ca. zwei Zentimeter lange Abstandshalter zurechtschneiden, die in der Länge durchbohrt werden. Dann die Abschnitte sowie die Äste immer abwechselnd auf Aluminiumdraht fädeln. Einige Astenden mit Papierwickeldraht oder Engelshaar betonen. Kiefernzweig mit Bändern und Schnur samt Glasschmuck anknoten.

Rechts: Er hat eine Baumform, ist aber trotzdem ein individueller Geselle. Einen dicken Ast in den Baumständer einsetzen. Äste waagerecht anschrauben. Dünnere Äste an der Spitze mithilfe von Drilldraht anbringen, dann Kiefernzweige, Äpfel und Ilexbeerenzweige einarbeiten und die Spitze mit einem Pappstern schmücken. Zudem mit Konifere bewickelte Wellendrahtringe mit weiteren Schmuckelementen befestigen.

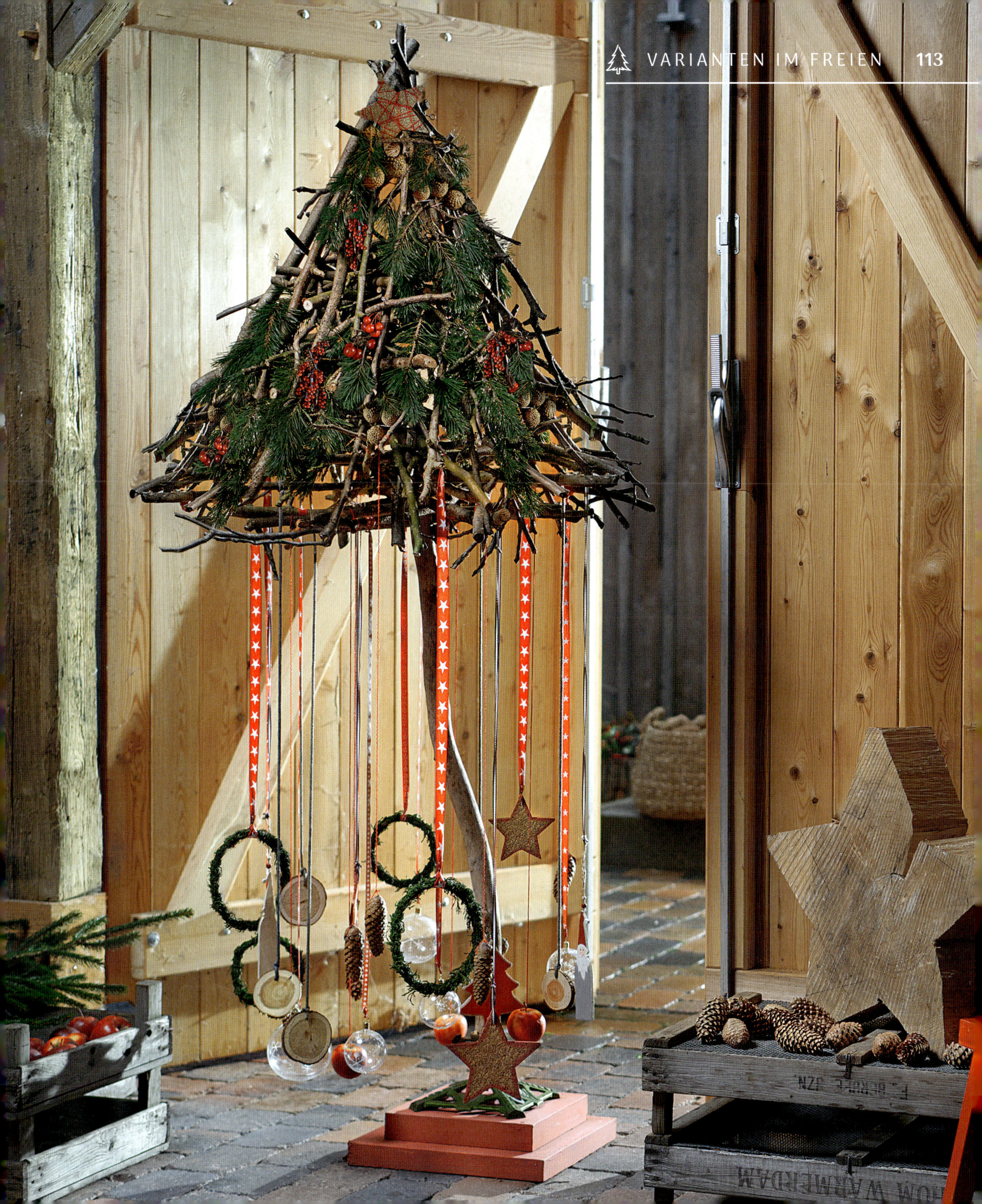

WIE IM WINTERWALD

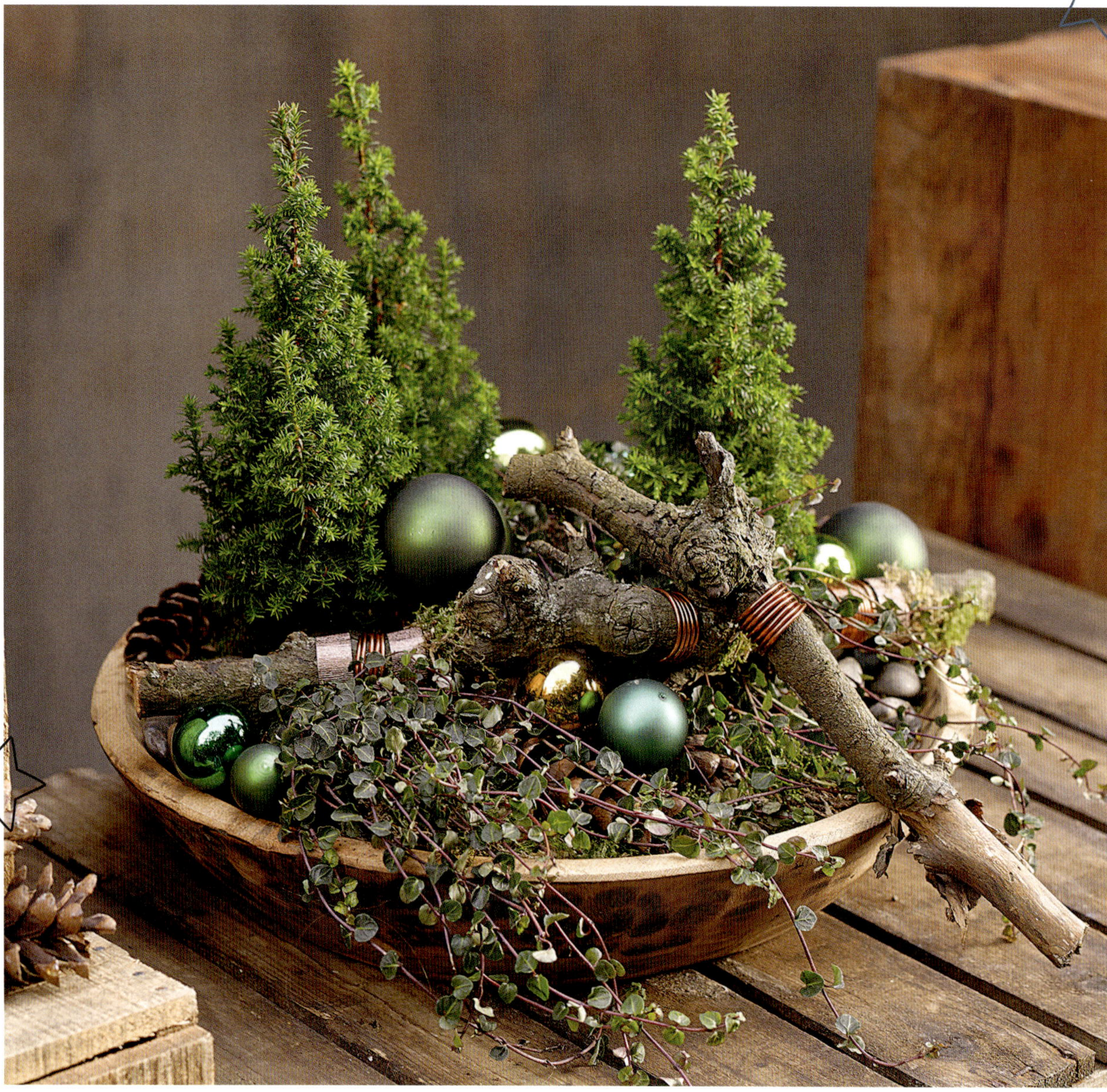

Oben: Auch, wenn vor der Haustür oder auf dem Balkon nur wenig Platz ist, lässt sich dieser mit einer kleinen Pflanzschale optimal nutzen. Drei Mini-Zypressen zusammen mit Rebhuhnbeere in das Gefäß pflanzen und mit Kugeln, Zapfen und Ästen dekorieren. So entsteht eine Mini-Waldlandschaft.

Rechts: Diese Dekoration ist eine Besonderheit. Beide Zuckerhutfichten sind gleich geschmückt mit langen, farbigen Holzstäben, Flechtenzweigen, Zapfen und Sternen. Lediglich in ihrer Größe unterscheiden sie sich, wodurch sich ein harmonisches Bild ergibt.

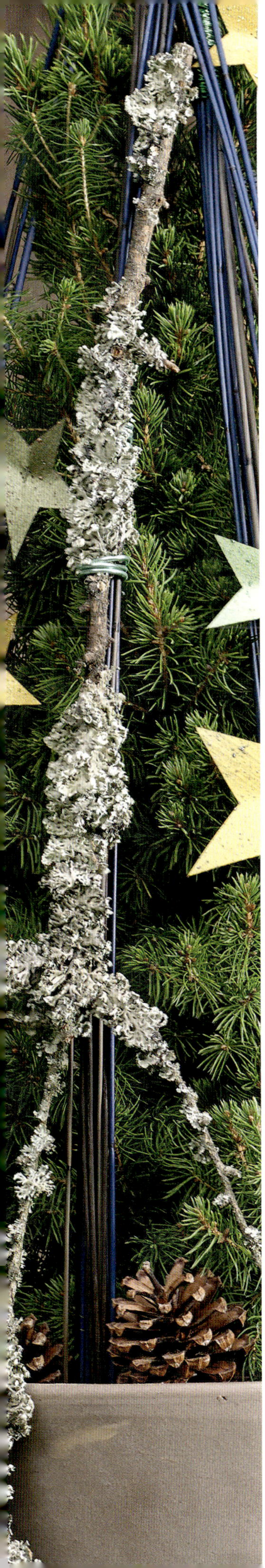

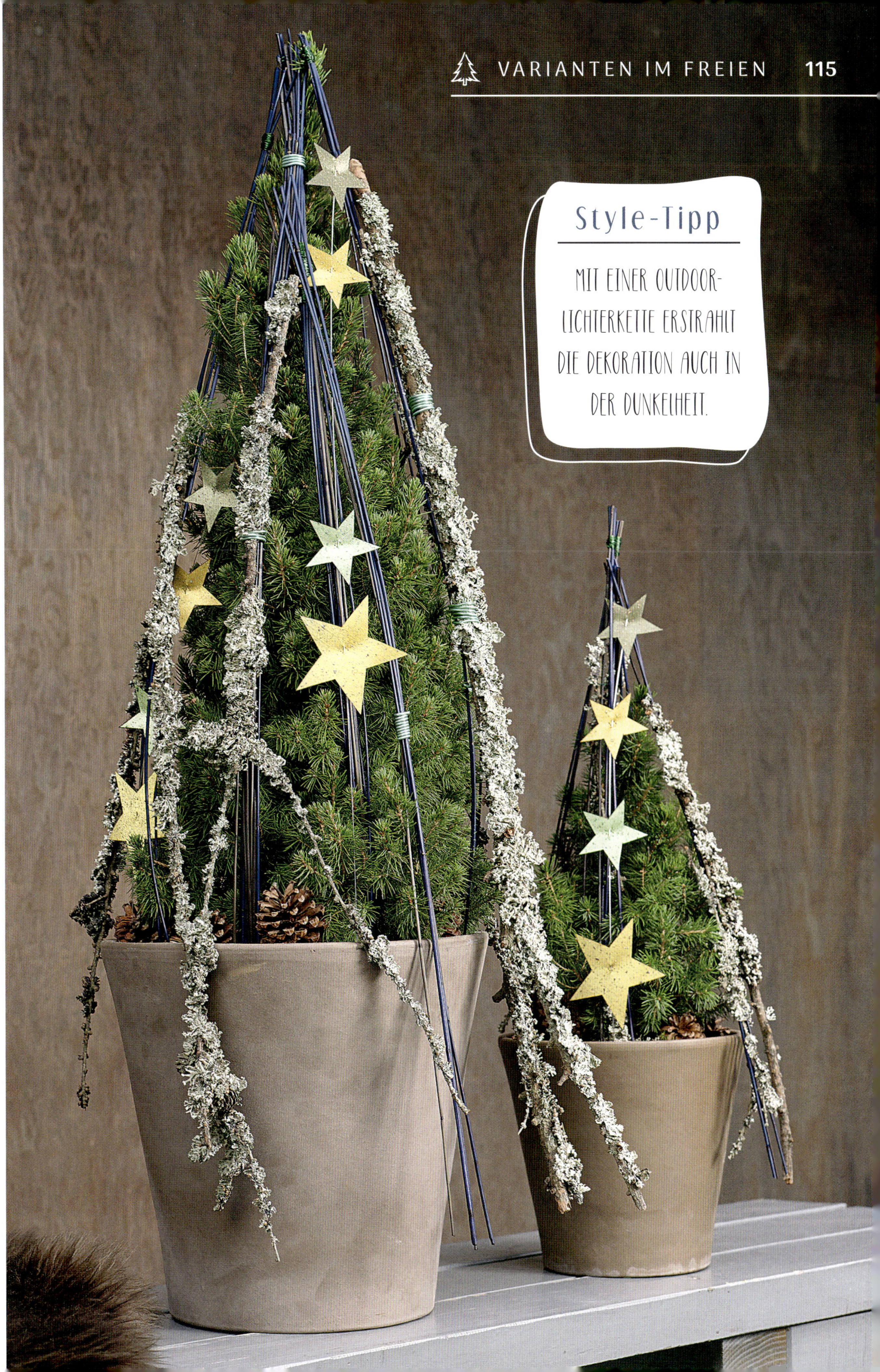

Style-Tipp

MIT EINER OUTDOOR-LICHTERKETTE ERSTRAHLT DIE DEKORATION AUCH IN DER DUNKELHEIT.

FICHTE MIT KRAGEN

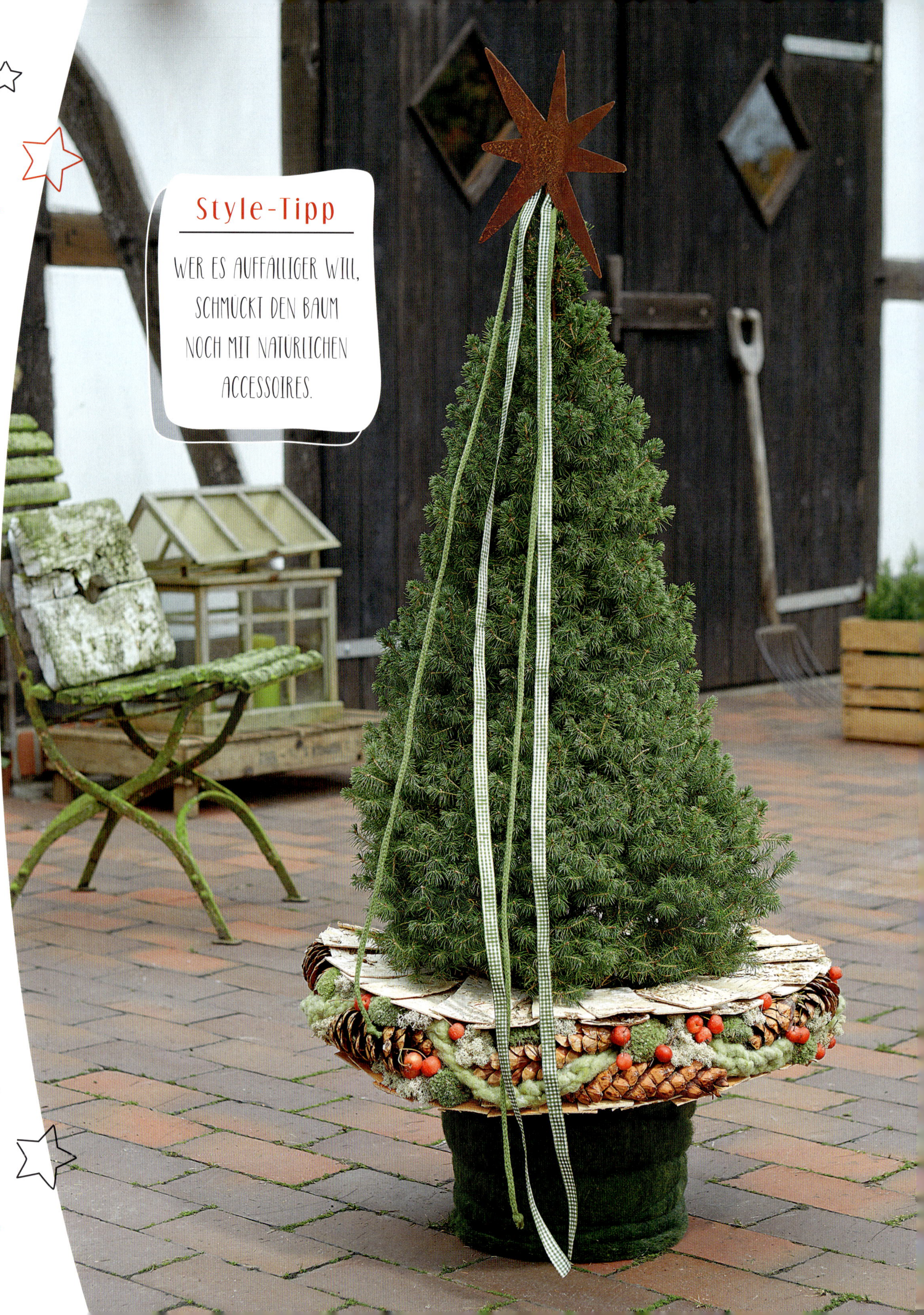

Style-Tipp

WER ES AUFFÄLLIGER WILL, SCHMÜCKT DEN BAUM NOCH MIT NATÜRLICHEN ACCESSOIRES.

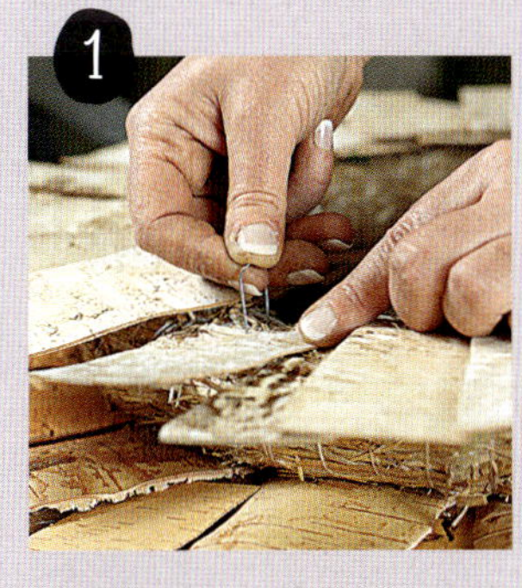

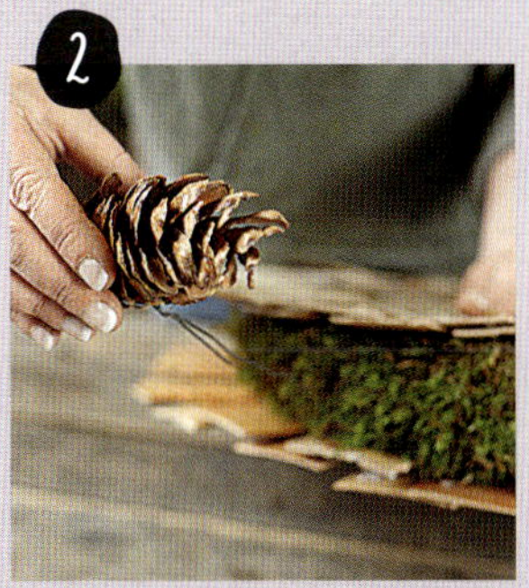

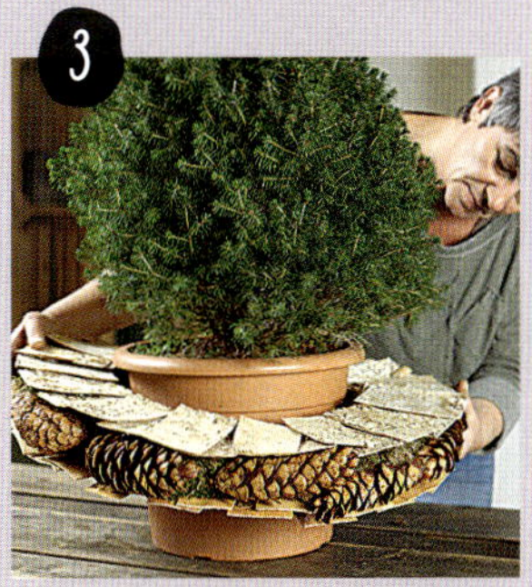

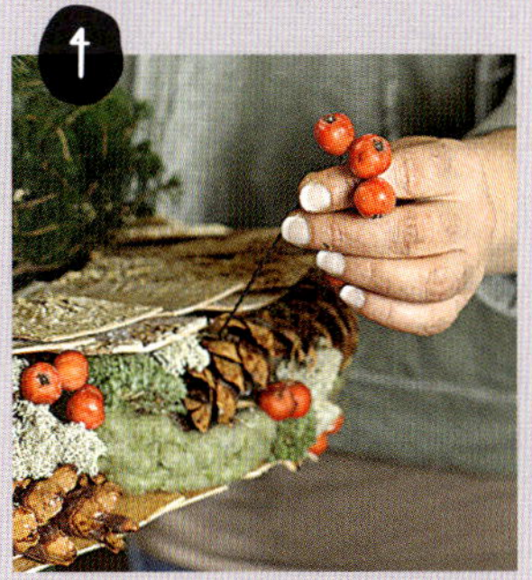

Das wird benötigt

Zuckerhutfichte ☆ Islandmoos ☆ Polstermoos ☆ Zieräpfel ☆ Zapfen ☆ Birkenrindenstücke ☆ Bänder ☆ Wolle ☆ Metallstern ☆ Strohrömer ☆ Haften ☆ Draht ☆ Heißkleber

So wird's gemacht

1. Einen Strohrömer sowohl von der Ober- als auch von der Unterseite mit Birkenrindenstücken beidseitig behaften. Dann das Islandmoos in den Zwischenraum einstecken.

2. Die Zapfen andrahten und auf das Moos stecken.

3. Den Pflanztopf samt Zuckerhutfichte in den Kranz stellen und Letzteren mit Heißkleber am Topfrand befestigen. Das Gefäß mit Wolle verkleiden und einen Metallstern samt Bändern an der Spitze des Baumes fixieren.

4. Zum Schluss die Zwischenräume der Zapfen mit Polstermoos auffüllen und mit angedrahteten Zieräpfeln schmücken.

GANZ NATÜRLICH GESTYLT

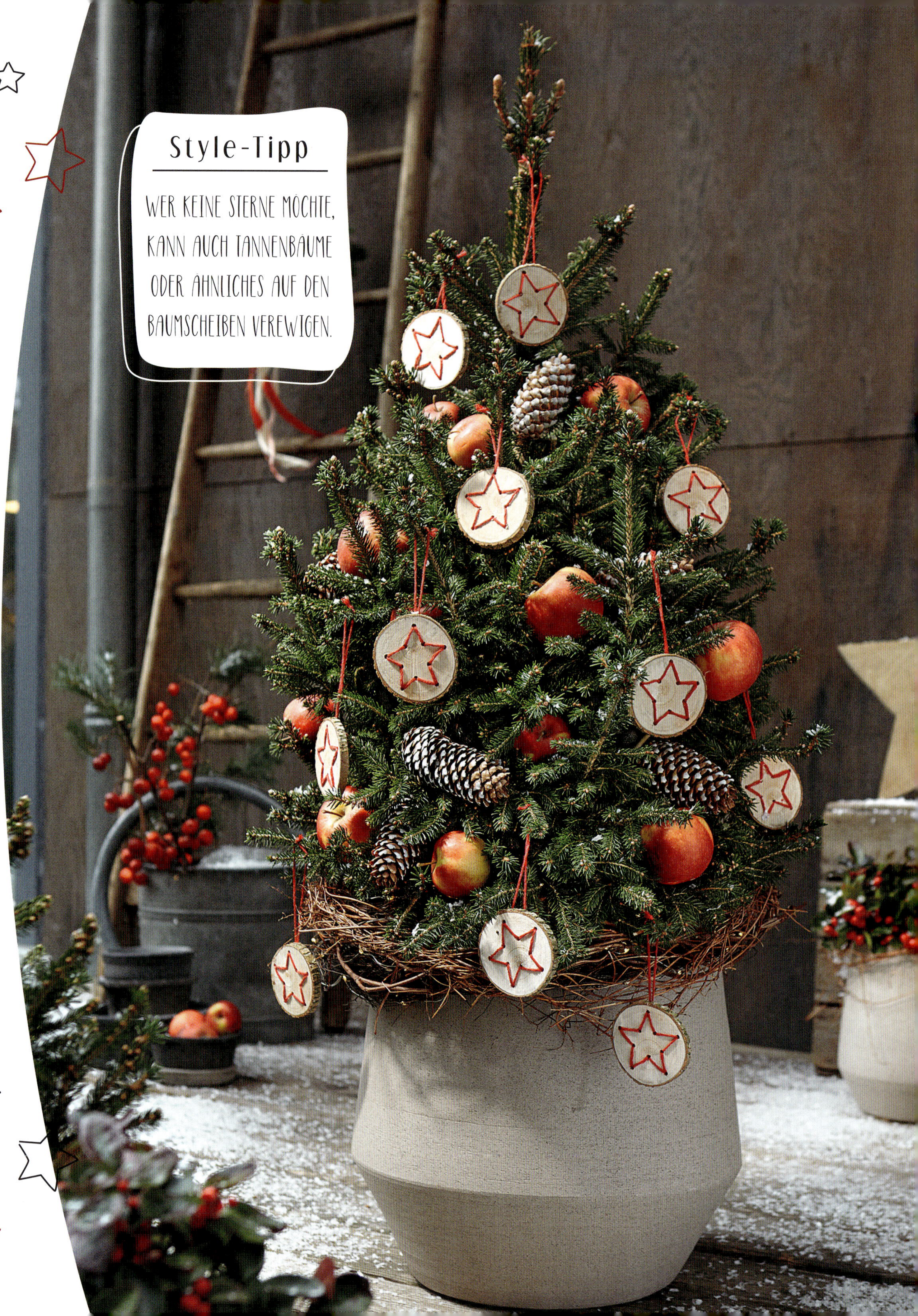

Style-Tipp

WER KEINE STERNE MÖCHTE, KANN AUCH TANNENBÄUME ODER ÄHNLICHES AUF DEN BAUMSCHEIBEN VEREWIGEN.

Das wird benötigt

Fichte ✩ geweißte Fichtenzapfen ✩ Äpfel ✩ Zweige ✩ Outdoor-Lichterkette ✩ Astscheiben ✩ Wolle ✩ Holzstäbe ✩ Steckdraht ✩ Holzbohrer ✩ Gefäß ✩ Sternschablone ✩ Stift ✩ Nadel

1

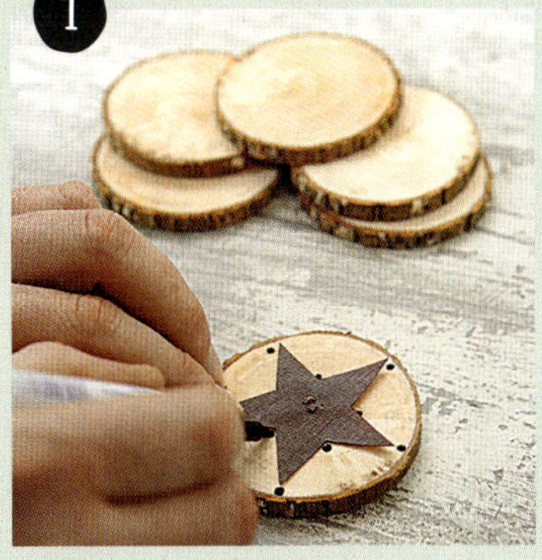

2

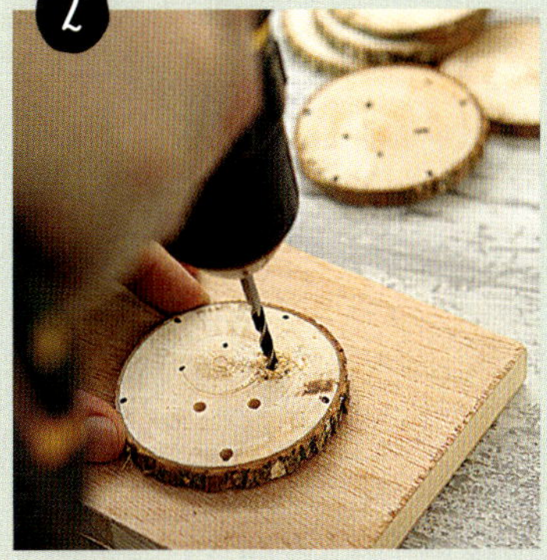

3

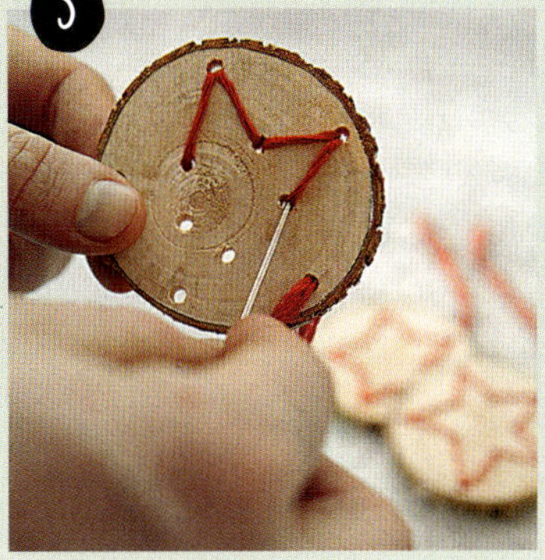

So wird's gemacht

1. Die Sternschablone auf eine Astscheibe legen und jeweils mit einem Stift punktuell auf die Scheibe übertragen.

2. Diese Markierungen vorsichtig mit einem Holzbohrer durchbohren.

3. Die Wolle mit der Nadel durch die Löcher ziehen, sodass die Umrisse eines Sterns erkennbar sind.

Dann den Baum in ein Gefäß stellen, den Topfrand mit Zweigen kaschieren und eine für draußen geeignete Lichterkette einarbeiten. Geweißte Zapfen andrahten und Äpfel auf Holzstäbe stecken. Zusammen mit den selbst gemachten Anhängern im Baum platzieren.

UMMANTELUNG ALS HINGUCKER

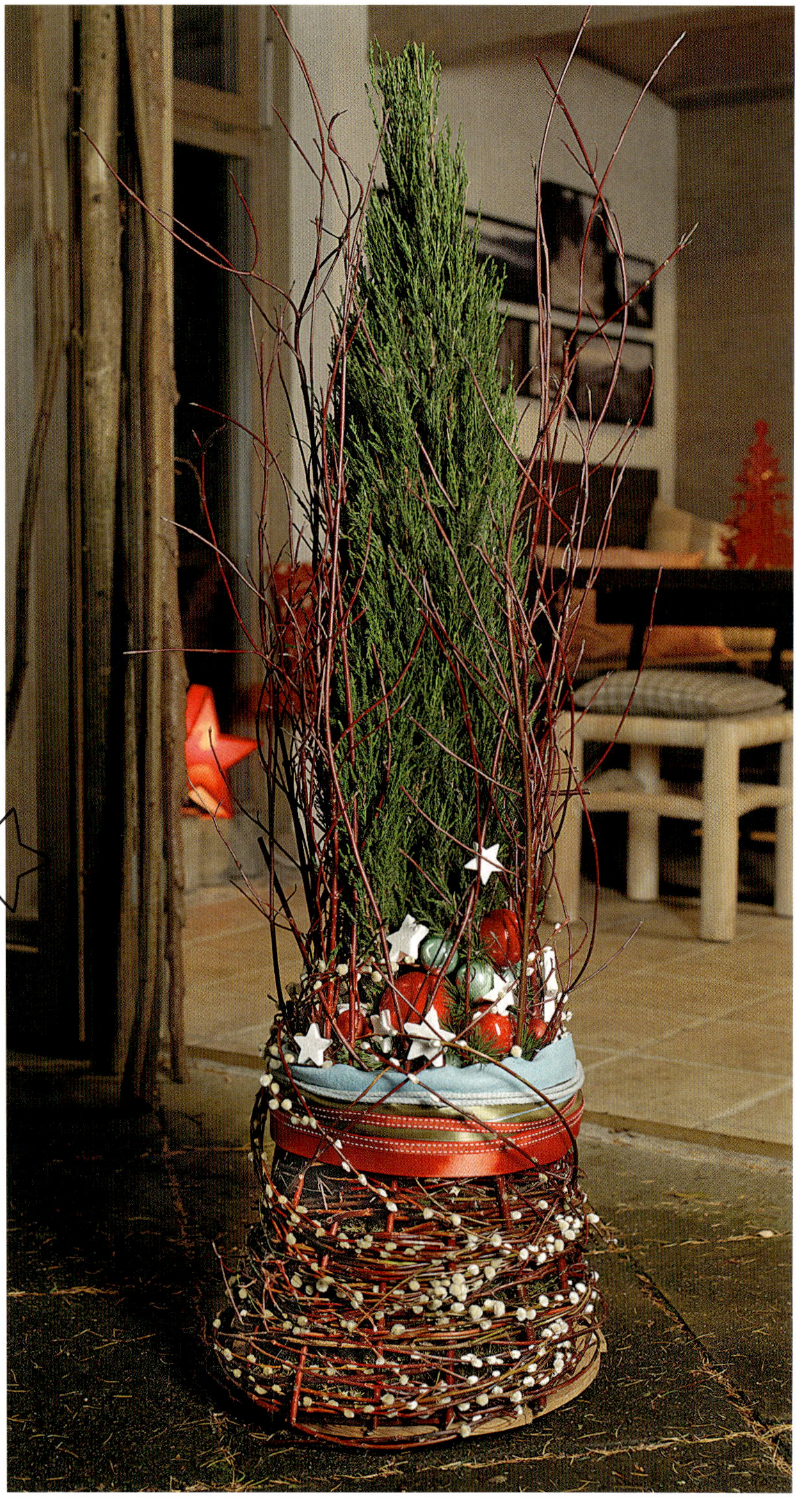

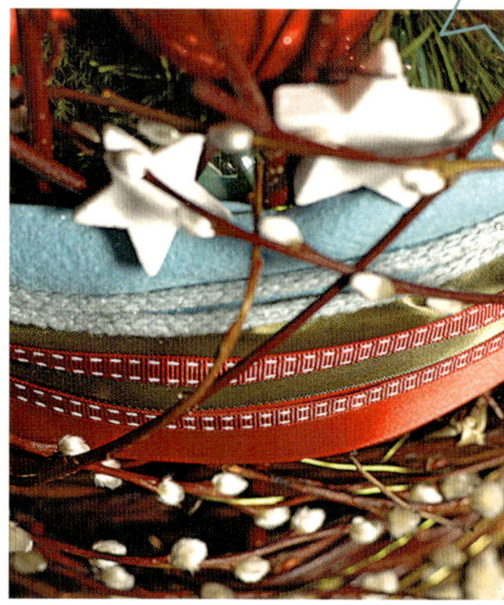

Links: Mit ein bisschen Geschick entsteht eine Ummantelung für die Konifere. Dafür Hartriegelzweige an einem Wellendrahtring befestigen, den Topf einstellen und Weidenkätzchenzweige um das Gefäß herum arrangieren. Den Topfrand mit Moos kaschieren und mit Bändern und Dekoelementen schmücken.

Rechts: Dieses Trio sorgt für Weihnachtsstimmung auf dem Fensterbrett. Die Erde der eingepflanzten Koniferen wird mit Moos abgedeckt. Darauf kommt ein Kranz aus Spiegelbeeren, Kugeln und Peddigrohr, der mit Bändern dekoriert ist.

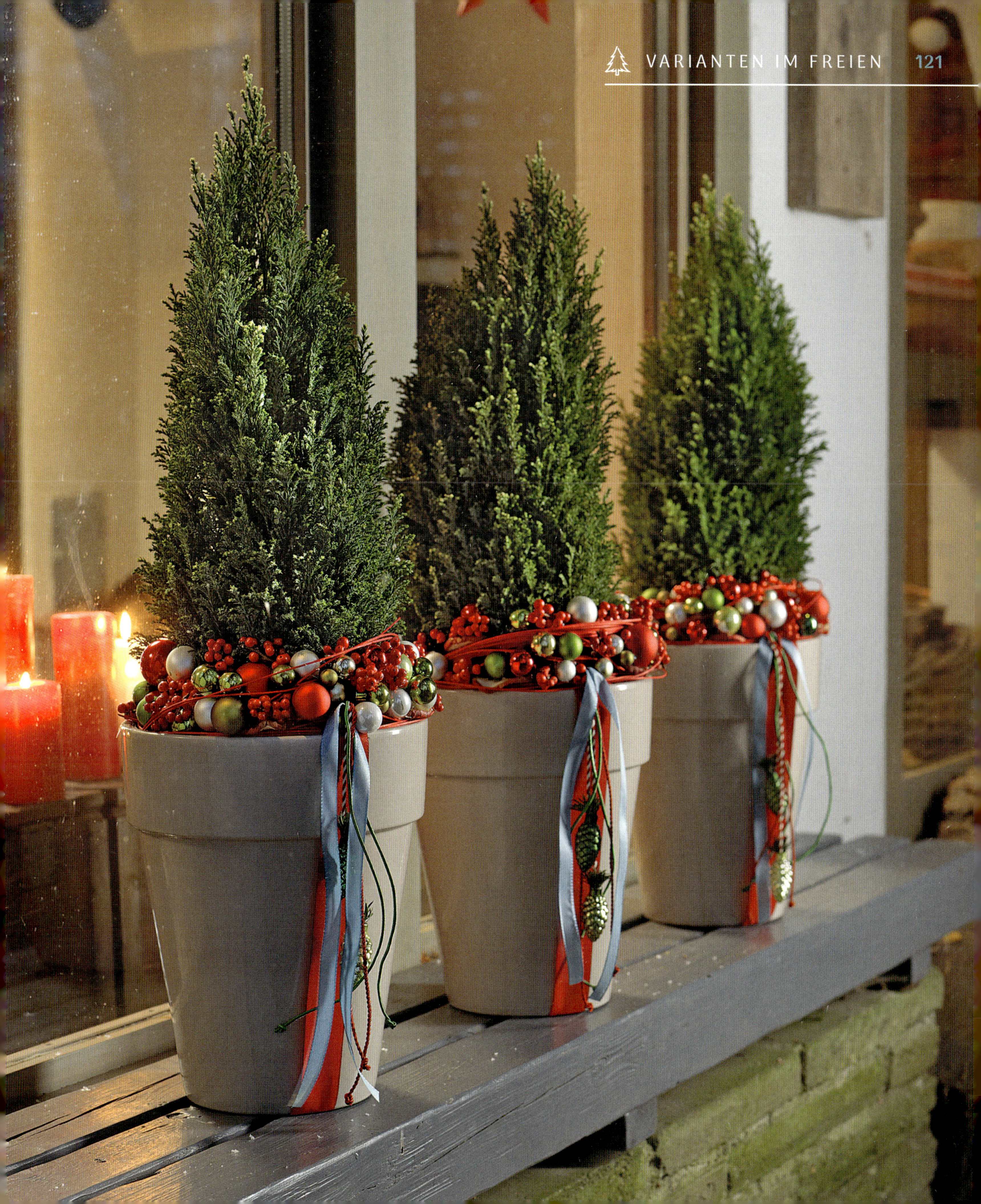

DRAUSS' VOM WALDE

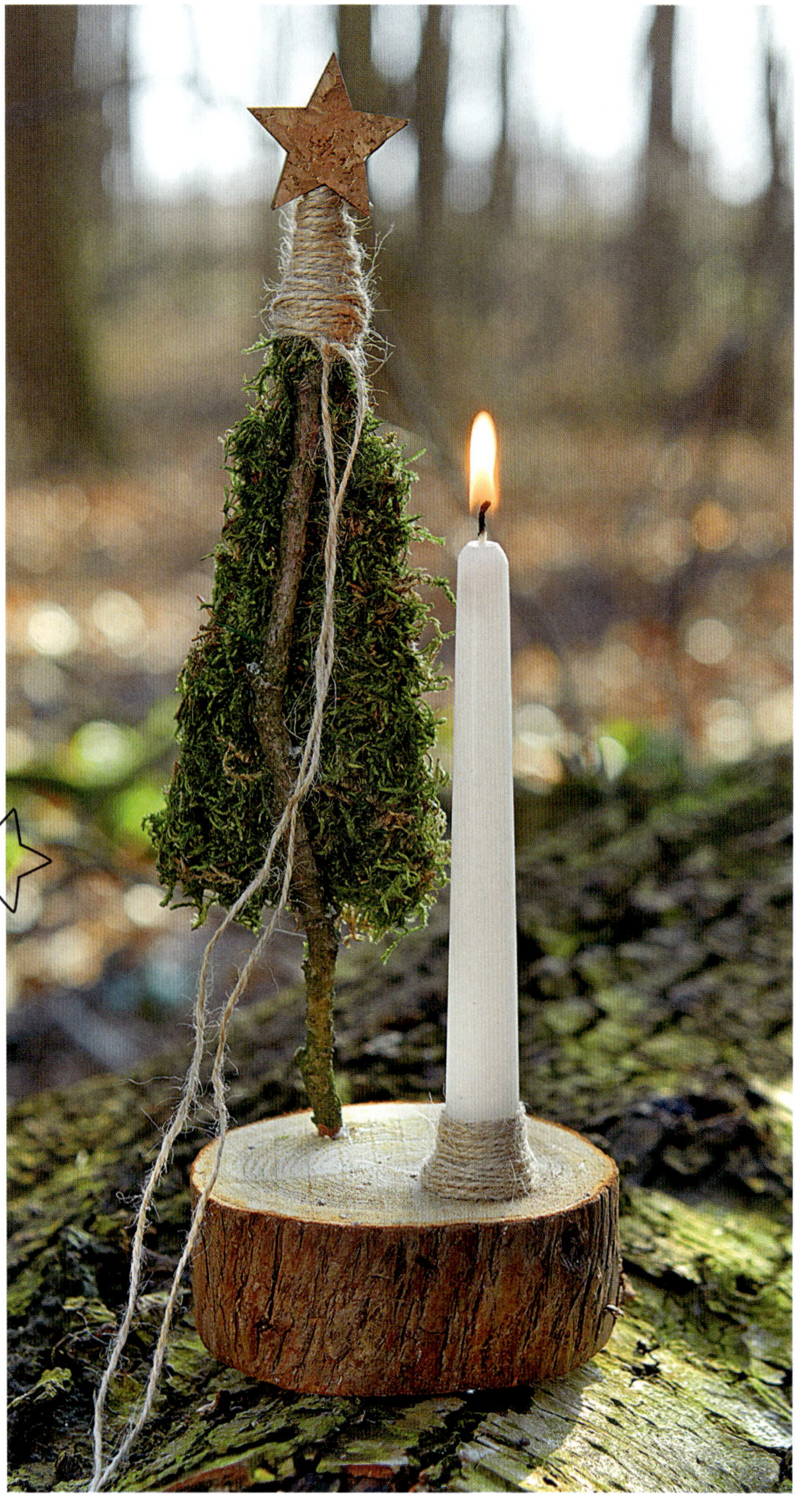

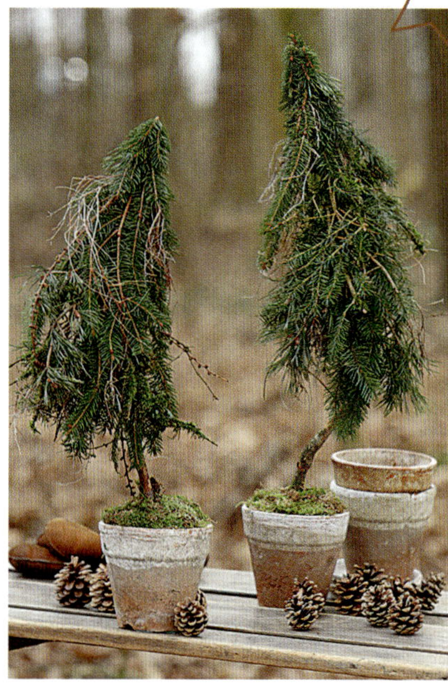

Oben: Mit einigen Fundstücken aus der Natur lässt sich eine Waldlandschaft gestalten. Dazu jeweils einen Ast in einen mit Trockenblumensteckschaum gefüllten und mit Moos abgedeckten Topf stecken. Douglasien-, Kiefern- und Lärchenzweige mithilfe von Wickeldraht so am Ast anbringen, dass ein XXS-Baum entsteht.

Links: Nicht immer muss der Weihnachtsbaum mit Kerzen geschmückt sein, es geht auch anders! Dafür zwei Löcher in ein Baumstammscheibenstück bohren. Darin eine Kerze sowie einen Ast, der mithilfe von Moos und Myrtendraht in ein Bäumchen verwandelt wird, platzieren. Für Stimmung sorgt die mit Kordel umwickelte Spitze samt Stern.

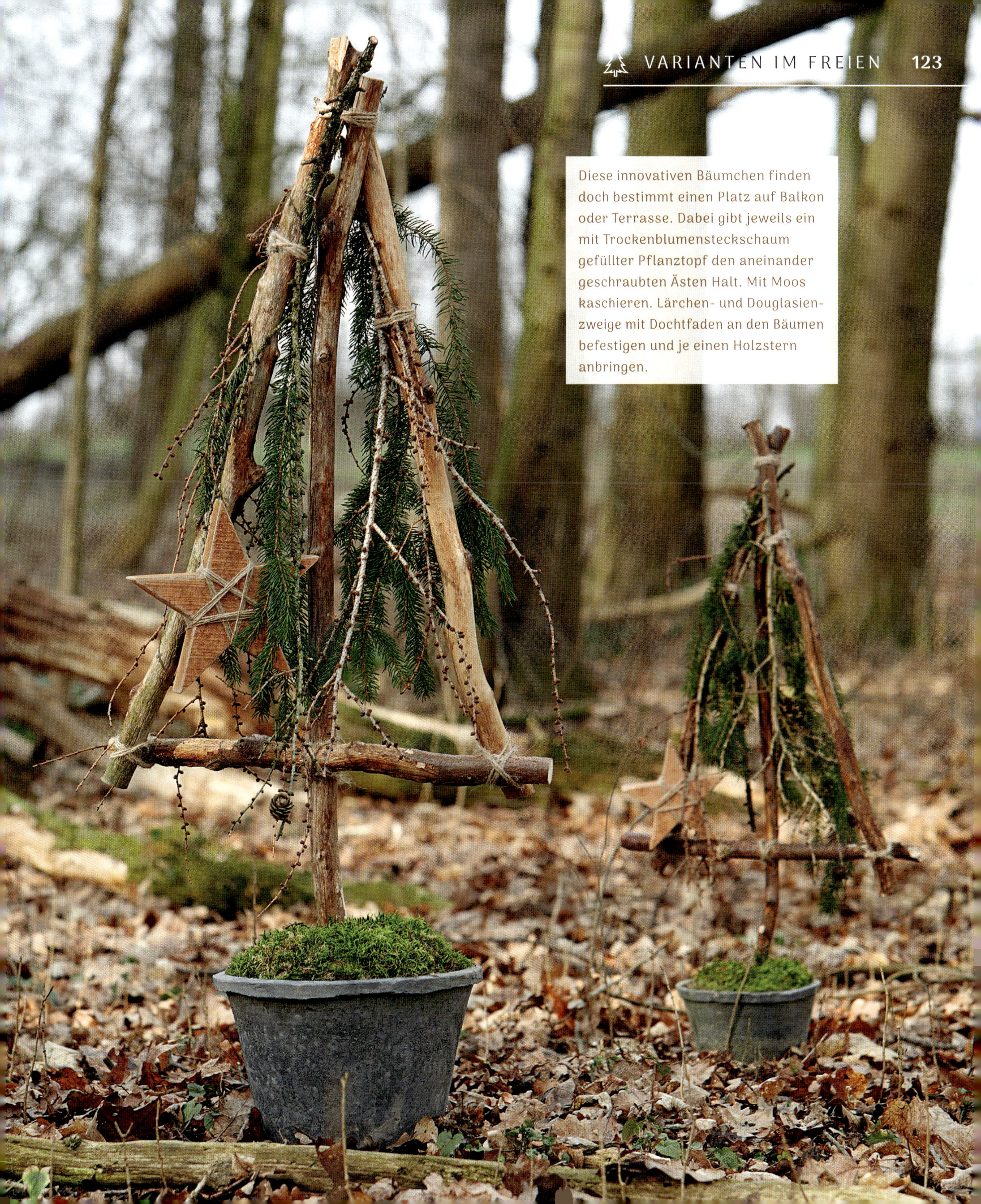

Diese innovativen Bäumchen finden doch bestimmt einen Platz auf Balkon oder Terrasse. Dabei gibt jeweils ein mit Trockenblumensteckschaum gefüllter Pflanztopf den aneinander geschraubten Ästen Halt. Mit Moos kaschieren. Lärchen- und Douglasienzweige mit Dochtfaden an den Bäumen befestigen und je einen Holzstern anbringen.

HOLZDREIECK MIT CHARME

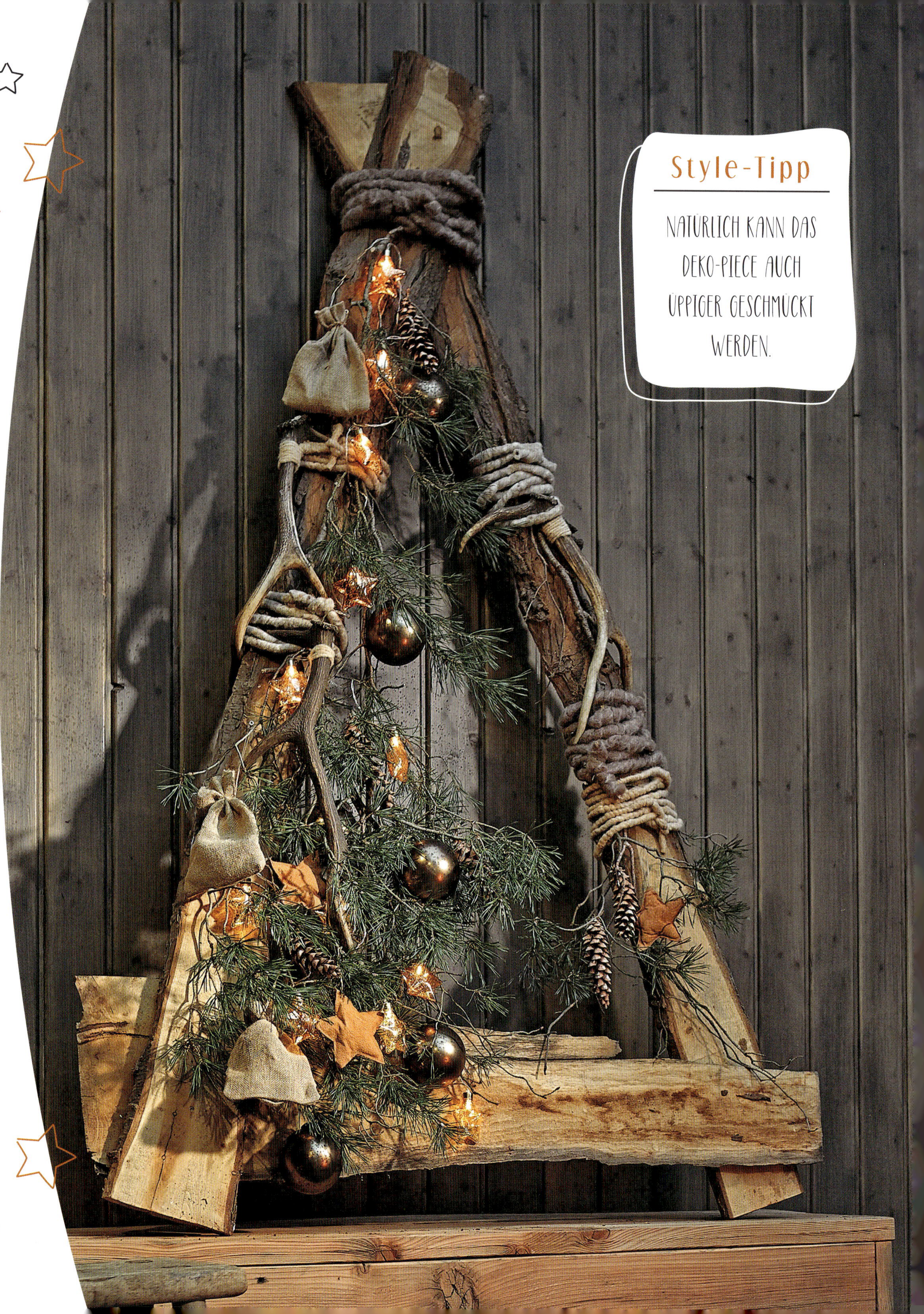

Style-Tipp

NATÜRLICH KANN DAS DEKO-PIECE AUCH ÜPPIGER GESCHMÜCKT WERDEN.

Das wird benötigt

Bretter ☆ Wald-Kiefernzweige ☆ Kiefernzapfen ☆ Geweih ☆ Wollfäden ☆ Outdoor-Lichterkette ☆ Sterne ☆ Christbaumkugeln ☆ Säcke ☆ Wickeldraht ☆ Schrauben ☆ Akkuschrauber

1

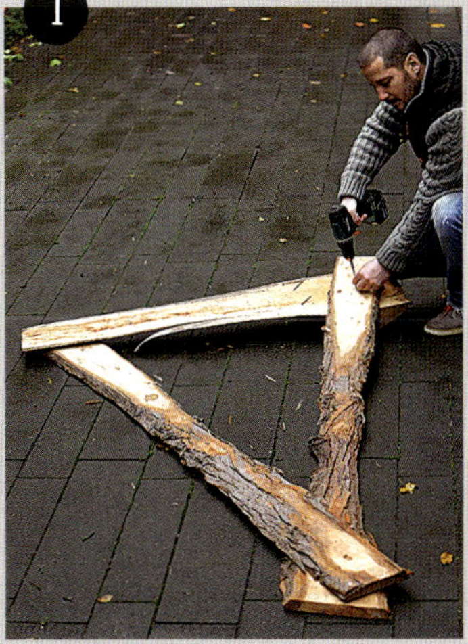

2

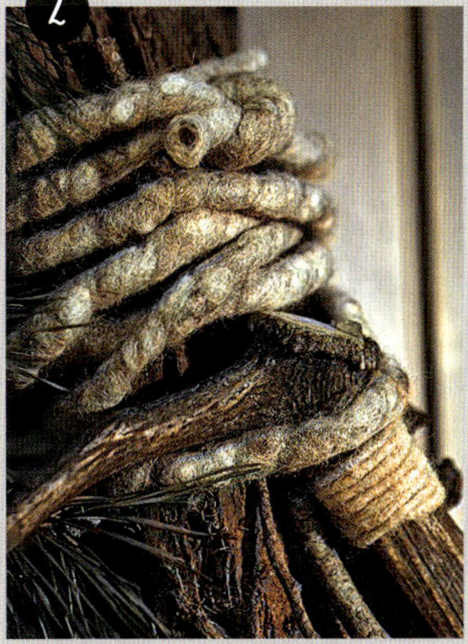

So wird's gemacht

1. Drei Bretter jeweils an den Kanten so anlegen, dass eine dreieckige Baumform entsteht. Dann mithilfe eines Akkuschraubers aneinander festschrauben.

2. Wald-Kiefernzweige mit Wickeldraht versehen und an dem Holzgerüst nach Belieben befestigen. An einigen Stellen mit Wolle Akzente setzen, indem die Fäden mehrmals um die Bretter gewickelt werden.

Eine Outdoor-Lichterkette anbringen und mit Sternen, dem Geweih, Zapfen, kleinen Säcken und Christbaumkugeln schmücken.

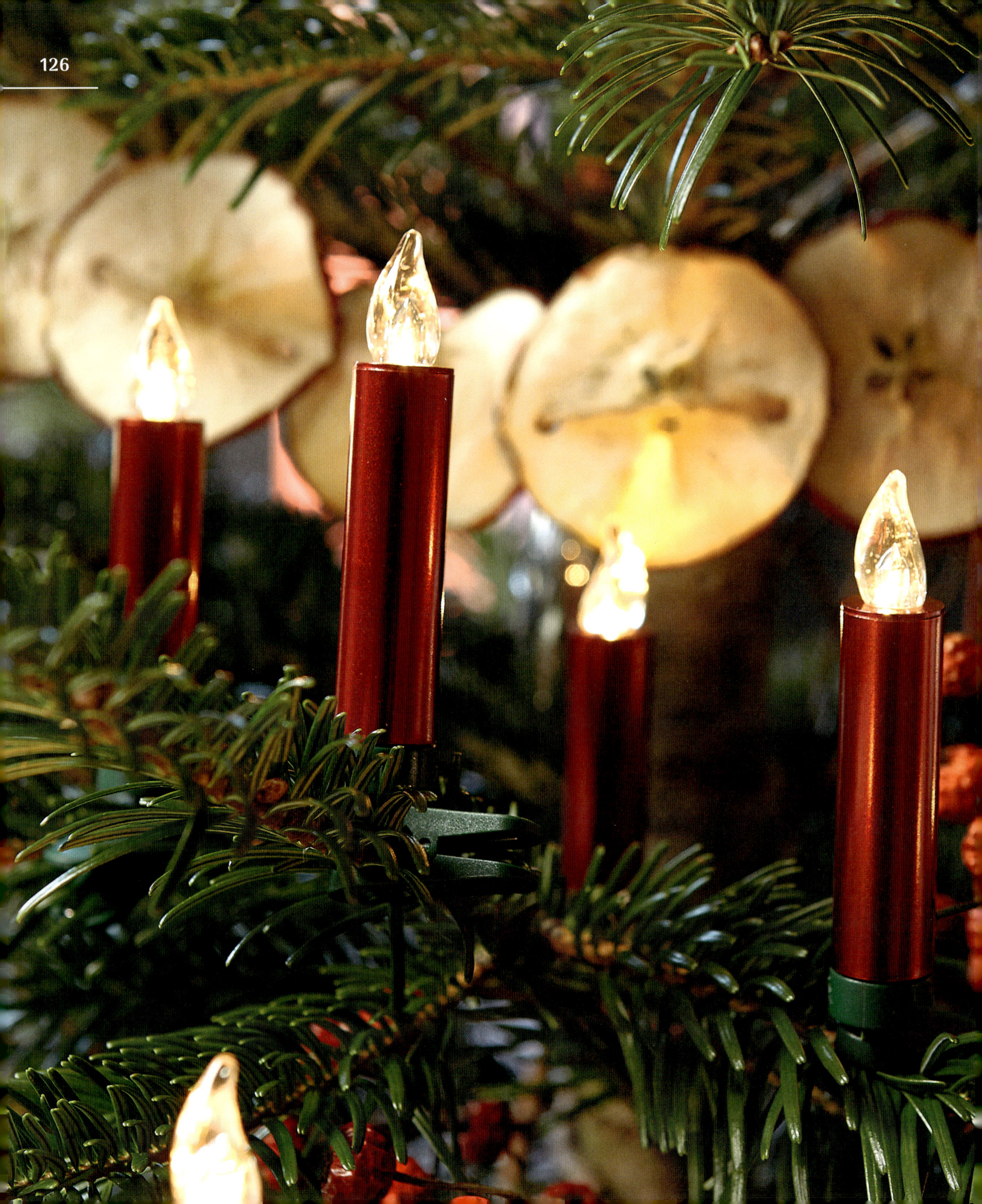

MATERIALKUNDE

Alles rund um den Baum und das Zubehör

So einzigartig wie jeder von uns ist, so unterschiedlich lässt sich auch das Weihnachtsfest feiern. Jeder hat seine eigenen Ideen, Vorstellungen und Traditionen sowie Vorlieben für spezielle Materialien. In unserem Serviceteil haben wir zahlreiche Informationen zu den einzelnen Baumarten, passenden Weihnachtsbaumständern, verschiedenen Beleuchtungsmöglichkeiten sowie alternativen Schmuckideen zusammengefasst. Abgerundet wird dieser Teil mit einer Übersicht über die verwendeten Hilfsmittel wie Drähte, Kleber und Co.

BÄUMCHEN WECHSLE DICH!

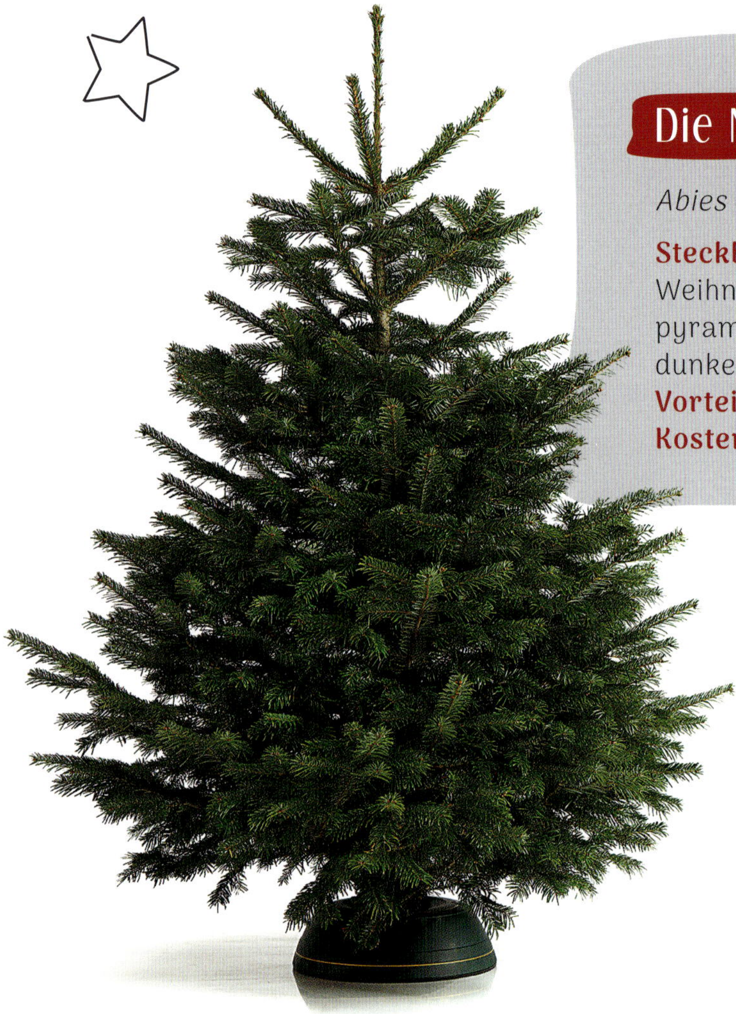

Die Nordmanntanne

Abies nordmanniana

Steckbrief: Ein wertiger, besonderer Weihnachtsbaum mit gleichmäßigem, pyramidalem Wuchs und dichtem, dunkelgrün-glänzendem Nadelkleid.
Vorteil: Kein Nadelabwurf.
Kosten: Oberes Preissegment.

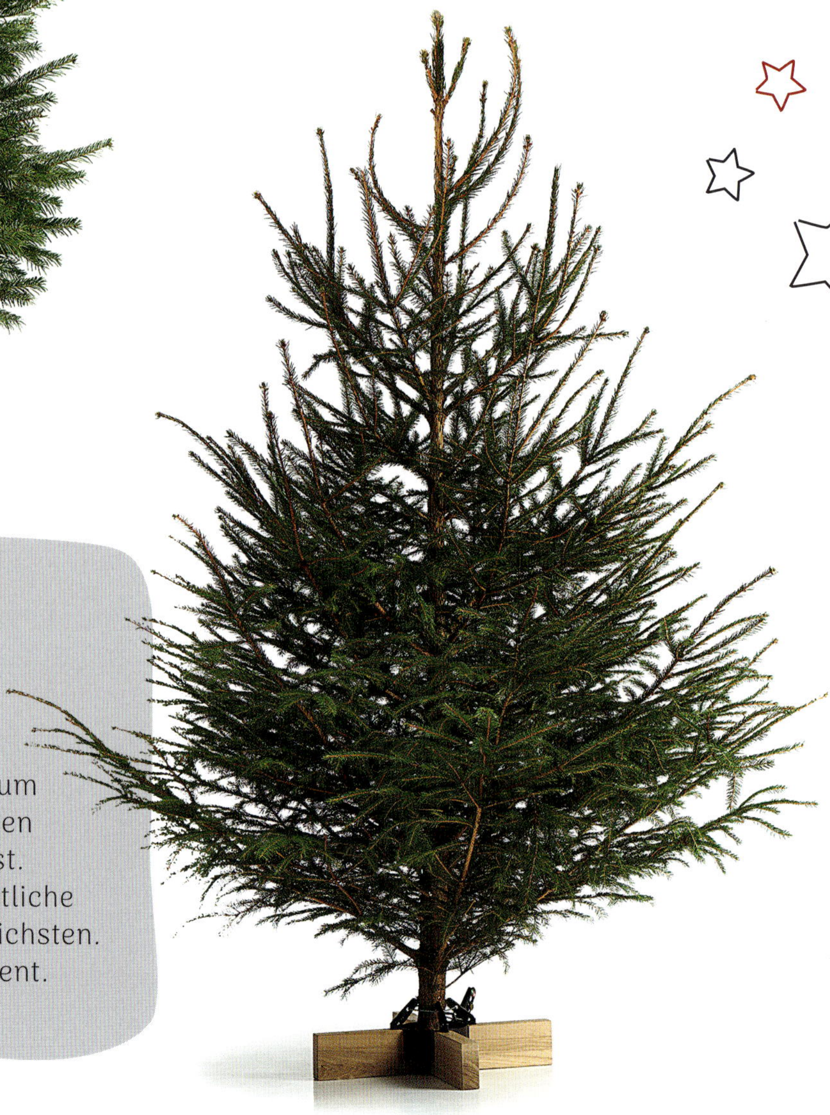

Die Rotfichte

Picea abies

Steckbrief: Der klassische, traditionelle Weihnachtsbaum mit grünen, leicht stechenden Nadeln, nur mäßig nadelfest.
Vorteil: Wirkt als der eigentliche Tannenbaum am ursprünglichsten.
Kosten: Unteres Preissegment.

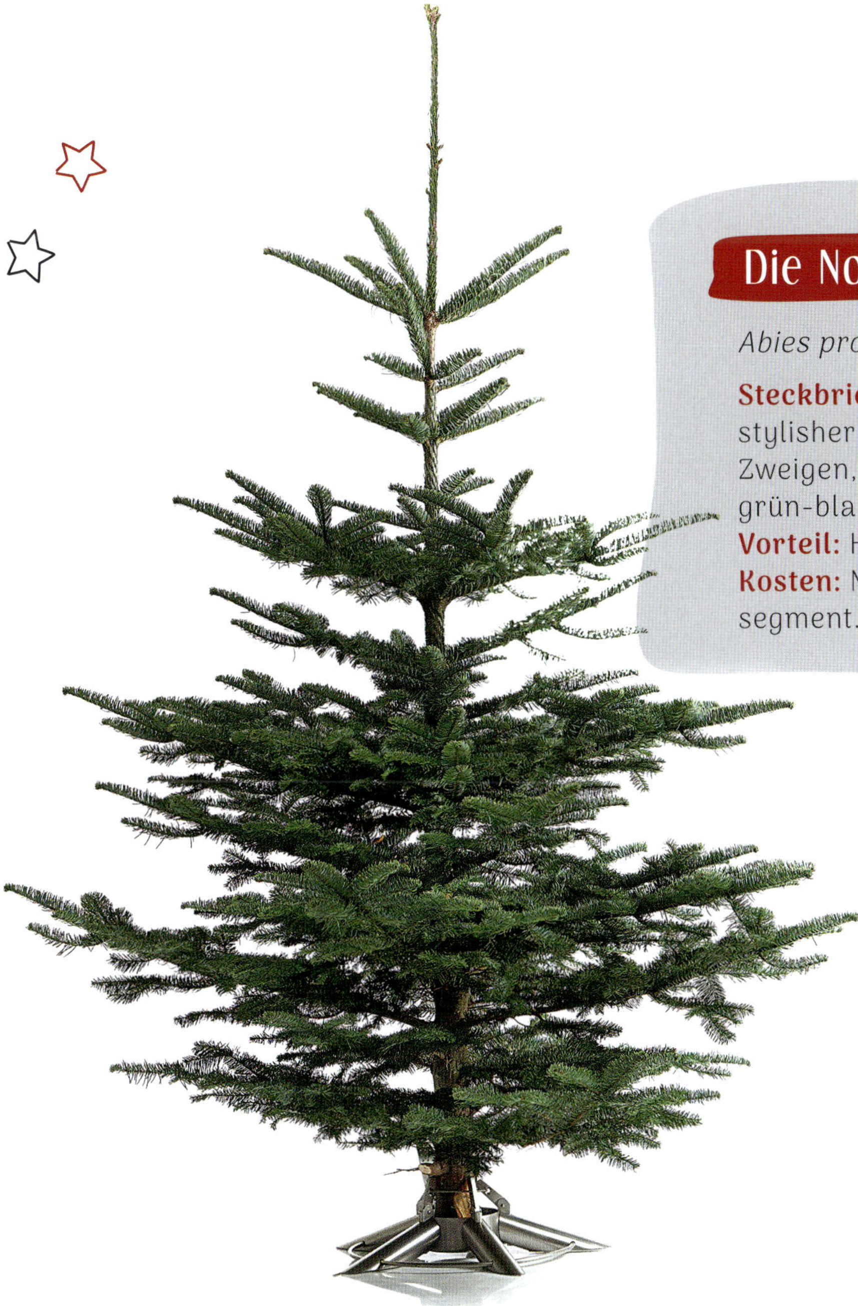

Die Nobilistanne

Abies procera

Steckbrief: Ein schlanker, schicker, stylisher Weihnachtsbaum mit stabilen Zweigen, etagenförmigem Wuchs und grün-blauer Nadelfarbe.
Vorteil: Hält lange die Nadeln.
Kosten: Mittleres bis oberes Preissegment.

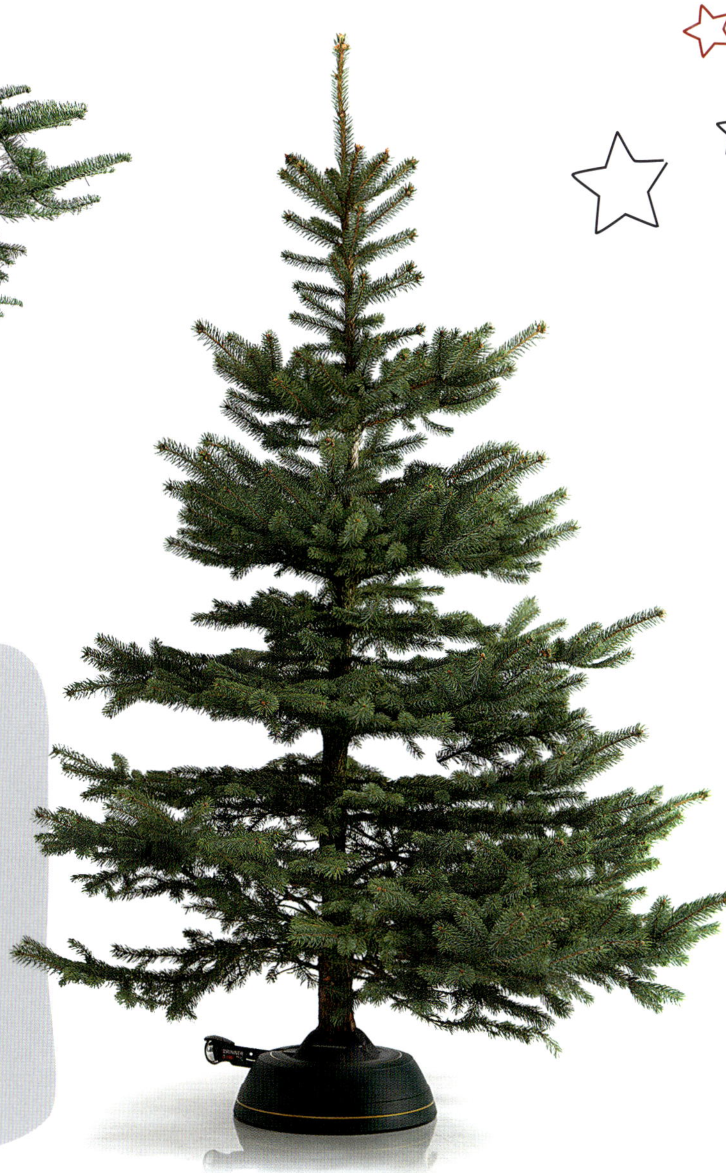

Die Blaufichte

Picea pungens

Steckbrief: Ein exklusiver, moderner Weihnachtsbaum mit pyramidalem, etagenförmigem Wuchs und spitzen, leicht stechenden, blau-silbrigen Nadeln.
Vorteil: Durch die Zweiganordnung lässt er sich gut schmücken.
Kosten: Mittleres Preissegment.

IMMERGRÜNE GEWÄCHSE

Alles, was im Winter trotz tiefer Temperaturen in Eis und Schnee noch grünt, erscheint wie ein kleines Wunder der Natur. Diese Widerstandsfähigkeit ist daher ein Symbol für das Überleben selbst unter lebensfeindlichen Umständen. Immergrünes Nadel- und Blattwerk ist ein Hoffnungszeichen. Gestaltungen mit solchen Werkstoffen strahlen daher Lebenskraft aus, wirken naturnah und zudem oft ländlich. Sie eignen sich eben perfekt für die heimische Weihnachts- und Winterdekoration.

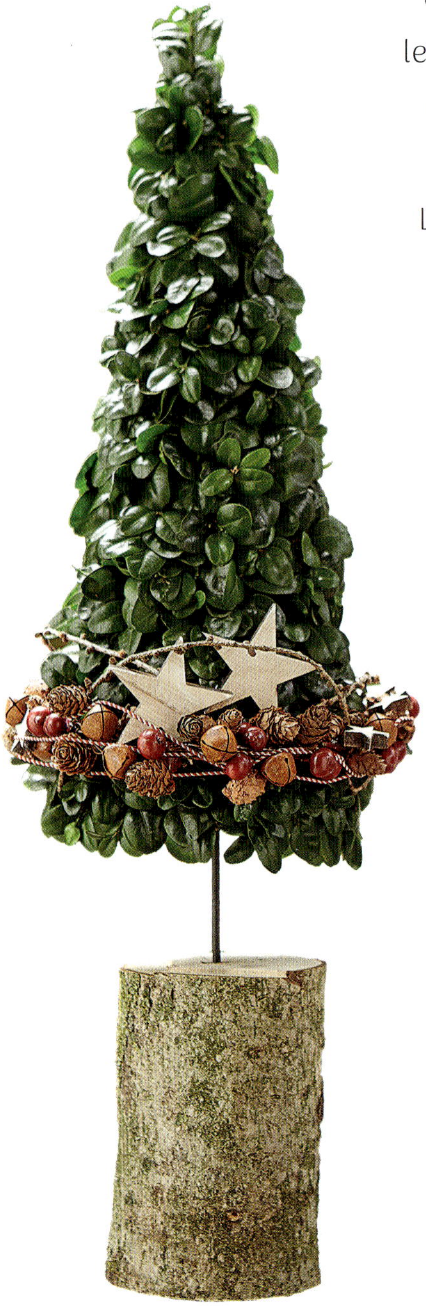

Koniferen und immergrüne Laubgehölze haben Blätter, die mit ledrig-zäher Stofflichkeit der winterlichen Witterung trotzen. Sie können die Transpiration und damit den Feuchtigkeitsverlust minimieren. Des Weiteren erzeugen diese Pflanzen ein natürliches Frostschutzmittel, welches ein Gefrieren ihres Zellsafts und damit die Zerstörung der Zellen verhindert. Immergrün sind neben Kiefer, Eibe, Zypresse und anderen Koniferen zum Beispiel auch Buchs, Skimmie, Scheinbeere, Kirschlorbeer sowie viele verschiedene Moosarten. Übrigens: Die genannten Eigenschaften bewirken, dass diese Floralien auch ohne Wasser lange halten und schließlich eintrocknen, ohne ihre grüne Farbe sofort zu verlieren.

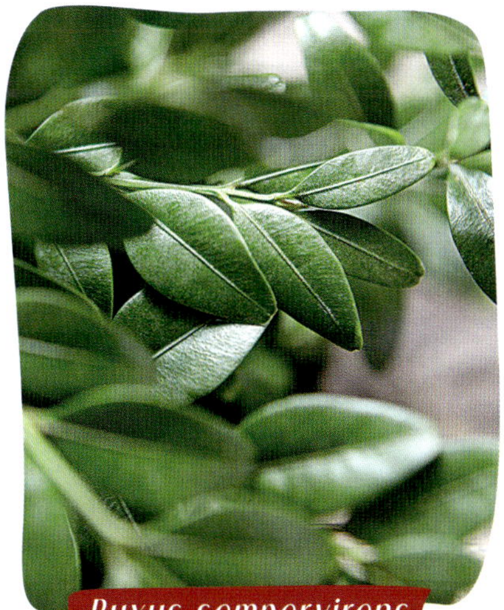
Buxus sempervirens

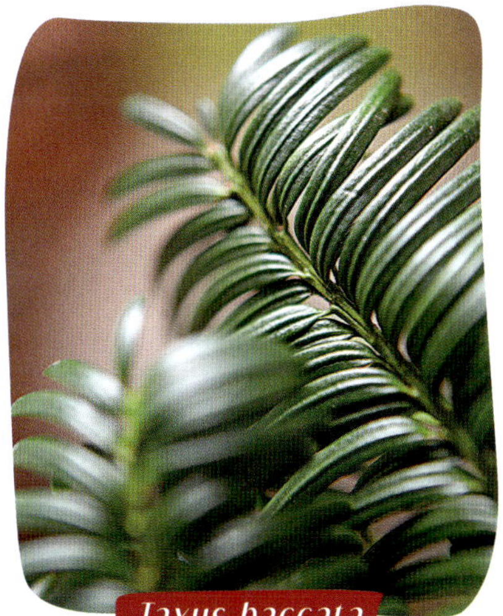
Taxus baccata

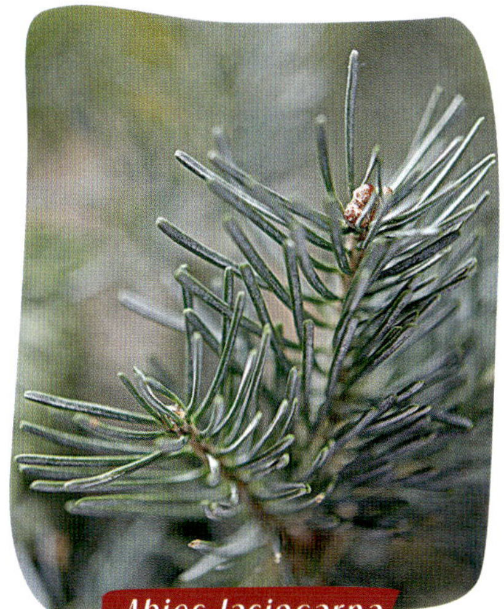
Abies lasiocarpa

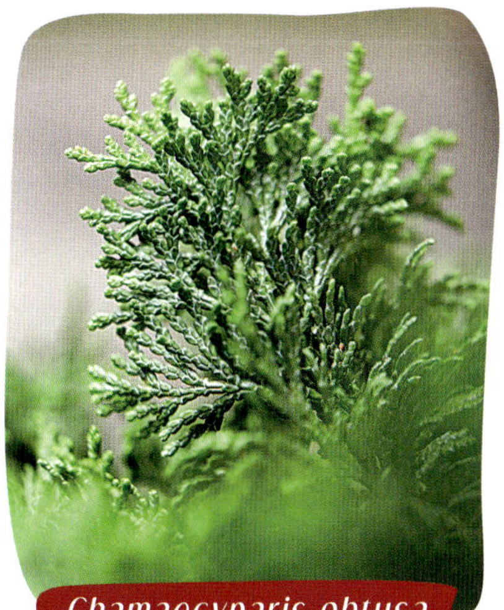
Chamaecyparis obtusa
'Nana Gracilis'

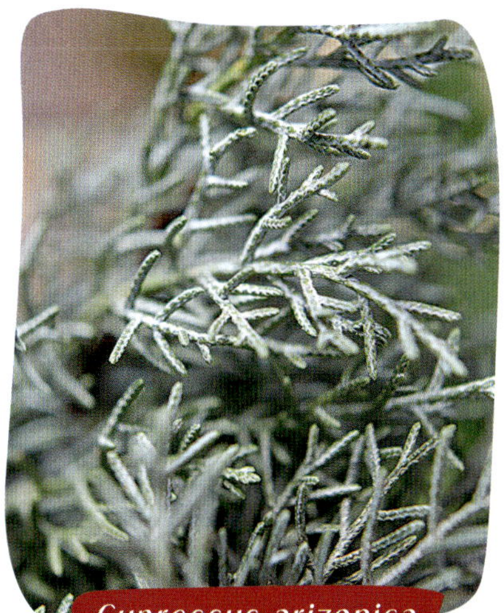
Cupressus arizonica
var. arizonica

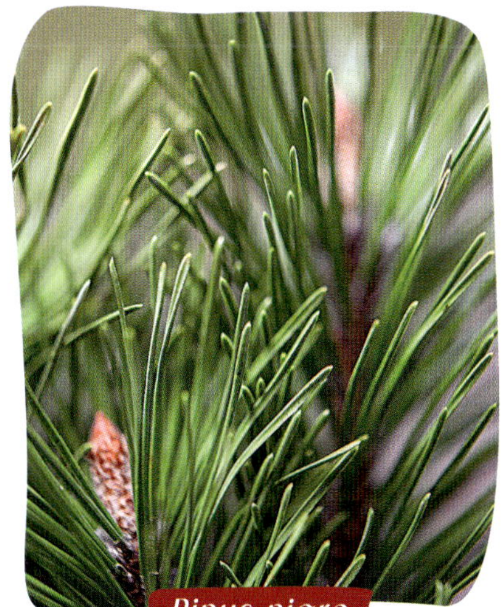
Pinus nigra

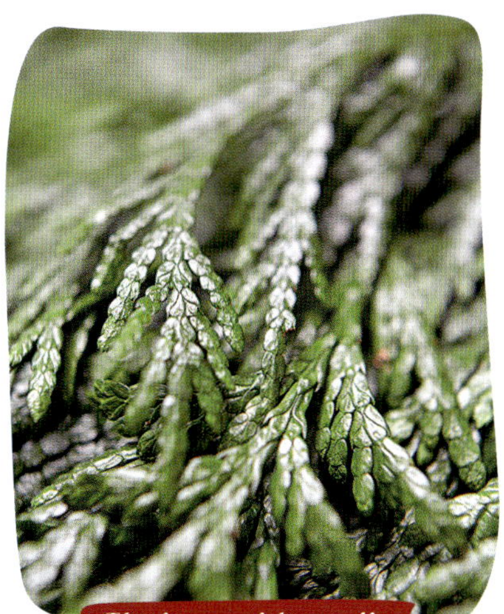
Thuja occidentalis

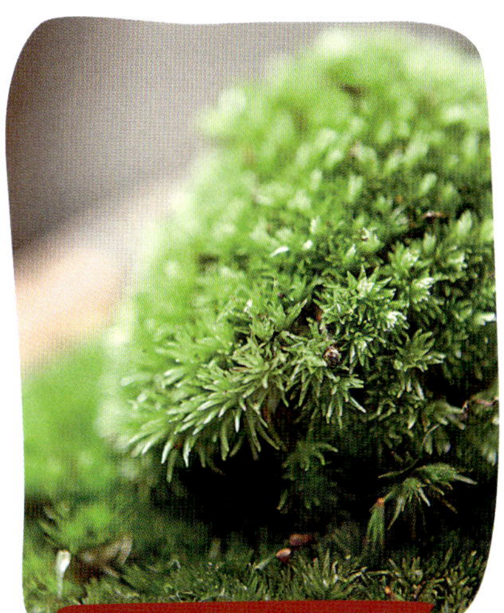
Leucobryum glaucum

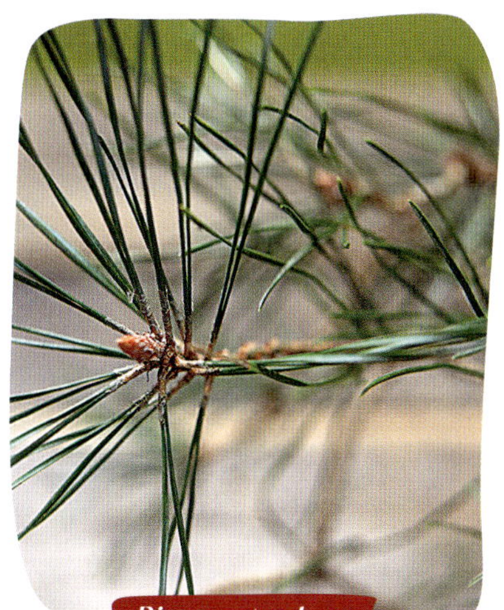
Pinus strobus

BAUM IM TOPF

Ob für den Wohnraum, Balkon oder Terrasse – Weihnachtsbäume, die samt Wurzelballen in einem Pflanztopf stehen, werden immer beliebter. Bei der richtigen Pflege nadeln sie kaum und sind für viele eine Alternative zu den geschlagenen Bäumen, die nach den Weihnachtsfeiertagen abgeschmückt und dann entsorgt werden müssen. Der im Topf gewachsene Geselle kann dagegen nach dem Feiertagstrubel als immergrüner Akzent auf Balkon oder Terrasse gestellt oder im Garten eingepflanzt werden.

Wer sich übrigens gegen den Kauf eines Weihnachtsbaums entscheidet, kann diesen auch mieten. Im Internet finden sich mittlerweile eine ganze Reihe von Baumschulen und Pflanzenhändlern, die die Weihnachtsbäume auf Zeit anbieten. Sie werden dann geliefert und nach der Abholung entweder als Topfpflanze weiter gepflegt oder wieder eingepflanzt, sodass sie auch in den kommenden Jahren bei anderen Familien für Freude sorgen.

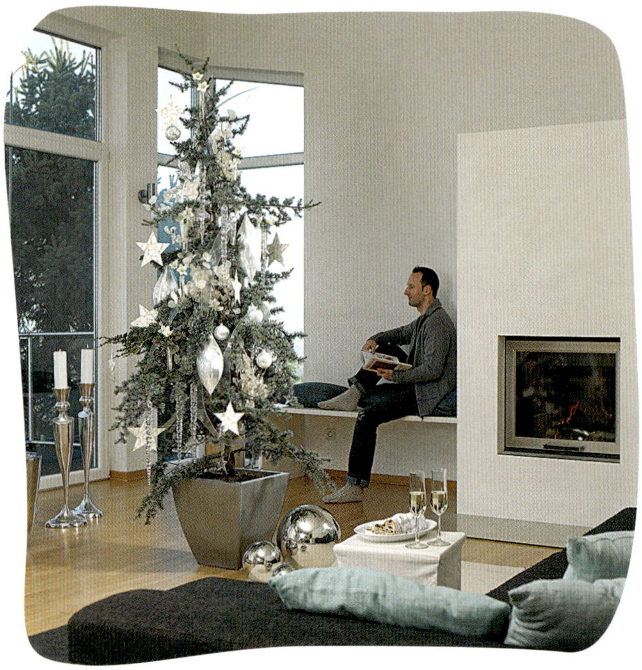

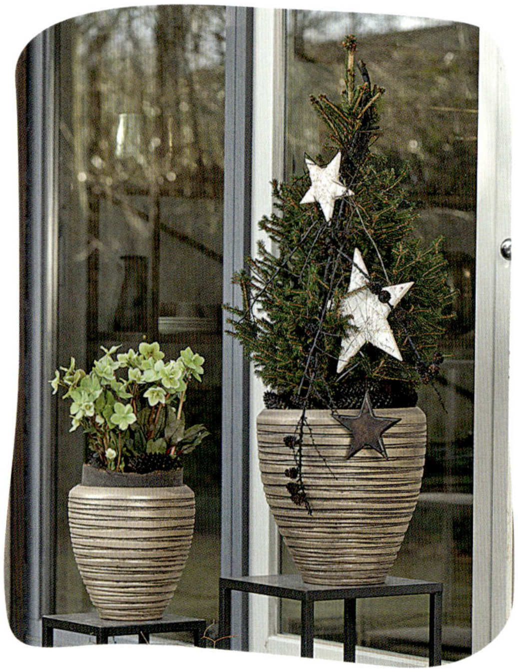

BAUMSTÄNDER

Wer dagegen einen geschlagenen Weihnachtsbaum im heimischen Wohnzimmer aufstellen möchte, kommt an einem speziellen Ständer nicht vorbei. Er sorgt für die nötige Standfestigkeit. Mittlerweile gibt es sogar einige Exemplare, die mit ihrem Aussehen auch perfekt auf die Dekoration abgestimmt werden können.

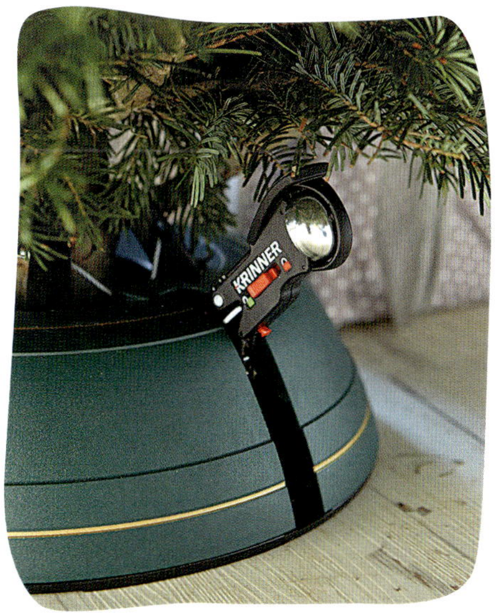

... aus Kunststoff

Dieser Baumständer gehört zu den gängigsten Modellen. Er sorgt durch seinen patentierten Sicherheitsgurt für eine extra Portion Standsicherheit und verhindert durch seine schrittweise zu öffnende Mechanik auch bei versehentlichem Lösen des Haltesystems spontanes Umkippen. Zudem wird durch den Wassertank die Langlebigkeit des Baumes gewährleistet. Noch dazu gibt es ihn in verschiedenen Größen, sodass Bäume zwischen maximal 2,2 und 4 Metern sicher stehen.

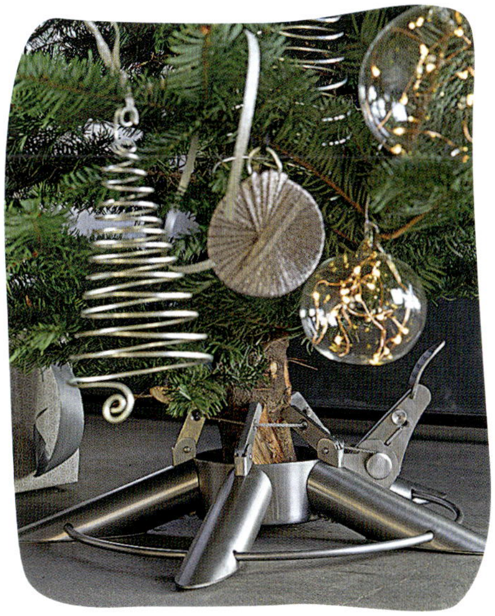

... aus Metall

Ein Baumständer aus Metall wie zum Beispiel Edelstahl sind modern und zeitlos. Durch seine glänzende Oberfläche wirkt er besonders edel und ist dadurch ein schickes Dekoelement. Trotzdem ist auch hier die Sicherheit durch die Rundum-Einseil-Technik gewährleistet.

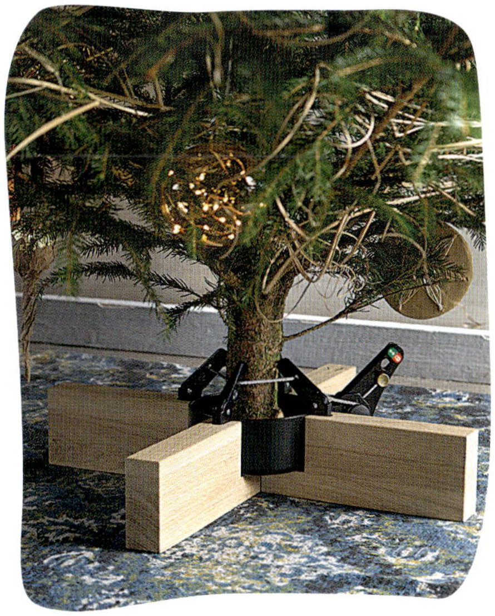

... aus Holz

Besonders Liebhaber des Scandi-Looks setzen auf den Baumständer in Holzoptik. Die vier Holzfüße und die moderne Metallfassung machen ihn zu einem zeitlosen Designobjekt. Die Rundum-Einseil-Technik gibt Bäumen mit einem Stammdurchmesser bis zwölf Zentimetern und einer Größe von etwa 2,5 Metern festen Stand.

Schmuckideen für den Baum

Damit der Weihnachtsbaum ein Unikat wird, lohnt es sich, ein paar kleinere Dekorationselemente selbst zu gestalten. Das macht nicht nur Spaß, sondern ist auch ein besonderes Gemeinschaftserlebnis für die ganze Familie. Hier gibt es fünf Ideen, die sich mit wenigen Handgriffen nachmachen lassen.

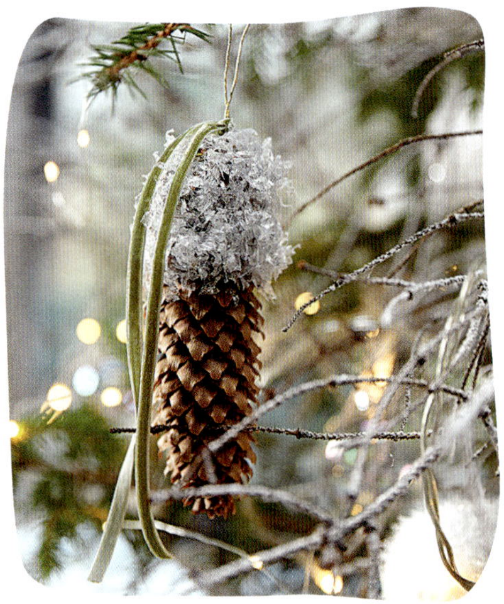

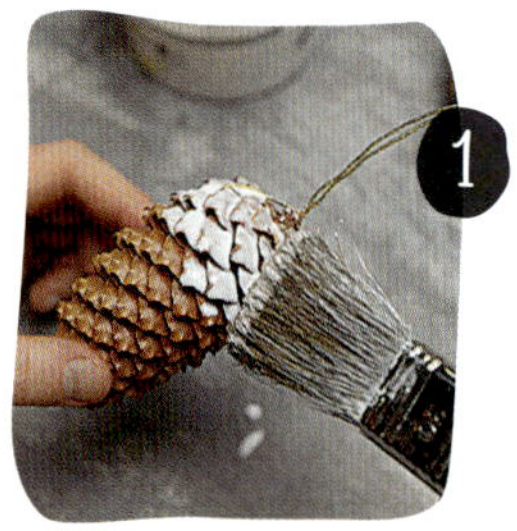

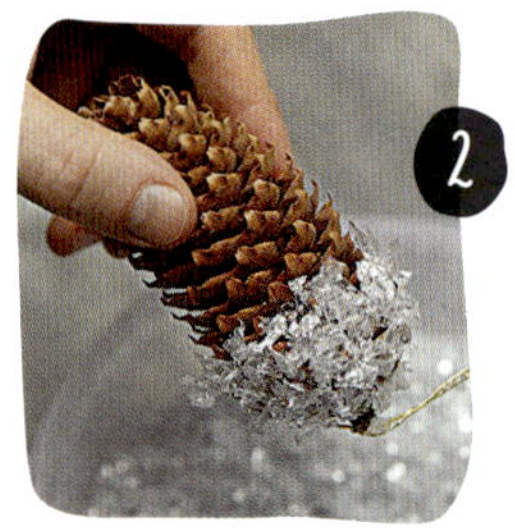

Zapfen im Schnee

Diese Baumschmuckidee passt besonders gut zu einer winterlich weißen Dekoration. Dafür wird eine Aufhängung am Zapfen befestigt. Dann den oberen Bereich des Zapfens mit Holzleim bestreichen und noch feucht in Kunstschnee tunken.

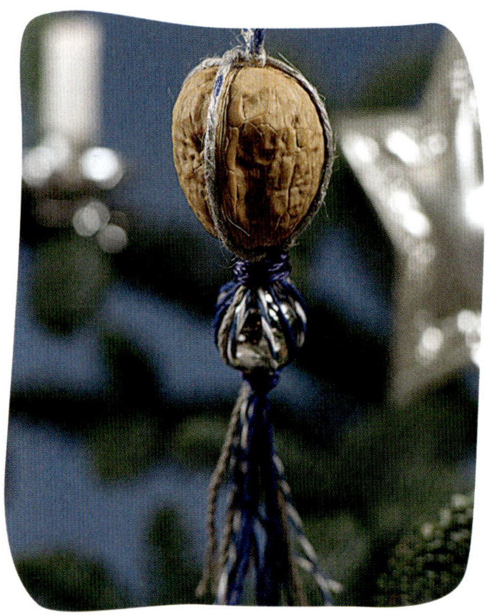

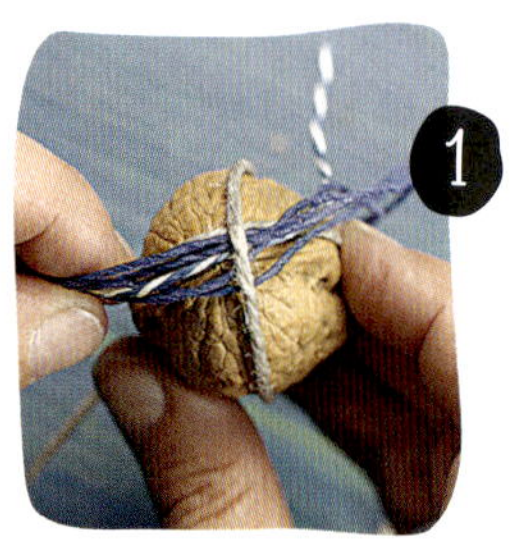

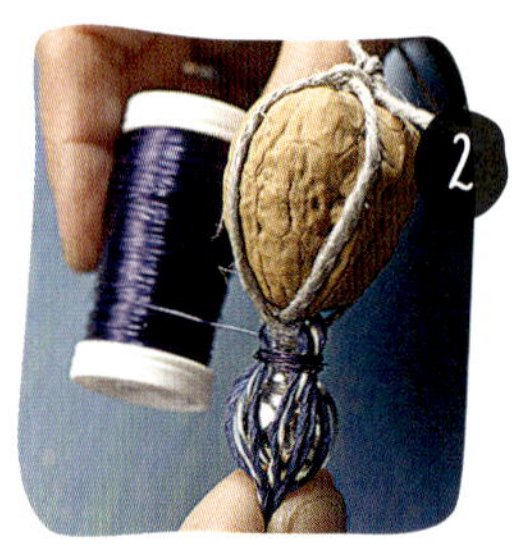

Walnuss im Baum

Wer es etwas rustikaler mag, umwickelt eine Walnuss mit Kordel. Damit sie nicht verrutscht, mit Heißkleber fixieren. Eine zweite Kordel durchschieben und verknoten. Dann eine Quaste aus Kordel und Band herstellen, um eine Spiegelbeere legen und an der Unterseite befestigen. Zierdraht über und unter der Kugel anbringen.

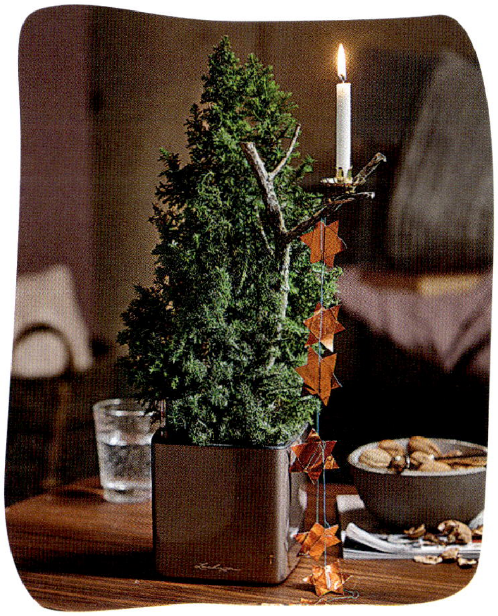

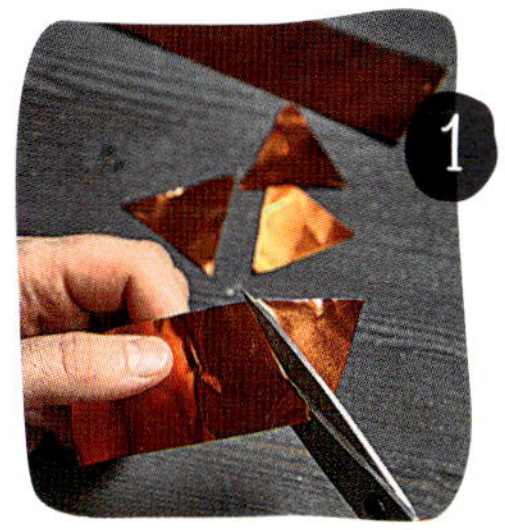

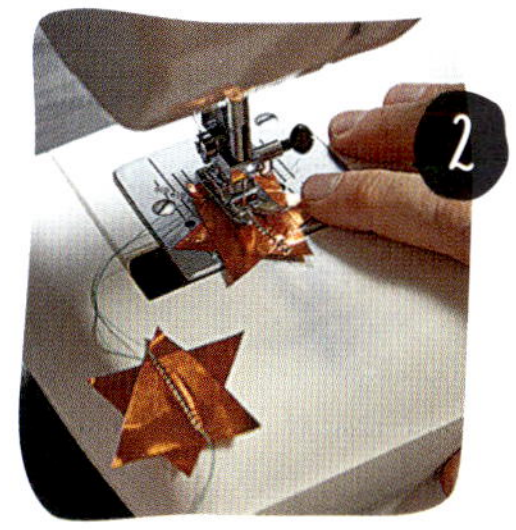

Sternen-Kette

Dreiecke aus Folie ausschneiden. Jeweils zwei von ihnen versetzt übereinander legen und mit der Nähmaschine zusammennähen. Zwischen den Sternen etwas Faden übrig lassen und an diesem das nächste Sternchen anknoten bis die gewünschte Kettenlänge entstanden ist.

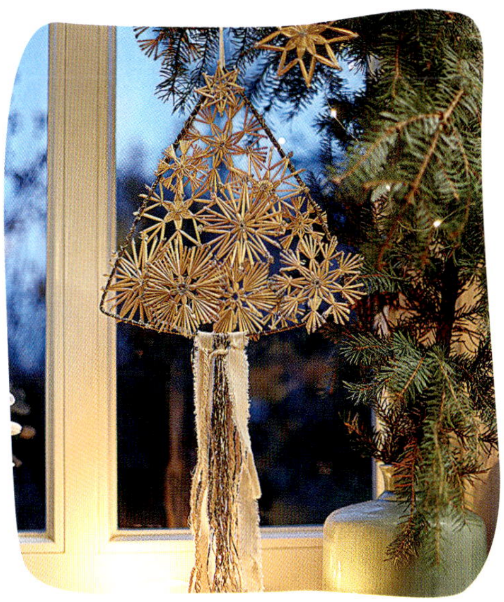

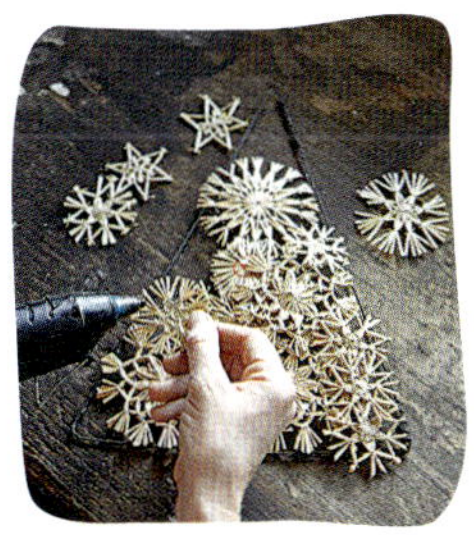

Pyramide aus Strohsternen

Hier werden Strohsterne zum Blickfang. Dafür aus Aluminiumdraht ein gleichschenkliges Dreieck biegen und an einer Spitze Band als Aufhängung anbringen. Dann Strohsterne nach und nach mit Heißkleber aneinander sowie an dem Drahtgerüst befestigen.

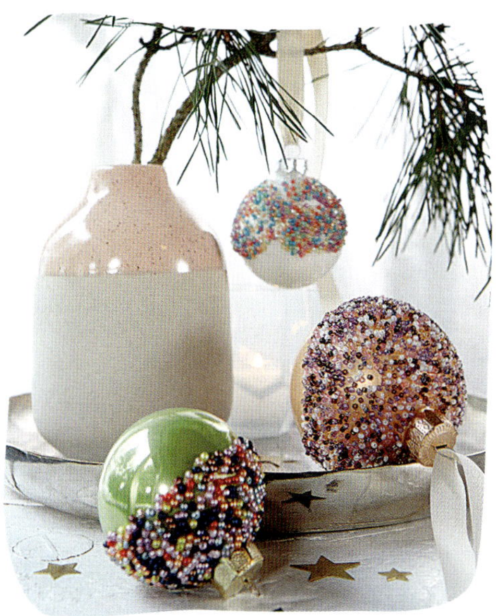

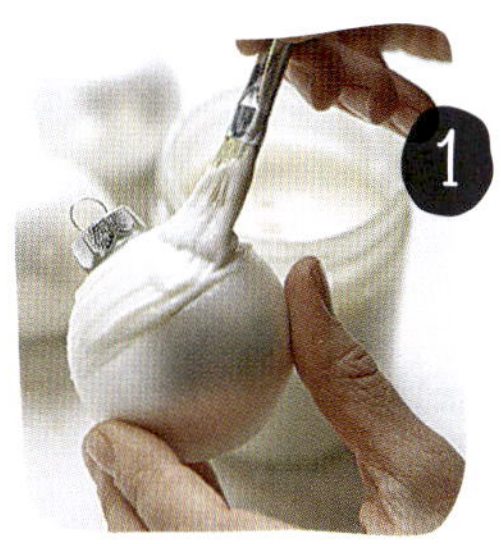

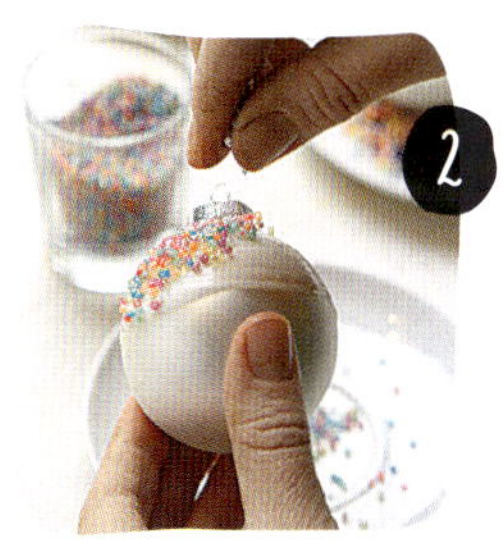

Kugel-Kunst

Für diese bunten Schmuckstücke ausgediente Christbaumkugeln teilweise mit Holzleim bestreichen und bunte Perlen darauf streuen. Nach Belieben die komplette Kugel oder nur Teile verzieren.

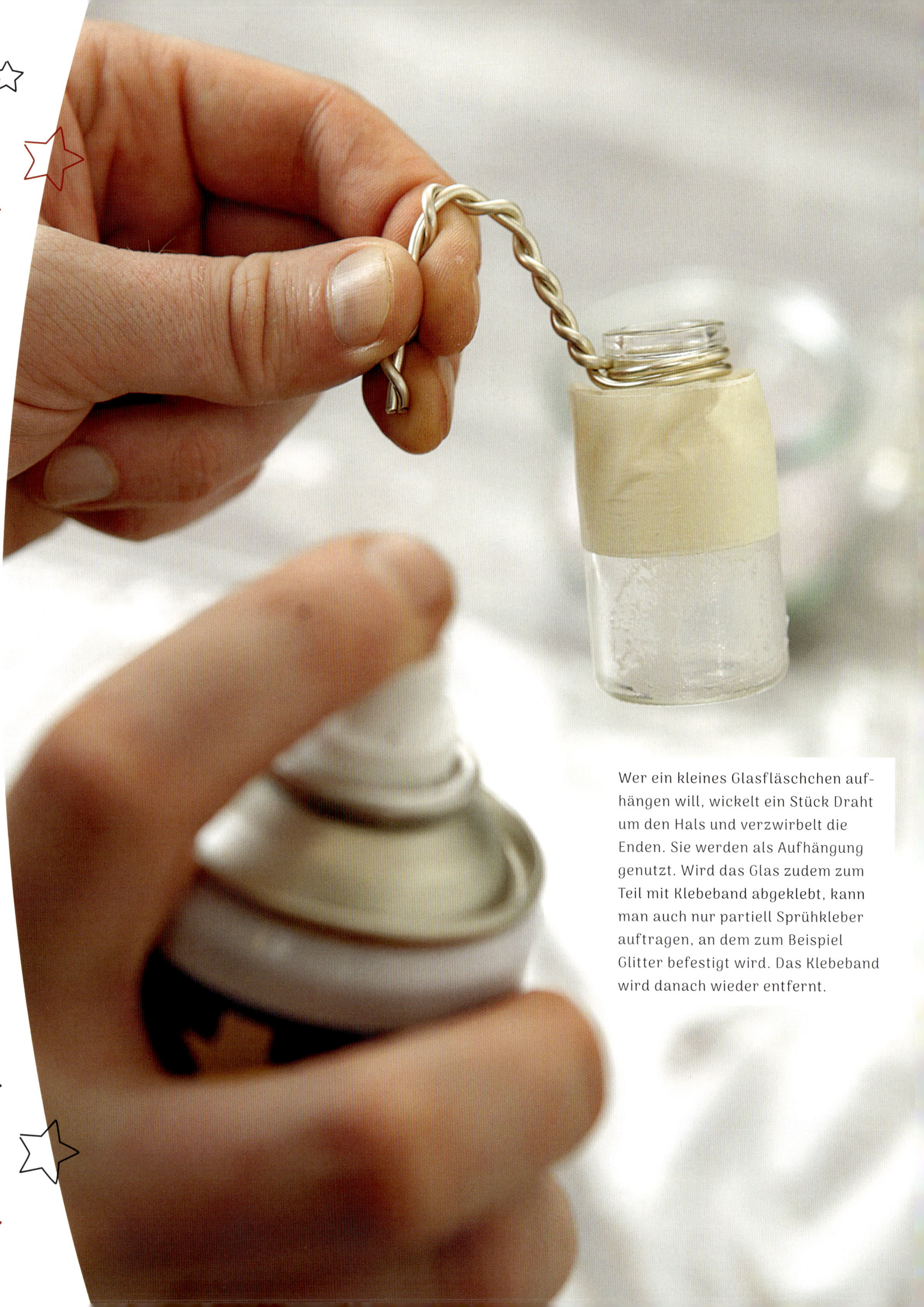

Wer ein kleines Glasfläschchen aufhängen will, wickelt ein Stück Draht um den Hals und verzwirbelt die Enden. Sie werden als Aufhängung genutzt. Wird das Glas zudem zum Teil mit Klebeband abgeklebt, kann man auch nur partiell Sprühkleber auftragen, an dem zum Beispiel Glitter befestigt wird. Das Klebeband wird danach wieder entfernt.

Dekoration

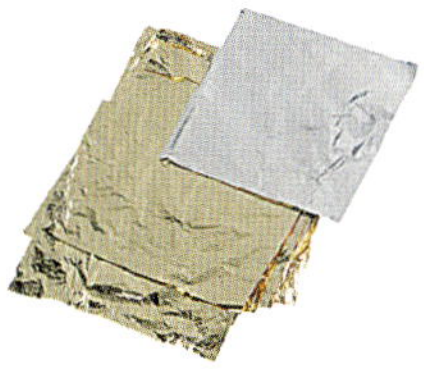

Schlagmetall

wird zum Vergolden oder Versilbern von Holzmaterialien verwendet, dazu werden eine Grundierung und Anlegeöl benötigt. Auf anderen Materialien am besten Sprühkleber nutzen.

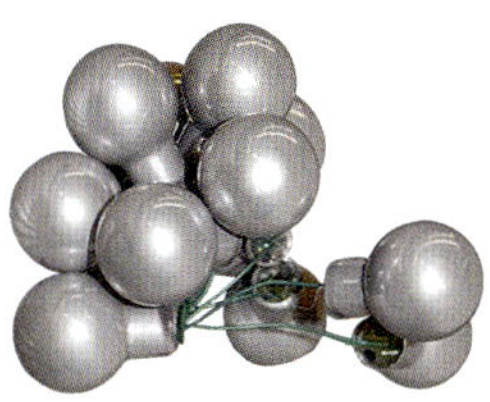

Spiegelbeeren

sind, bereits zu Bündeln an einem Draht befestigte, kleine Weihnachtskugeln.

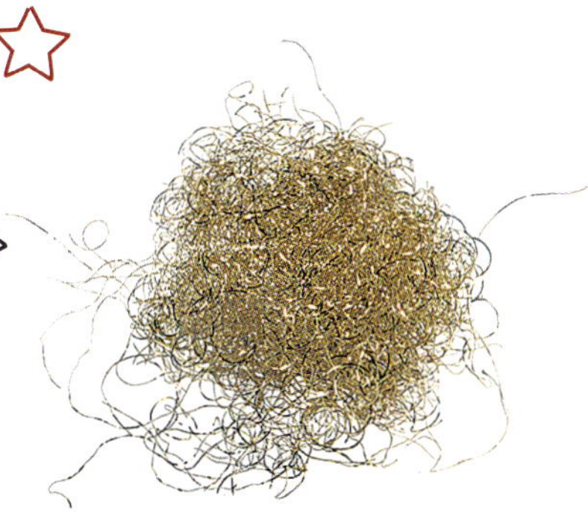

Engelshaar

ist ein hochglänzendes Drahtgespinst, so fein wie Haar. Es wird als Schmuck sowie zum Umwickeln von Werkstücken benutzt.

Klebemittel

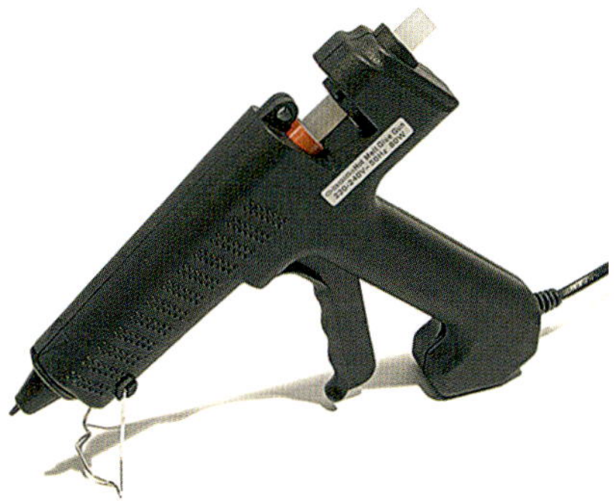

Heißkleber

Einzelne Klebepatronen werden in eine Pistole eingesetzt und erhitzt. Es ermöglicht schnelles Arbeiten und ersetzt oft kompliziertes Andrahten oder Annähen. Aber Achtung: Der Kleber wird heiß.

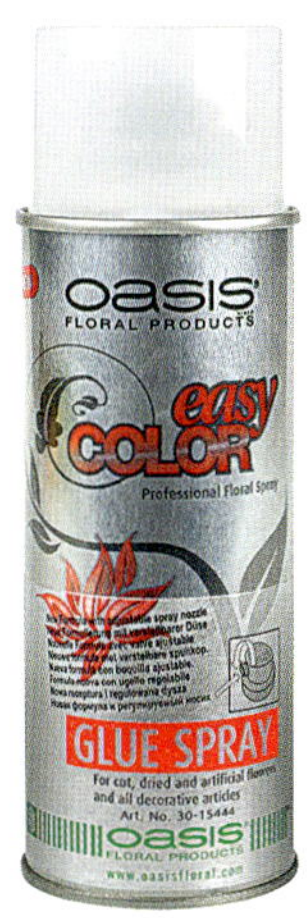

Sprühkleber

Wer auf glatten Flächen Schlagmetall aufbringen oder eine Art Zuckerschicht auf Materialien anbringen will, ist mit dieser Art Kleber gut beraten.

Basis

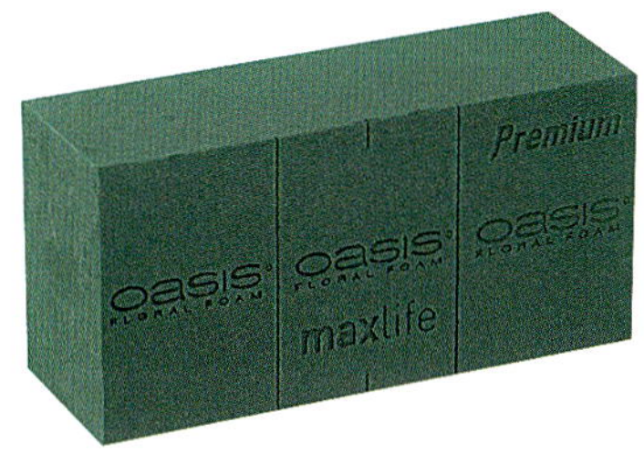

Frischblumensteckschaum

Diese Basis wird vor dem Gestalten gewässert und hält so eingesteckte Tannenzweige, Blüten und Co. frisch.

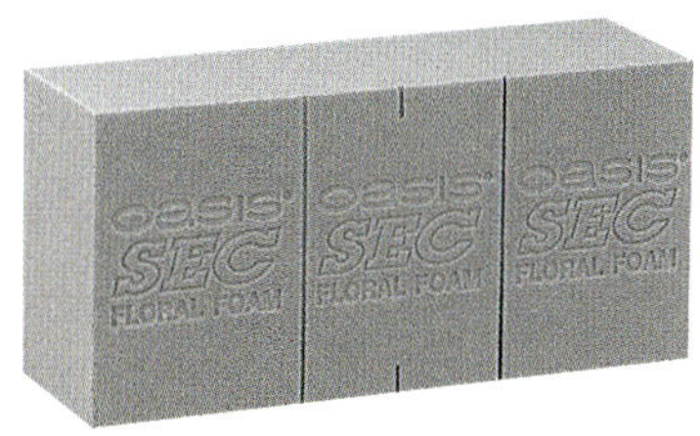

Trockenblumensteckschaum

eignet sich besonders gut, um trockene oder künstliche Floralien sowie Accessoires einzuarbeiten.

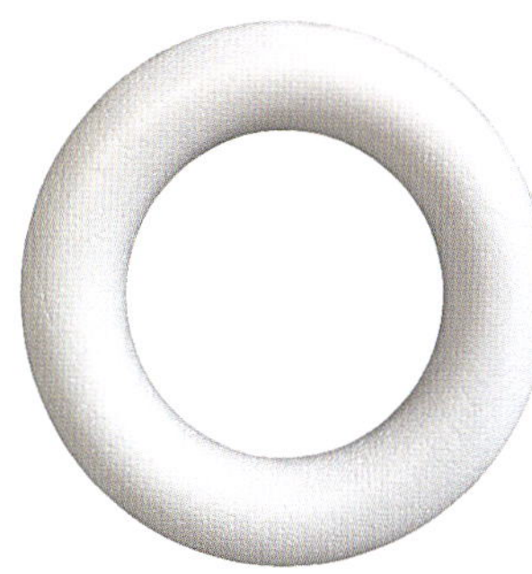

Styroporkranz

Er eignet sich gut zum Umwickeln und Bekleben mit verschiedenen trockenen Materialien.

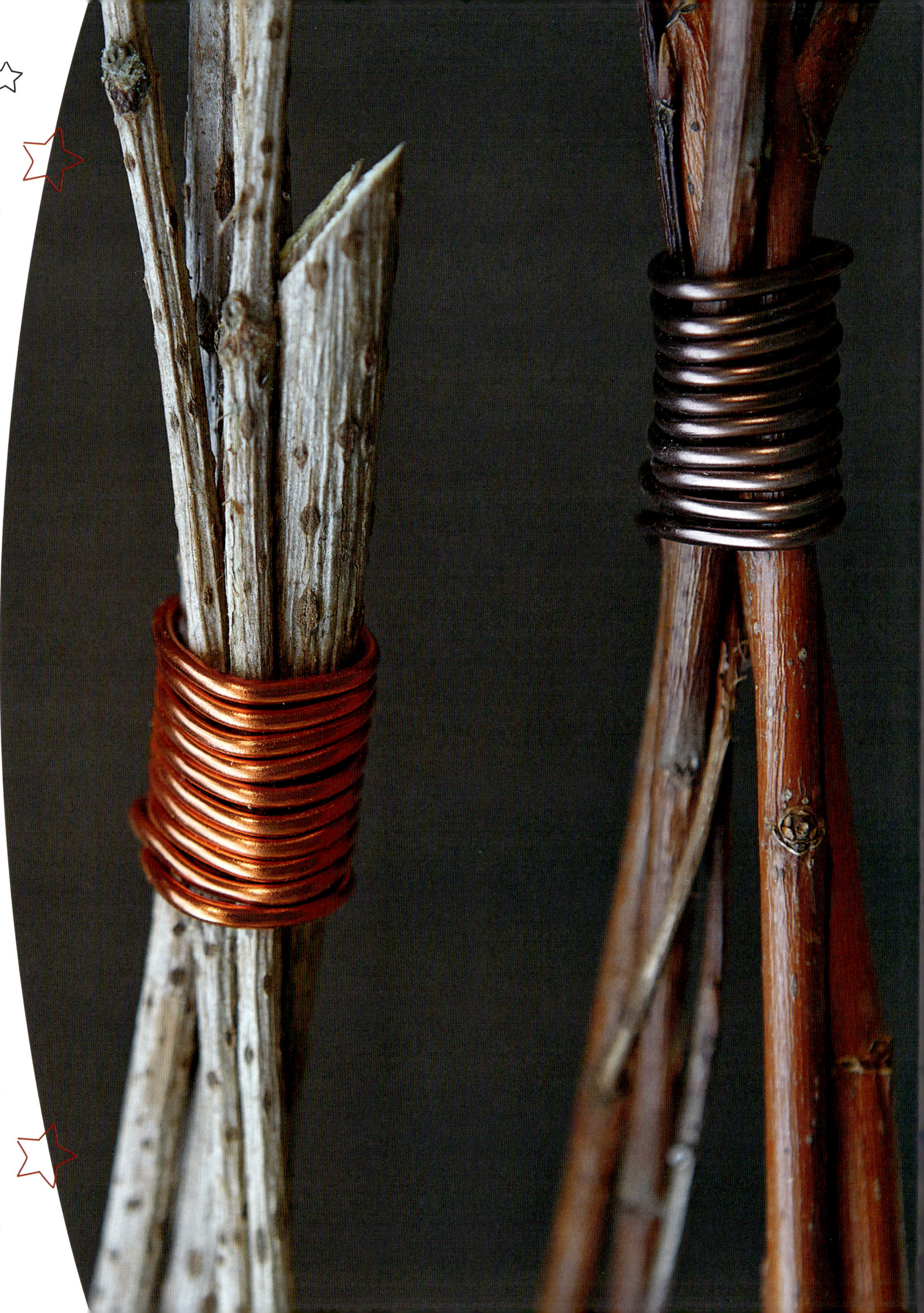

Draht

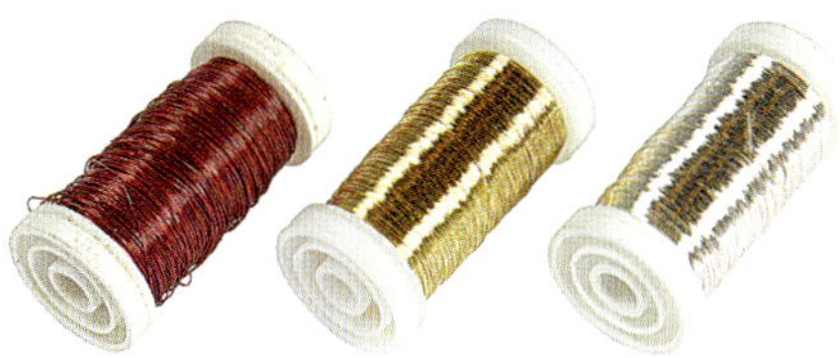

Dekodraht

eignet sich besonders für das Umwickeln von filigranen Materialien auf Werkstücken und sieht dabei noch dekorativ aus. In verschiedenen Stärken und Farben erhältlich.

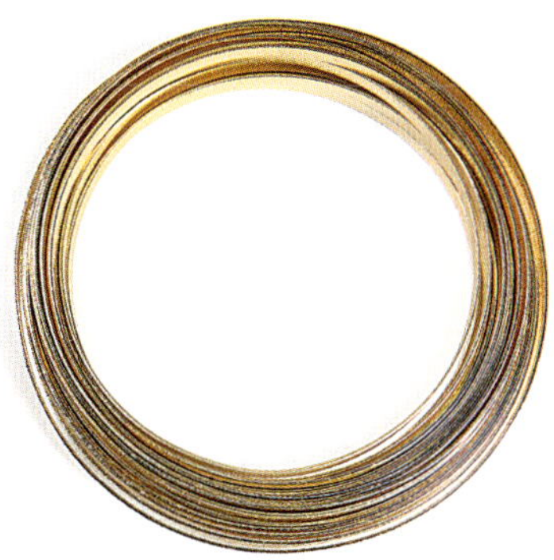

Aluminumdraht

lässt sich leicht verarbeiten, ist aber sehr stabil.

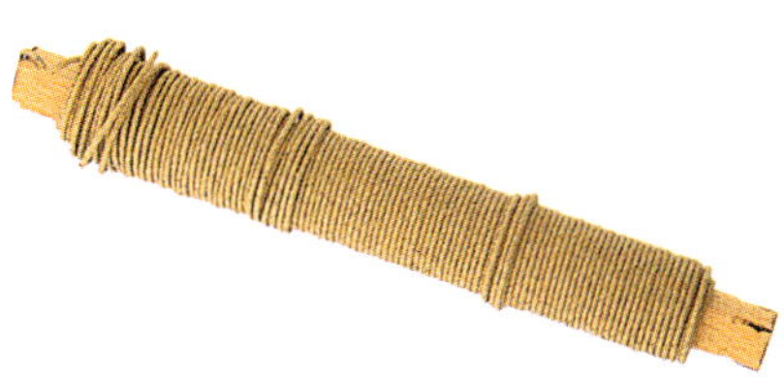

Papierwickeldraht

Dabei handelt es sich um eine drahtverstärkte Papierschnur, mit der sich viele Materialien einfach fixieren lassen.

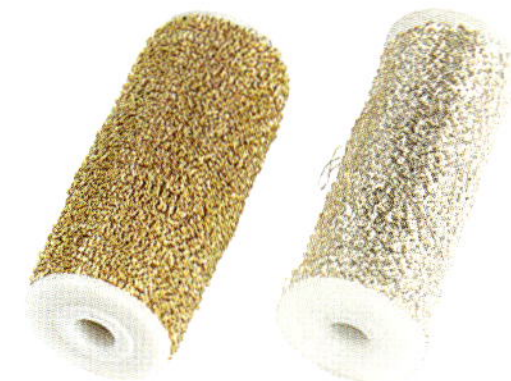

Bouillondraht

ist ein in sich gedrehter, gekräuselter, sehr dünner Draht. Er lässt sich beliebig auseinander ziehen.

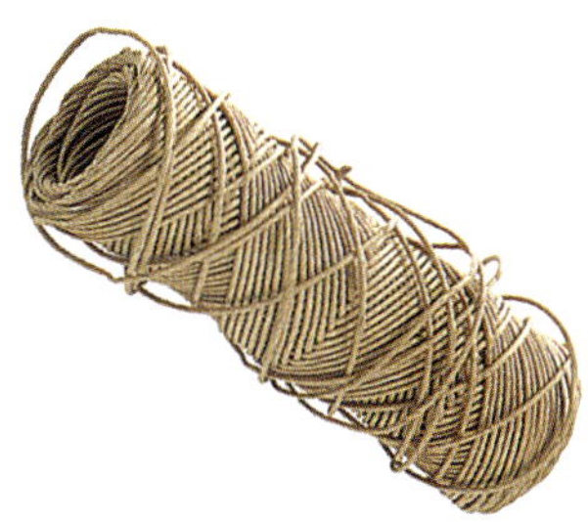

Rebenbindedraht

ist eine drahtverstärkte Papierschnur, mit der sich viele Materialien einfach fixieren lassen.

Befestigung

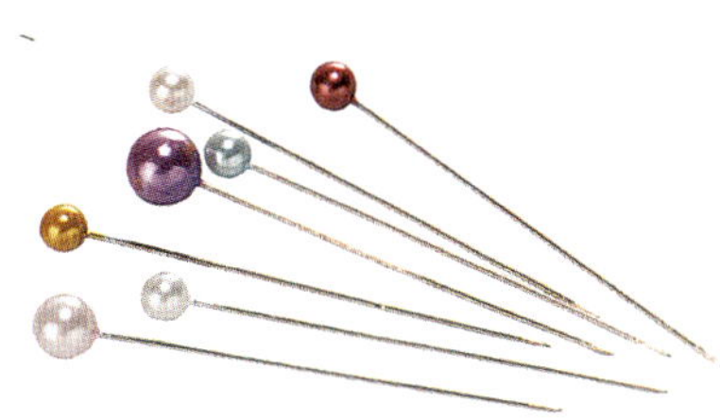

Zierstecknadeln

sind Stecknadeln deren Kopf meist mit einer Perle dekorativ geschmückt ist. Sie kommen zum Einsatz, wenn zum Beispiel Blätter, Blüten oder Stoff sichtbar befestigt werden.

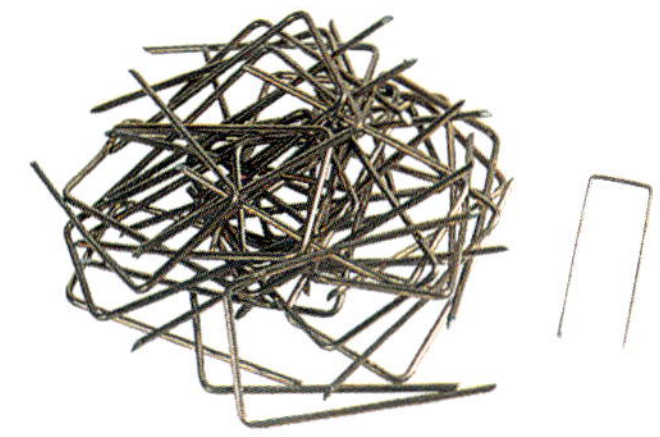

Haften

sind U-förmig gebogen und werden auch schon mal Krampen genannt. Sie eignen sich, um z. B. Blätter, Zweige oder Moos auf Steckschaum-, Stroh- und Styroporunterlagen zu befestigen.

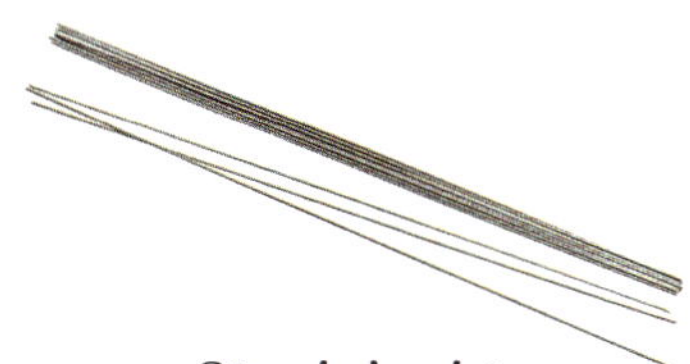

Steckdraht

ist ein stabiler Draht, mit dessen Hilfe z. B. Kerzen an einem Werkstück befestigt werden können. Erhältlich in verschiedenen Farben und Stärken.

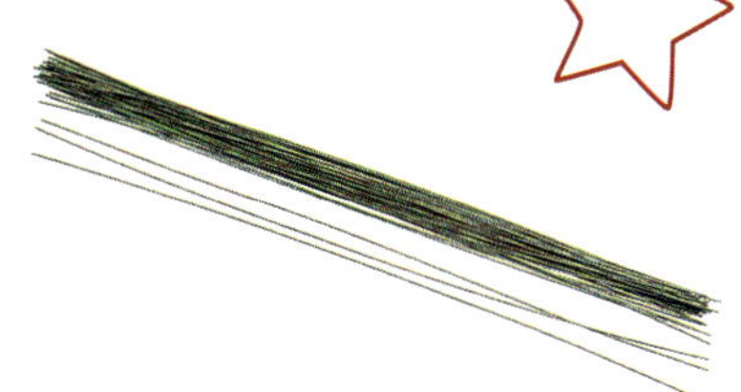

Stützdraht

ist als Stützhilfe bei Blüten wie Gerbera bekannt. Er wird aber auch benutzt, um Zapfen, Bänder und Schmuckaccessoires anzubringen. In verschiedenen Längen und Stärken erhältlich.

DRILLEN & DEKORIEREN

Raffinierten Weihnachtschmuck mühelos gestalten – das gelingt mit dem Drillapparat „Twister“ ganz leicht! Als Basis für solch eindrucksvolle Werkstücke dienen Zweiggerüste, die mithilfe des Twisters und des Twistdrahtes ganz einfach aneinander fixiert werden können.

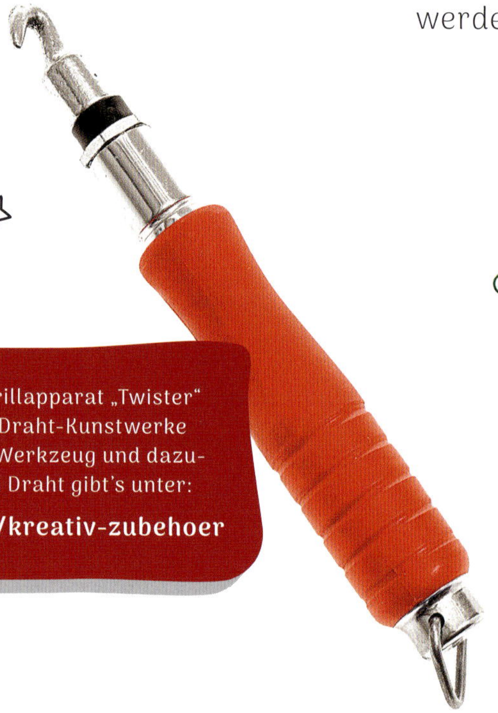

Mit dem Drillapparat „Twister“ gelingen Draht-Kunstwerke bestimmt. Werkzeug und dazugehörigen Draht gibt's unter:
blooms.de/kreativ-zubehoer

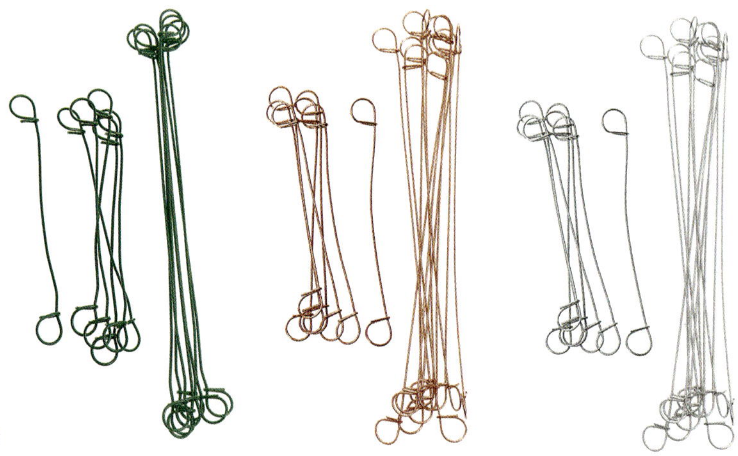

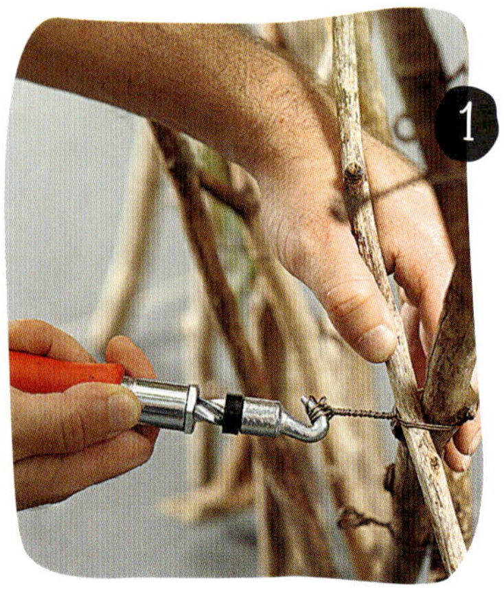

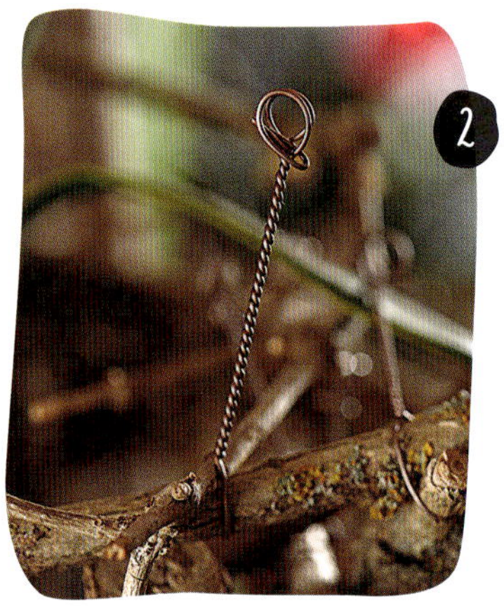

So wird's gemacht

1. Den Drilldraht um zwei Äste legen und so zurechtbiegen, dass die beiden Schlaufen an den Enden übereinander liegen. Dann den Haken des Twisters einführen und ziehen.
2. Je öfter gezogen wird, desto fester wird die Drahtumwicklung. Diese kann in verschiedenen Werkstücken auch als dekoratives Element genutzt werden.

ES WERDE LICHT!

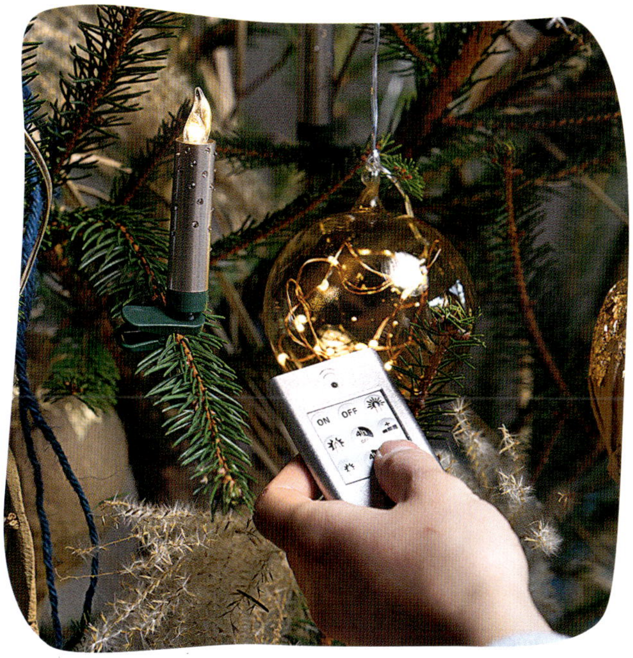

Der Einsatz von LEDs

Wer in der Weihnachts- und Winterzeit kreativ ist, gestaltet seine Dekorationen meist mit einigen Lichtelementen. Dafür eignen sich besonders gut LEDs. Dank ihrer geringen Wärmeentwicklung sind sie flexibler einsetzbar und sicherer als herkömmliche Birnen. Außerdem haben sie einen geringeren Energieverbrauch. Solltet Ihr für Eure Dekoelemente keine LEDs verwenden, beachtet bitte die Sicherheitshinweise auf der Gebrauchsanweisung und tauscht erloschene Lämpchen immer direkt aus.

LED-Lichterketten richtig befestigen

Je nach Gegebenheit kann man Lichterketten und -netze unterschiedlich an einem Werkstück anbringen. Bei stark verzweigten Werkstoffen reicht es, das Leuchtmittel einfach einzuhängen. Auf Trockenblumensteckschaum hingegen lassen sich die Lämpchen mithilfe von Haften gleichmäßig befestigen. Ansonsten gilt: Seid kreativ! Dank ihrer geringen Hitzeentwicklung lässt sich mit LEDs allerhand anstellen. Steckt man die Lämpchen beispielsweise in transparente Christbaumkugeln oder Lampionblumen-Früchte, scheinen diese wie von selbst zu leuchten. Micro-LEDs illuminieren selbst schmale Zwischenräume und eignen sich daher für spektakuläre Leuchteffekte, die alle zum Staunen bringen.

Der perfekte Einsatzort

Wollt Ihr mit Euren Licht-Kreationen Balkon und Terrasse schmücken, achtet unbedingt darauf, dass Ihr spezielle Outdoor-Lichterketten nutzt! Denn Schnee, Eis und Regen können Innen-Lichterketten beschädigen, was einen Kurzschluss zur Folge haben kann.

Auf Qualität achten

Günstigere Produkte weisen oft eine geringe Helligkeit und im schlimmsten Fall eine schlechte Lichtfarbe auf. GS- und CE-Zeichen sowie eine hohe Schutzklasse sorgen für erhöhte Sicherheit.

Vorsicht bei Warmweiß!

Der Begriff „Warmweiß" auf LED-Leuchten bedeutet, dass das Licht in einem warmen Spektrum wahrgenommen wird. Dieses ist zwar genormt, bietet aber immer noch viel Spielraum – ein unangenehm gelbliches Licht kann die Folge sein. Um ganz sicher zu gehen, dass einem das Licht gefällt, sollte man es sich im Geschäft zeigen lassen.

Leuchtpower – die große Unbekannte

Über die Helligkeit von LED-Lichtelementen lässt sich auf den Packungen meist nichts finden. Deshalb bietet es sich auch hier an, sich das Produkt im Vorfeld im Geschäft anzusehen.

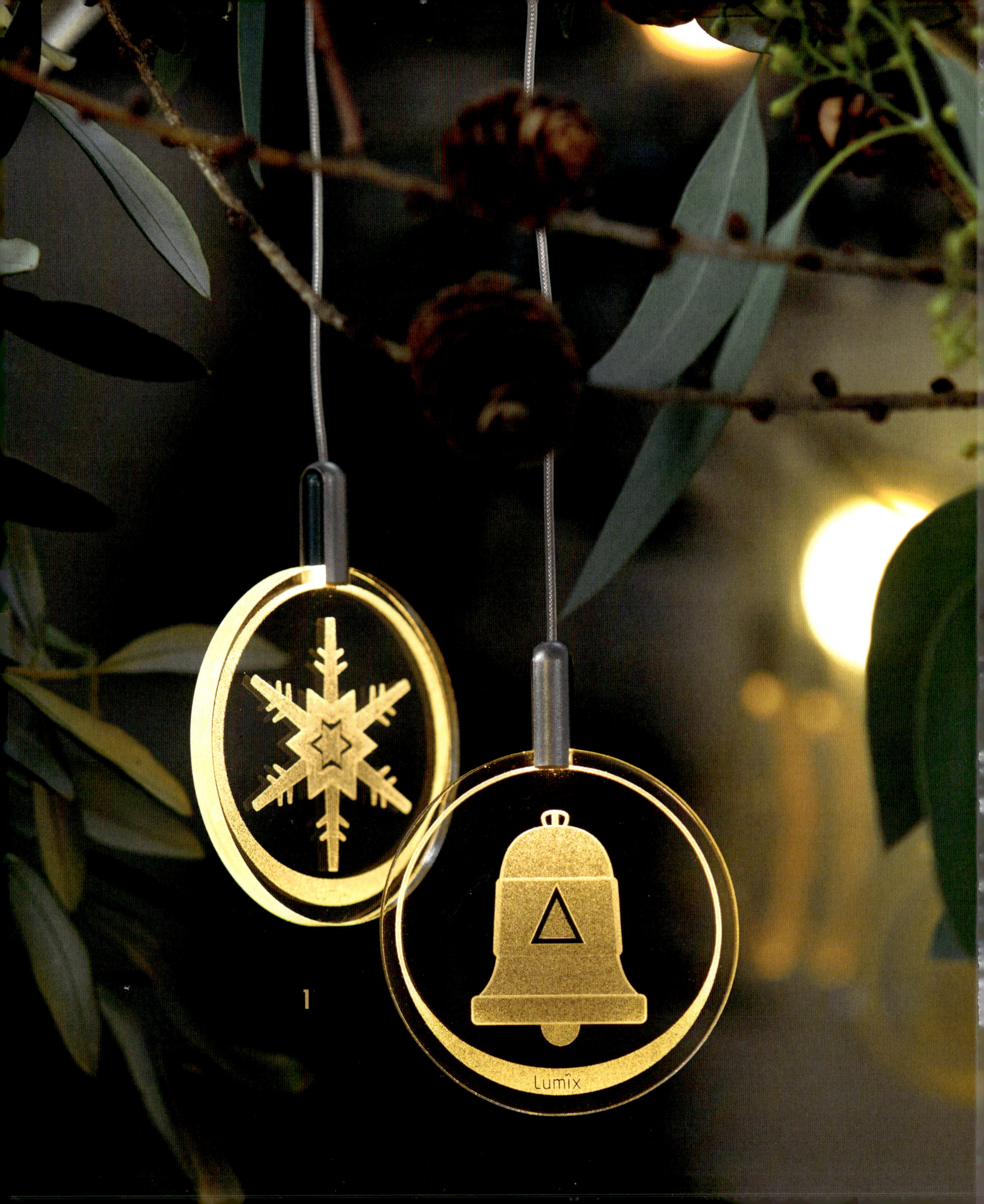
1
Lumix

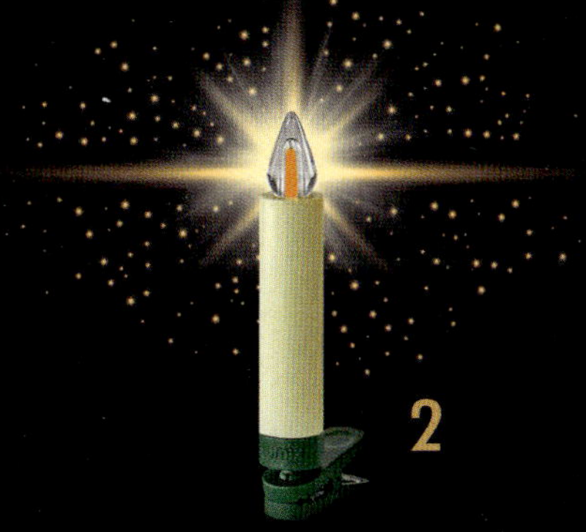

2

LICHTER FÜR DIE WEIHNACHTSZEIT!

1 Mit LUMIX Deco Light lassen sich im Handumdrehen weihnachtliche Dekorationen gestalten. Die LED-Leuchttaler zeigen jeweils ein adventliches Motiv und lassen sich ganz einfach mit einem Saugnapf auf glatten Oberflächen, wie zum Beispiel einem Fenster, anbringen. 2 Wer echten Kerzenschein liebt, aber trotzdem auf Nummer sicher gehen will, wird die Christbaum-Kerze „SuperLight Flame“ aus der LUMIX-Serie lieben! In der kabellosen Kerze mit täuschend echt aussehender Flamme sind Faden- oder Filament-LEDs verbaut. Damit hat sie eine dreimal hellere und größere LED als andere Modelle. 3 Die Weihnachtsmotive „Highlights Mystic Green“ aus Acrylglas in 3D-Optik setzen leuchtende Akzente im Christbaum. Sie werden einfach mithilfe der Befestigungshaken an die Zweige gehängt. 4 Schön und zeitlos zugleich ist das LED-beleuchtete Solar-Deko-Glas „Basic“. Das mundgeblasene Gefäß, das mit einem Deckel aus nachhaltig produziertem Bambus verschlossen wird, ist der ideale Ort, besondere Dekoelemente in Szene zu setzen. 5 Die Krönung für den Weihnachtsbaum! Diese Glaskugeln „LUMIX Light Balls“ und die Baumspitze „Tree Topper“ sind an den Feiertagen der absolute Blickfang. In ihnen verbergen sich jeweils 15 LEDs. Strom bekommen sie durch einen Akku, der einfach im hinteren Bereich der Zweige versteckt angebracht wird.

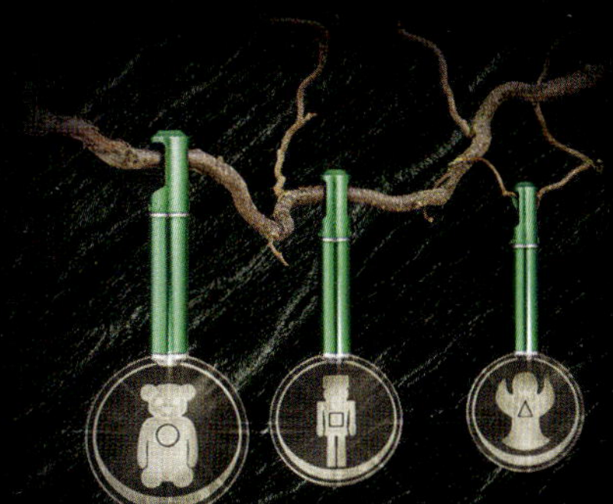

3

www.christbaumstaender24.de

KRINNER

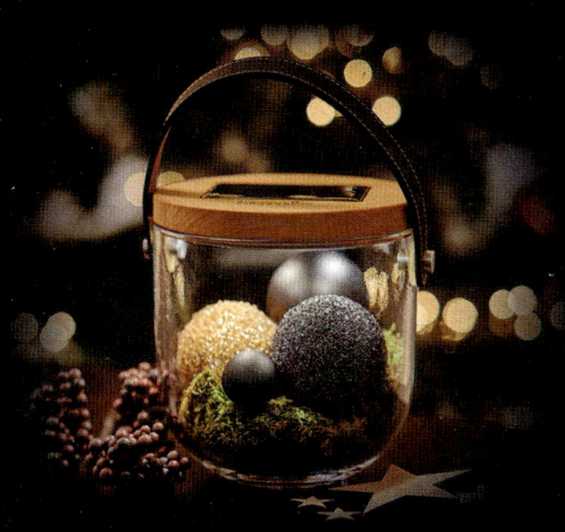

4

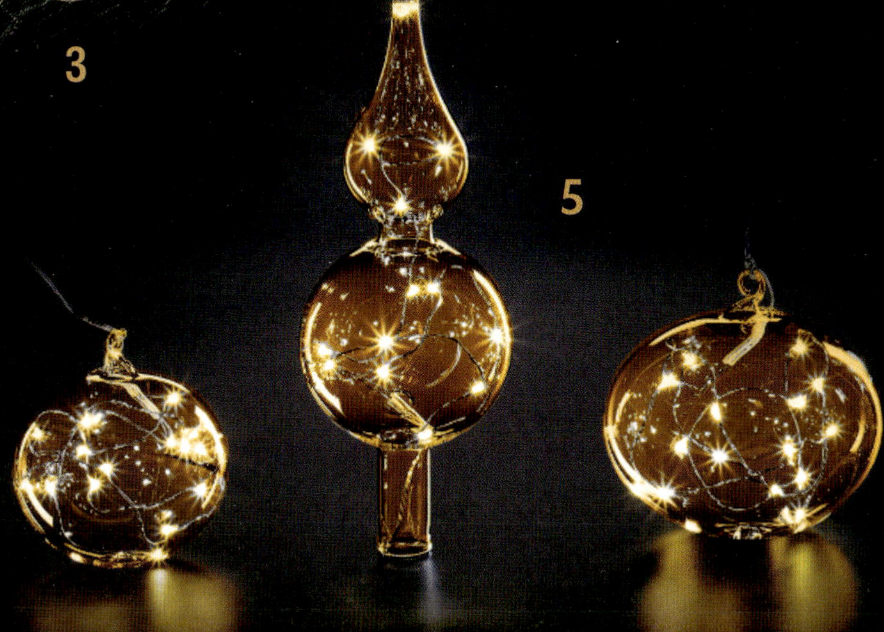

5

BUCHTIPPS FÜR DIE ADVENTSZEIT

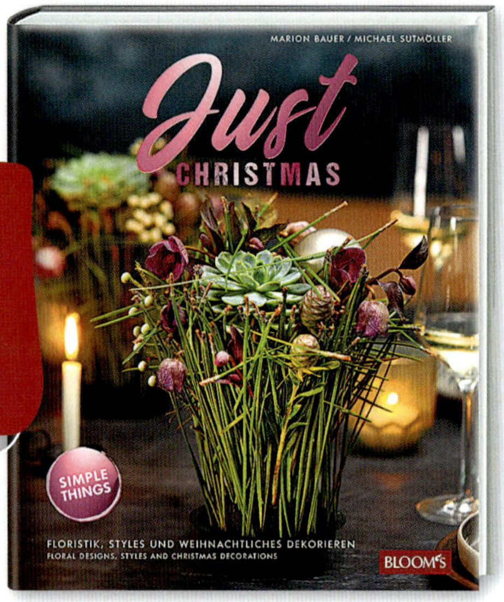

Diese und weitere tolle Bücher findet Ihr in unserem Online-Shop unter:
blooms.de/shop

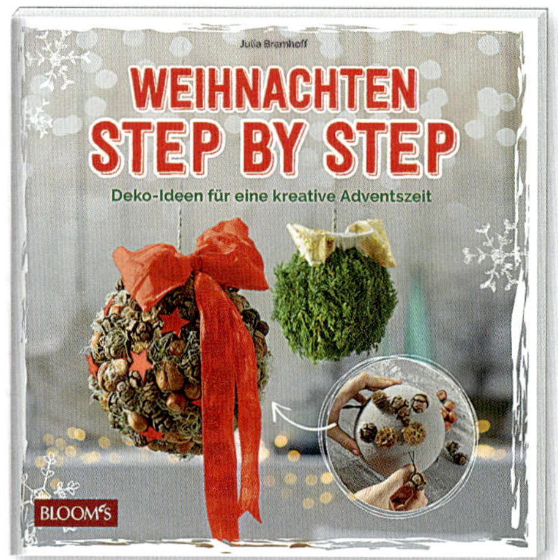

Just Christmas

Floristik, Styles und weihnachtliches Dekorieren
Marion Bauer, Michael Sutmöller
144 Seiten, Format 24 x 28 cm,
Text deutsch/englisch, Hardcover
€ (D) 29,90 | ISBN 978-3-96563-022-2

Weihnachten Step by Step

Deko-Ideen für eine kreative Adventszeit
Julia Bramhoff, 128 Seiten,
Format 23 x 23 cm,
Text deutsch, Softcover
€ (D) 16,90 | ISBN 978-3-96563-023-9

Herausgeber
BLOOM's GmbH, Ratingen (D)

Redaktion
Hella Henckel (vwtl.),
Julia Bramhoff

Text
Julia Bramhoff

Florale Gestaltung
Team BLOOM's

Fotos
BLOOM's GmbH/Alexander Heide
Patrick Pantze Images GmbH

Grafikdesign
Kathrin Zoermer

DTP
Britta Baschen

Druck
Firmengruppe APPL,
aprinta Druck, Wemding (D)

© BLOOM's GmbH
Halskestraße 46
D-40880 Ratingen
T +49 2102 9644-0
F +49 2102 896073
info@blooms.de
blooms.de

1. Auflage 2020
ISBN 978-3-96563-050-5

BLOOM'S MEDIENMARKETINGEVENTS